罗斯蒙德育儿经 I

·罗斯蒙德欢乐育儿书·

[美] 约翰·罗斯蒙德◎著
庞绪军◎译

金城出版社
GOLD WALL PRESS

图书在版编目（CIP）数据

罗斯蒙德欢乐育儿书：父母教会孩子快乐生活的6堂课/（美）罗斯蒙德著；庞绪军译．—北京：金城出版社，2015

书名原文：The New Six-Point Plan for Raising Happy, Healthy Children

ISBN 978-7-5155-1227-3

Ⅰ．①罗… Ⅱ．①罗… ②庞… Ⅲ．①儿童教育—家庭教育 Ⅳ．① G78

中国版本图书馆 CIP 数据核字 (2015) 第 098795 号

罗斯蒙德欢乐育儿书

作　　者	［美］约翰·罗斯蒙德
译　　者	庞绪军
责任编辑	方小丽
特邀编辑	宋嘉盛
开　　本	880 毫米 ×1230 毫米　1/32
印　　张	9.5
字　　数	250 千字
版　　次	2015 年 2 月第 1 版　2015 年 2 月第 1 次印刷
印　　刷	三河市鑫利来印装有限公司
书　　号	ISBN 978-7-5155-1227-3
定　　价	32.80 元

出版发行	**金城出版社** 北京市朝阳区利泽东二路 3 号　邮编：100102
发 行 部	（010）84254364
编 辑 部	（010）84250838
总 编 室	（010）64228516
网　　址	http://www.jccb.com.cn
电子邮箱	jinchengchuban@163.com
法律顾问	陈鹰律师事务所（010）64970501

目　录

致 谢

感谢安德鲁斯·麦克米尔出版公司的每位工作人员,尤其要感谢负责我这本书的编辑克莉丝汀·斯琳格,感谢他们多年来的非常宝贵的帮助和支持。

感谢我的家人、朋友和读者,感谢他们对我的信任和提供的珍贵素材。

感谢父亲自始至终给予我的一切,尤其是能成为您的儿子。我多么希望那时候就能悟到现在所懂得的道理。

简介

近来，似乎为人父母之道变化越多，就越能继续变化。如今的家长都在试图与孩子建立良好的关系。而我们的祖先却不这样，因为他们意识到了小孩子首先需要具备领导能力，亲子关系不可能变“坏”，如果把精力过多地放在如何与孩子维持“良好”关系上面，就不能培养孩子合适的领导力。要耐心等待。

今天的妈妈总是围着孩子转，使出浑身解数让孩子开心。而在过去，妈妈却是孩子关注的焦点，还教孩子如何自食其力。今天的妈妈尽可能多地为孩子做点事情。而在过去，妈妈有意识地少为孩子做事，此外，还坚持让孩子为妈妈和家庭分担家务。今天的妈妈是孩子的奴隶，孩子对其依赖性很强，而且依赖的时间逐渐变长。而在过去，妈妈可是当家的，经常分配各种家务活儿。今天的妈妈总为孩子忙个不停，以为只有服务周到的妈妈才算好妈妈。而在过去，孩子长到 3 岁的时候，妈妈总让孩子帮她们干活，一位好妈妈要让孩子学会独立生活。

再谈谈今天的父亲们。在今天的美国，理想的父亲必须是孩子最好的朋友。而在过去，父亲在家里说了算，也是孩子的导师。他教孩子变魔术、骑自行车、使用铁锤、训狗，等等。他知道，父亲的身份在先，而后才能成为朋友；孩子一旦解放、独立，如果做父亲的还是一味等待孩子的决定，那么父亲就不再是孩子的好朋友了。

在过去，夫妇彼此相爱，结为连理。他们本能地认为夫妻关系要比任何一方与孩子的关系更为紧密。而在如今典型的美国家庭里，亲子关系远比夫妇关系紧密，这也是为什么很多婚姻在最后一个孩子离开家庭后开始瓦解。

在过去，家长按照常识和传统去养育孩子，这也是他们没有抱怨养育孩子是世界上最困难的事情的原因。而今天的家长，常识早被心理学理论或术语代替，这也是为什么这么多家长告诉我养一个孩子让他们身心俱疲的主要原因。

在过去，家长很关注教育方式，而不是溺爱孩子。如今的家长往往太把孩子和如何养育孩子当回事儿。头一种态度是保证亲子关系健康发展的关键。而后一种态度则把问题严重化了，失去了养育孩子的乐趣，从而给家长平添了很多包袱。

为什么今天的父母要比 40 多年前的父母对孩子的行为表现和在校成绩要求更为苛求？原因很简单，真的。因为你不能用两种截然不同的方式来对待养育子女的问题，还想得到相同的结果。

你决不会在本书中看到心理学理论方面的术语。这不是一本探讨儿童心理学的书籍。“自尊”将在第 1 堂课的第 3 段提到，顺便提一下，附录里也讲到。这是一本探讨如何培养孩子坚强性格的书，孩子生活的这个世界需要孩子有颗坚强的心。这就需要家长同样坚强、有毅力，要让孩子今后向你们看齐。

有位父亲曾告诉我，他不愿意让孩子照着某个模式生活、成

长，因为他不喜欢那样做。我告诉他，要成为一个好家长，有时需要做不喜欢的事情。当个好家长，不是说根据你的好恶来培养孩子，而是看能否满足孩子真正想要的，无论家长喜不喜欢。

写这本书的目的，就是要帮助家长重新振作起来，搞清楚轻重缓急，从而摆脱那些晦涩难懂的所谓的教育理论。另一个目的是让人们重新拾起常识性的观念，发现教育孩子的乐趣，这曾经是当家长最重要的责任，而且也是最令人欣慰、最见成效的责任。

先提个醒：我试图让时间回到过去。正如保罗·麦卡特尼说的那样，“我相信昨天”。毫无疑问，我绝对相信50年前的父母要比今天的父母当得好，所以那时的孩子也比今天的孩子更优秀。同时，我也相信，今天的父母完全有可能按照传统的方式来养育孩子。

每当我这样说时，总会有人反驳说：“时代不同了！”的确，时代是变了，但这并不意味着教育孩子基本原则的改变。虽然，今天的世界与1787年（《美国宪法》诞生）的世界有着天壤之别，但200多年前宪法的原则在今天仍旧适用。同样，50年前的为人父母之道在今天也是适用的。

问题是，今天的很多父母欣然接受了许多新的原则。心理学家和其他所谓的“专家”把这些新原则强加在我们固有的传统之上，长达50年之久，这足以看出这些新原则没什么作用。50年前，家长们都继承这祖祖辈辈传下来的育子之道，孩子们独立完成家庭作业。而今天，妈妈通常坐在孩子旁边，看孩子做作业，结果当妈妈的却替孩子做了起来；50年前，孩子很少顶嘴，如今的孩子一天能顶好几次嘴；50年前，家长不在身边时，孩子们非常淘气，而如今的孩子无论家长在不在场，都调皮捣蛋，没有片刻安生。

不管你相信与否，在如今的家庭里，仍可以教出好孩子：可以独立完成功课；偶尔顶嘴；会淘气，但仅仅是天性使然。

我写这本书，就是为了让您也能教出这样的好孩子。

第1堂课

夫妻关系是家庭的核心

家长们都认为我是亲子教育方面的专家，于是总会问我一些该如何教育孩子的问题。这些问题涉及方方面面，不过，大多数家长都想找到既能让孩子有出息，又能让孩子快快乐乐成长的秘诀。

讨论亲子教育问题的丛书更是数不胜数，我这本书只是其中一例，今后这类书还会源源不断地问世。到目前为止，我结婚 38 年了，肩负了 37 年作父亲的责任，又当了近 12 年的爷爷；身为一名丈夫、父亲和爷爷，我发现秘诀也没那么复杂，没有复杂到需要写一本书的地步。总之，要想让孩子有出息、快乐的生活，秘诀就是把更多的心思放在夫妻关系问题上。倘若你能把自己的婚姻经营好，处理好夫妻关系，就是给孩子最好的礼物。

这话恐怕大多数家长都不爱听。因为他们本想听我讲讲家长该怎样给孩子无条件的爱，或者讲点有实用性的，比如，该如何培养孩子的自尊心。换句话说，大多数家长希望我谈的话题以孩子为中心。恰恰相反，我主要从一个家庭的整体来谈，而并非从某个成员来考虑。我的意思是，只有先分清家庭内部问题的主次，才最有可能保障孩子的幸福。千万不要误解：并非让你关注夫妻关系比关注孩子多一点，或者爱配偶胜过爱孩子。我只是想提醒人们：孩子判断家庭是否和睦的主要依据就是父母的关系是否和谐。

“先打住！”有人惊叫起来，“我是单身父（母）亲！你的意思是，我不能像双亲家庭的父（母）亲那样照顾好我的孩子吗？”

我当然不是那个意思。事实上，单亲家庭和双亲家庭完全是两种不同的情形。想用一口气或一个段落详谈这两种情况，几乎不太可能。因此，我打算分开来谈。首先，我要谈谈双亲家庭里孩子的教育问题。然后，再谈谈生活在单亲家庭里孩子的教育问题。其实，我 7 岁前的大部分时光就是在单亲家庭中度过的。

“孩子第一”

多年前，我曾给一些身为上班族的妈妈展开过几期“如何为人母”的培训，地点是在位于北卡罗莱纳州夏洛特城的皮德蒙特中部社区学院。每一期培训开始时，我走入教室，拿起一支粉笔，在黑板上写道：在我家里，孩子是第一位的。写完，我便转身问她们，请同意这个观点的母亲们举一下手。话音刚落，几乎所有母亲都举起手来。其中很多妈妈都相互看了看，边笑边点头，似乎在说：“这还用问啊！哪个当家长的不把孩子放在第一位？”然而，在我看来，母亲们纷纷举起手来、相互默许，这都表明我们做家长的陷入了一个误区，即把孩子放在第一位。

第二次世界大战以后的数年里，美国人越来越重视对孩子的教育和培养，而且是近乎神经质般的重视。养育孩子本来是家长们再平常不过的责任，却给戴上了科学的帽子。于是，养育孩子的问题演变成了“如何当好父母”的问题，如果当不好，后果严重。这给家长们许多无形的压力。不过，孩子们在家庭中的地位却提高了。这种地位并非孩子们应得的，当然，他们也未曾为之付出过，而且对他们无益（不管他们多么喜欢获得这种地位）。在一些问题家庭，孩子成了中心，家长们忙着围着他们转。在这些以孩子为中心的家庭中，不言而喻，首先，孩子是最重要的成员；其次，

亲子关系是家庭中最重要的关系。显然，在美国家庭里，孩子越是处于中心地位，就越以自我为中心。于是，也就越难养，家长也越发觉得费心劳神、出力不讨好。

无数家长告诉我，养孩子是他们做过的最难的一件事儿。听到这种抱怨，我感觉到一种充满矛盾的“荣耀感”，仿佛家长们认为养孩子就应该是一件不易的事儿，这才算真正担负起了做家长的责任。他们似乎觉得，孩子越难养，就应该投入越多的精力，这样才是真正负责任的家长。于是，家长们总认为，谁不觉得孩子特别难养，谁就没足够尽心尽责。被孩子们折腾得精疲力竭是时下家长们的通病。

然而，40 年前，家长们可一点儿也不觉得孩子难养，事实上他们做得相当好，我说的就是我父母那代人。我跟很多家长交流过他们教育子女的经历，还让他们大致描述一下。果不其然，描述惊人的相似。他们告诉我，作为一个人来讲，养育孩子的责任重大，同时也带来很多乐趣。不能一概地把养育孩子与“压力”、“挫败”、“焦虑”、“痛苦”和“犯罪感”等词汇联系起来。需要提醒的是，在 20 世纪 50 年代的大多数家庭里，每家的孩子都要比现在的多。一位 90 岁的老妇说：“养育孩子只是生活的一部分。”她并不是想淡化养育孩子的重要性，而是强调这只是作为成人的众多责任之一；这不是她生活的全部，也没花过多的精力，因此，算不上压力。正是因为这些家长有正确的养子观，才显得很从容，也很享受这个过程。他们从不围着孩子转，相反，孩子却围着他们转。不久以前，家庭中最重要的关系是夫妻关系。婚姻是第一位的，夫妻都想白头偕老、天长地久。孩子只是婚姻生活的过客。的确，孩子也是夫妻婚姻生活中最重要的来客，不过也只是过客。而一个人的配偶却绝不是过客。孩子一旦长大成人，离开父母远走他乡，剩下的就是夫妻俩和彼此的婚姻，要想维系好婚姻，就必须要把夫妻关系放在家庭关系的首位。

倘若你把孩子放在首位，把亲子关系排在夫妻关系前面，那你的孩子早晚会变得任性、跋扈，不在乎你为他做的每一件事。他长大之后，肯定会为所欲为；你也会觉得让他承担家庭责任不太公平，于是，你会绞尽脑汁迎合他、伺候他。把孩子放首位只能让你觉得为人父母是世上最难的一件事，即便开心，也只是偶尔，不能持续。最糟糕的是，把孩子放首位最终导致孩子们并不快乐，因为快乐只有建立在自己为自己负责的基础上，而不是别人为自己负责。

细胞式生活

一谈到以婚姻为中心的家庭，我通常用细胞做类比。细胞是生物的基本组成部分。细胞核是细胞的功能中枢，支配细胞的各项活动。细胞核是细胞各项活动的执行者，控制着细胞的新陈代谢、再生和其他各项主要的机能。细胞核还能协调相邻细胞间的关系，决定细胞在整个机体中所发挥的作用。此外，生物学家都知道，只要细胞核是健康的，正常发挥其功能，那么细胞自身就能健康生长，能够对所在的机体产生积极的作用。反之，如果细胞核不健康，受到疾病或异物的侵袭，那么该细胞核就不能正常运转，细胞也会逐渐死去。

同样，家庭也是社会生活的基本单位，而社会是个更大的有机体，家庭就是这个有机体的一个细胞。家庭也有细胞核。在双亲家庭中，细胞核就是婚姻。在单亲家庭中，细胞核就是单亲父亲或母亲。如果婚姻或单亲父母的需求得到满足，整个家庭就是健康的，每个家庭成员也是健康的。换句话说，婚姻经营好了、单亲父(母)亲把自己的事情处理好了，孩子们才能快乐地成长，才

有安全感。他们对自己的身份有清楚的认同感，在此基础上建立起自信，相信自己有能力处理生活中面临的各种问题。

这也就是说，在双亲家庭里，婚姻是最重要的，是家庭里最重要的关系，其重要性高过任何一个家庭成员。婚姻成就了家庭，也延续了家庭。婚姻先于孩子而存在，孩子出生后，婚姻继续枝繁叶茂。如果你不把婚姻放在首位、维护好婚姻关系，一切将成为泡影。

离婚率最高的人群之一是“空巢客”(那些子女离家独立的父母)，若不是这一人群的存在，上一段的论述也仅仅是华丽的词藻。没办法用一句话解释清楚，我曾与很多不幸的“空巢客”攀谈过，对他们中的大多数人而言，抚养子女让他们忽视了各自的婚姻。20 多年来，“我们为了孩子而活”的思想根深蒂固，使夫妻俩忘记了为彼此存在的理由。更可悲的是，这种“孩子为中心”的弊病很可能会像瘟疫一样，代代相传。

薪火相传

一位记者曾问我：“当今天的孩子长大成人，他们面临的最大的问题是什么？”

我回答说：“尽管很多孩子生活在双亲家庭，但并不知道‘婚姻’为何物，更别说‘家庭’了。”

如今的孩子不知道婚姻是什么，因为家长很少把丈夫和妻子的角色展现给孩子，而是把作为父母的一面展现给孩子。这是一种新的美国式的教育理念，其依据就是人们普遍的误区，即越是关注孩子，越是管得多，对孩子越好，这才算是好家长。

我是最后一代生活在以婚姻为家庭中心的孩子中的一员，尽管这些家庭有着这样或那样的不完美之处。虽然你母亲是家庭主妇,但不是只会待在家里围着孩子转的妈妈。虽然她在外面有工作,正如我母亲那样,50 年代的母亲下班回家后,并非满心愧疚、极力补偿孩子,比如整个傍晚给孩子跳舞,直到孩子愿意上床睡觉为止。她回到家是来放松、休息的,也期望孩子不再缠着她,而是帮她在家放松一下。爸爸下班回到家,不想看到孩子叽叽喳喳地闹个不停,也不想和孩子粘在一起,而是希望和妻子享受片刻的安宁,毕竟妻子才是他一生的伴侣。晚饭后,夫妻俩在起居室里喝杯咖啡,闲谈一会儿;孩子们独立地做做作业或者其他的事情。夫妇都不想再卷入孩子的小世界。当然,也有些例外,不过,我和我父母这两代人都记得,在过去的美国,夫妻关系远比亲子关系坚固。其实,也应该如此。

"不是吧,约翰,"有人质问道,"不是更坚固,你是指同样坚固吧?"

不,我肯定认为过去的夫妻关系比亲子关系更坚固。与今天的母亲不同,50 年代之前的母亲不是嫁给孩子,而是嫁给丈夫。与今天的父亲不同的是,在过去,当父亲的首先是个好丈夫,其次才是个好父亲,绝不仅仅是孩子最好的伙伴。除了在家里面,孩子在任何其他地方都没办法了解婚姻的真谛。了解婚姻是什么,要远比成为学校的优等生或者体育健将重要得多。事实上,其重要性不是用三言两语就可以说得清楚的。

夫妻关系高于亲子关系,如果你对此有所异议,想找出更多的证据,不妨看一下这个无可争辩的假设:没有什么比夫妻关系出现危机更能让孩子觉得缺乏安全感了;倘如夫妻关系岌岌可危,随时可能破裂,势必打乱孩子正常的生活。因此,我们可以发现,即使夫妻关系不是非常和谐,只要能挺过去生活中的不如意,

只要能相互忍让，孩子就会觉得这个家依旧是安全的。

把夫妻关系摆在家庭成员关系的首位，是解放孩子的第一步。大多人认为，孩子只有到了成年，才会离开家独立生活。这种想法是不正确的。孩子的解放和独立要从娃娃抓起，从刚会走路开始。这是孩子摆脱对家长的依赖、逐渐自立的一个缓慢的过程。等这个过程行将结束之时，孩子也就真正独立了。家长幸不幸福，孩子不是关键，婚姻经营的好坏才是关键，这就能让孩子们摆脱家庭的牵绊，寻找属于自己的生活。事实上，孩子能远走高飞是一件值得庆贺的事儿，身边的每个人都为之高兴、为之祝福。倘若亲子关系位于家庭关系的首位，那么孩子要想独立，就难了。孩子往往能离开家，但感情上总对父母产生依赖。有时候，孩子独立就像“离婚”一样令人心痛，无论是家长还是孩子，都需要很长时间才能渐渐缓过来。

孩子独立时，家长给孩子最好的礼物既不是新车的钥匙，也不是公寓的钥匙，而是让孩子体会到一种真正的安全感，让他随时可以回家，不是来常住，而是来串门。我曾经跟很多独立的成年人交流过，他们告诉我，他们生活中最大的痛苦莫过于如何分配看望离异父母的时间。

我的孩子曾对我和妻子威丽说，你们的感情始终这么好，当你们的孩子真是太幸运了，相信你们能一直这样好下去。这只是他们无意中说溜了嘴，其实他们心里都明白，这与幸运没什么关系。我们做父母的只是做好了分内的事儿，父母有父母的样子，家才像个家。

缺乏关注

孩子到 3 岁的时候，会得出两种完全不同的关于父母的观点：

观点一：

我应该听父母的。

观点二：

父母应该听我的。

认为“我应该听父母的”的孩子们很好管教，而且，也很听话，懂得自律。持第二种观点的孩子就非常淘气、任性了，家长几乎管不了他们。之所以会这样，是因为孩子能否自律，关键看他听不听家长的话，如果家长事事都听孩子的，孩子当然就不把家长的话当回事。换句话说，你越是关注孩子，孩子就越不在乎你。

持第二种观点的3岁小孩，缺乏对家长言行的关注，不听话。别担心，孩子并没有得所谓的关注缺乏综合征，孩子是健康的。不过，家里肯定得乱套。家长常常抱怨：“只有冲他大吼大叫，他才听话”，“得反复跟他强调三次，他才照做”。是的，他是缺乏对家长言行的关注，究其根源，并非机体化学失衡，也不是大脑功能失调，而是由充满善意的家长导致的。这些家长认为，好家长就得时时刻刻关注着孩子，越是关注孩子，就越是个好家长。自20世纪60年代以来，这种想法就已经普遍存在。当时，新涌现了一批专业的家长培训班—— 由像我这样背景的一些人组织的——主要是让家长们了解，孩子心理是否健康，关键看孩子从家长和其他重要人物那里得到的关注的多少。我对此中蹊跷心知肚明，因为做心理咨询师的头六七年里，我也曾赞同过这种言论。那段时间的头两年，像许多心理热线的咨询师一样，我经常接听家长的电话，为他们解答生活中常见的疑难问题。你或许能想象得出，打电话的人通常是某个孩子的妈妈，在电话的那一端不停诉说。问题孩子经常与弟弟妹妹打架，或者干些其他令大人恼火的

事。说着说着，那位妈妈就开始火冒三丈了。我所要做的就是，让她平静下来，告诉她该怎样解决问题。渐渐地，我发现，很多接线员都这样回答：无论发生了什么问题，原因都出在家长与孩子的沟通方式上，他没有得到足够的来自父母的关注。解决方案大体雷同：家长需要给与孩子更多正面的关注，要学着“发现孩子的长处”。

同时，我也意识到，打电话的总是那些个家长，反复地问着类似的问题。他们保证，的确按我们说的办法去做了，不过，情况反而更加糟糕了。此时，你千万别认为是自己没给出好办法，否则你就死定了，你只能这样说，“你没有完全照做”或者“你的确给予了正面关注，不过你也给出了负面关注，正负抵消，所以没有见效”，或者其他惯用的、空洞乏味的话来应对。一个万能的说法就是，孩子不听话，都是由于家长几乎没有给予孩子正面关注所导致的。这也是孩子们自己求助的方式。家长严格管教，尤其是用体罚的方式管教，只会让问题雪上加霜。夸奖孩子几句，或者其他可以让孩子开心的事，都可以挽回局面。我就纳闷儿了，当初怎么就相信这些鬼话？

我慢慢地开始发现，不关注孩子，或者过分关注，都会导致很多问题。而且，得出了一个大胆的结论：除了婴儿以外，其他年龄层的孩子不需要家长过分的关注。他们需要来自家长的监督，好让家长知道他们在哪儿、做什么，以及和谁在一起等等细节。不过，监督和关注完全是两码事儿。孩子的确需要来自父母的一对一、直接的关注，不过这种关注未必见成效。要想解决这一难题，不妨先从讨论孩子和食物开始。

孩子需要食物，但不能过量。如果你坚持给孩子过多的食物，不久，他将会对过度饮食产生依赖性。如果你总是这样，孩子就会养成贪食的不良习惯，这个习惯会跟着他一辈子。如果孩子想要得到满足感，随时都要有充足的食物才行，这样才能让他觉得自在，这种情况会愈演愈烈。最后，孩子对食物上了瘾，就像脖子上挂了个石头一样，不断妨碍着他生活的方方面面。

现在，回过头来，用“关注”这个概念替换“食物”，重新读一读上一段，看看有何效果，你会发现这两个概念何其相似？

你是不是有种恍然大悟的感觉？说孩子需要过多的关注，如同说孩子需要过多的食物一样荒谬。过多的关注和过多的食物一样对孩子有害。当然，每个家长都有责任控制好孩子摄取食物的数量。同样，家长也应该拿捏好对孩子关注的程度。不过，许多家长没能给予孩子适当的关注，这往往让孩子无法接受。在很多家庭里，孩子们总是想方设法打断父母的谈话，一看到家长卿卿我我的时候，就插进来，大声说话，像个小傻瓜。孩子们这样做，仿佛人生就像一场戏，如果让他们选择的话，他们宁愿跟家里的成年人在一起，也不愿意老是跟大街上的小孩子们一起打闹。

再说一下上“瘾”，这些对父母给予的关注容易上“瘾”的孩子，会比其他孩子更容易染上毒“瘾”、酒“瘾”或其他摧残其生命的嗜好。至少上了被关注的“瘾”的孩子永远也长不大，也无法真正获得情感上的独立，无法摆脱对父母的依赖。

太阳系般的生命

之前，我把家庭比作细胞。也可以把家庭比作太阳系——就像银河系的一个细胞。太阳是太阳系的中心，提供能量和养分，维护着太阳系的稳定。众多不同历史时期形成的行星，围绕着这个能量的核心转动。

一个家庭也需要有一个核心，能给家庭带来力量和养分，维护家庭的安定祥和。唯一可担当此重任的就是负责任的家长们。家长的责任就是让这个家变得有条不紊、组织有序，同时要教育孩子，经营好这个家。

孩子们就好比太阳系的行星。年幼时，他们需要围着家长这个太阳转，获取光、热和养分，得到家长的指导。随着年龄的增长，孩子们逐渐远离家长，就像行星的轨道逐渐扩大一样。十八九岁或者二十出头的孩子，应该可以脱离家长的引力，独立开始自己的生活了。孩子们最终是要离开家长的，做家长的任务就是帮助他们实现独立。总让孩子沐浴在父母关爱的阳光之下，就会妨碍孩子形成完全独立的能力。孩子不能既是家庭关注的中心，同时游离于这个中心之外。只能是其中的一个。

如果你让孩子成为家里的焦点，无形之中，他就成了最重要的人。焦点肯定会让他觉得很惬意，每个孩子都想自然而然地成为家人关注的焦点，尽可能长期地沐浴在家长温暖的阳光下。

这种现象在美国普遍存在。自从20世纪60年代末以来，成年人经济独立的年龄从过去的20岁，上升到如今的27岁，足足延长了7岁。在过去的30年中，22岁还跟着父母一起生活的孩子的比例翻了一番，而美国经济一直在稳步增长。此外，现在的孩子中有些是“飞去来”——离开家无法独立生存(丢掉工作、入不敷出、被房东赶出屋门，等等)，最后还是乖乖地跟着父母住，成为啃老一族。要在从前，孩子们独立生活几乎没有什么困难，而这对于如今的孩子们，却是困难重重。这个事例告诉我们，问题不是出在“外面”，而是出在家里，主要是家长培养孩子的方式不对头。要么是我们做家长的对孩子关注太多，要么是孩子对我们家长过于依赖，或者是两者兼而有之。

一等于全部

现在，我们来看看，单亲家庭究竟该如何去做。

尽管我不是单亲家长，但我同样有资格讨论这个话题——如何在这种情况下，更好地满足孩子的需求和意愿，因为我小时候，也曾生活在单亲家庭。我 7 岁之前，母亲基本算是单身，带着我单过。在我看来，母亲那时非常有意思，也是我见过的最有意思的人之一。事实上，她那时还要去上班。后来她考上了大学，获得了生物学博士学位。她生活的圈子很大，似乎总能结识形形色色的朋友。她写作业时，经常会抽出一些时间，给我解释脊椎动物和非脊椎动物的区别。有时，她也会带我去图书馆，我坐在位子上，悄悄地看着那些成年人如此安静地阅读着。她有时还会带着我和她的朋友一起去海边，或者去看电影。当然，也不是所有的事情都会叫上我，不过她给我提供的集体生活已经很丰富了。

母亲是个很有意思的人，所以我很为她着迷，总围着她转。但她并不围着我转，还让我逐渐学会独立。她很独立，这深深影响了我。她不止一次地跟我说，当妈妈的就要培养孩子独立生存的能力，而孩子不能总靠妈妈。我记不清她是否趴在地上和我一起玩耍过，但她鼓励我用手指画画，把晒衣服的夹子当作敌人，把燕麦片的包装纸盒当作城堡。晚上睡觉时，她还在床上给我讲故事听，每天至少讲一次。都是些专门讲给儿童听的经典故事，比如《柳林中的风》。她深深地关爱着我，我也相信总能依靠着她，但母亲总有自己的生活，不可能只是围着我转。

母亲一回到家，就开始做功课；每每学得入神之时，我就不能再缠着她了。有时，她见我闲得手痒痒，就严肃地对我说："别碍

我事，你得干点什么，不能老这么闲着，要不我给你找点事做。”我知道母亲是爱我的，但我也知道，她更想让我学会独立。每当我有需要的时候，母亲总在我身边。不过，她总提醒我，我的需要渐渐成为了一种任性，而不再是真正的需要。

现在回首过去，我才明白，母亲当初嫌我碍事，不过是要让我知道，除了当我母亲，她还有属于自己的生活，我也有自己的生活。母亲让我不要过度依赖她，别指望她事事都围着我转，这也给了我一次独立成长的机会。

这就是家长们所要做的。家长要帮助孩子摆脱对父母的依赖。我当着听众这么说的时候，他们都笑了笑，看起来有些震惊，仿佛我说了什么有违天理人伦的话。这不是开玩笑，我并非想博大家一愣或弄个噱头。我说的都是真心话。抛开那些关于培养孩子的学术理论和华丽词藻，你会发现，培养孩子的目的，就是让他们学会独立，逐渐成长，获得成功。

重要的是，母亲从来没让我觉得没有爸爸是自己淘气或者不用功读书的借口，也不能因为没有爸爸而顾影自怜、暴躁不安或者对小动物或比自己年幼的孩子施虐。我要自己学会担当，要有责任感。每当我做错事，找借口为自己开脱时，母亲都会很严肃地对我说：“别找借口，没有如果、而且或者但是。”母亲不让我沉溺于“爸爸不关心我”之类题材的肥皂剧中，因此，我的童年时光真的很快乐。

不幸的是，在我们的文化氛围下，这种单亲妈妈基本不存在了。如今的单亲妈妈总是充满犯罪感，也缺乏独立精神。她们总觉得得补偿孩子，修复离婚给孩子带来的心灵创伤，于是整天围着孩子转，孩子就是她们生活的全部，却没有了自己的生活。她们总以为，只要为孩子做事，就算是好妈妈；于是，生活里没有了自我,很少有时间为自己做些什么。她们觉得不能管教孩子,因为孩子不听话是她们离婚所导致的,孩子们对离婚很气愤同时觉得他们也需要为之负责,就变得更加气愤。当下的文化好像将单亲妈妈塞进了一个小盒子里——盒子的每个面都是用所谓的心理学术语做成的,如今的单亲妈妈与当初我母亲的处境大相径庭。我母亲那个年代,单亲妈妈还相对独立一些,但现如今的单亲妈妈们生活很受局限,不仅充满犯罪感,还为了孩子的事而筋疲力尽。

我母亲下班或下课回到家,也没有这种犯罪感。她回到家就觉得已经完成了她的任务,做了她认为最称职的母亲需要做的一切——给我拿好衣帽和鞋子,准备好饭菜。如今的单亲妈妈认为,离开孩子一会儿就会有心理上的亏欠,没有尽到做母亲的责任,回到家就该补偿孩子。于是,进家就有犯罪感,觉得做得不到位。

傍晚下班回到家,本应该享受片刻安定,此时,听话的孩子知道不应该再打扰疲惫的妈妈,自己到一边去玩;现实却恰恰相反,回到家就得围着孩子转,孩子也觉得家长应该这样。

单亲家庭中,单亲妈妈往往比单亲爸爸牺牲得要多。在很多情况下,妈妈总是比爸爸更容易忽略自己的存在,一心只想满足孩子的需求。当妈妈的总是很难区分,哪些是孩子需要的,哪些是孩子强要的、耍性子的。取得孩子监护权的单亲妈妈总觉得该为孩子没有爸爸做些补偿。于是,这些妈妈越来越惯着孩子,过分溺爱和保护他们,付出太多的情感,早晚会濒临崩溃的边缘。

这样看来:如果你自家库房没有货物了,肯定没办法给别的库房提供货物。如今的单亲妈妈没有很好地照顾自己,来保持情感的充沛,反而愿意放弃自我,满足孩子的需要。她们不断地给予，无论是物质上还是情感上的，都无私地给予孩子，而孩子却觉得这是应该的，越来越不把它当回事。孩子们很快就会变得任性，越来越难满足，还不懂得感恩。这种情况下，单亲妈妈最终会受不了，无法继续满足孩子，于是把怨气发泄在孩子身上。这又加重了她们的犯罪感。

“我不该对着孩子发火的，”她说，“这不是孩子的错，错在只有一个家长。”

这时候，单亲妈妈觉得应该为孩子做点特殊的事儿，来弥补刚才发火造成的影响。于是，又陷入了恶性循环。

在这种无休止的恶性循环中，孩子成了环境的牺牲品，当妈妈的也作出自我牺牲来补偿孩子，为自己的错误赎罪。每次对孩子发完火，就觉得自己不是个好家长。“当时要是能控制住自己，”她想，“情况就不会是这样了。”但问题并非出在她发火，而是她不会调和情绪。要想解决这一问题，单亲妈妈需要协调好自身需要和孩子的需要。她还要调节好情感的付出和回报。

光靠补偿没什么作用。补偿不但没有解决问题，反而成了问题的一部分。单亲妈妈要给自己界定好角色，自己的一部分生活是与孩子无关的。单亲妈妈需要摆脱妈妈的角色，满足自己其他方面的需求，比如社会需求、职业需求和娱乐需求。既为了孩子也为了自己，单亲妈妈有时需要自私一点。只有这样，她才能有足够的精力和情感与孩子一起分享。

我母亲曾经说过：“约翰·罗斯蒙德，你现在不需要妈妈，我也不会成为你需要的妈妈。”

有一位单亲妈妈对我说，她一直想学绘画，正打算让她女儿报个美术培训班。我建议她打消让她女儿上培训班的计划，她应该自己先去上培训班。等她学会绘画后，再来教她女儿画画，岂不更好？她很迷惑地看着我，接着就明白了我的用意，笑着说："是个好主意！"

我希望她学得开心。

"黄金时间"的真正含义

黄金时间，这一概念产生于20世纪70年代初。当时一些妈妈得去上班，担心这样会影响孩子，于是产生了这个词。

"这种理解是错误的，"提出黄金时间的人说，"没必要跟孩子相处太长时间，只要你们充分利用在一起的时间即可。"

说的很对，不过，大多数上班的妈妈将其理解为，她愿意利用下班后的每一刻空闲时间来补偿孩子，给予孩子足够的关注。因此，把孩子从托儿所接回家后，她就不停地提醒自己要跟孩子度过黄金时间，因此累得不行，于是就忽略了丈夫，婚姻生活的质量下降。如果丈夫也和孩子一起玩，就会感到筋疲力尽；否则他们就呆呆地看着电视，或者强忍着疲倦继续在家干办公室没干完的活，担当起一家之主的重任。

我想起了曾经见过的一对年轻夫妇，他们总把4岁女儿的需求当圣旨，特别关注。这些父母的生活被孩子的各种要求搅得不得安生，因为孩子总以各种方式让家长"看看我！"他们要是不能立即满足女儿的愿望，她就哭起鼻子来。要是家长的做法没能达到她的要求，她又开始上蹿下跳，边拍手，边哭泣。这绝对是很荒谬的一幕，但一些家长，尤其是年轻的家长们都心惊胆战，不知所措。

这些家长们都得去上班，就陷入了两难境地。一方面，尽管

把孩子放在当地最好的学校，他们也觉得上班剥夺了与孩子相处的时间。他们认为，孩子需要关注是因为孩子缺乏安全感。但也不能放弃工作只照顾孩子吧！工作是生活的经济支柱。他们不禁要问："该怎么办呢？"

"首先，"我说，"告诉我目前是个什么情况。"

"好吧。"孩子她妈说，"下班一回到家，基本把时间给了孩子。我们夫妻俩一起陪她玩，讲故事给她听，带她去散步，等等。上了一整天班，没时间陪她，我们觉得回到家，就该把所有的时间都放在孩子身上。"

"停一下，"我说，"我想我找到了问题的要害。"

接着，我给这对年轻的夫妇讲了一些我朋友的事例，他们也都有工作，还有两个上学的孩子。放学后，孩子坐班车去一家日托所，在那待到下午 5 点以后，孩子的爸爸就会接他们回家。

几年前，我朋友在家里定了个非常罕见的规定：孩子回家后的 30 分钟内，不允许进入大人常去的几个房间，包括私人书房和厨房等等。只能在自己的房间活动，如果天气好，可以去室外活动。家长正好可以利用这段时间放松一下，边准备晚饭，边聊会天。

制订这一规定之前，我朋友觉得应该在傍晚多陪陪孩子。不过，对孩子关注得越多，孩子就越任性、越以自我为中心、越放肆、越不懂规矩。最后，我朋友终于意识到，孩子成了家庭的中心。本来想当个好家长，不想却培养了两个怪物。

后来，他们意识到，彼此的关系要比与孩子的关系重要，于是重新把夫妻关系放在了家庭关系的首位。"30 分钟"规定就是他们想出的一个新招。大人孩子傍晚都回到家后，我朋友就会用炉灶上的计时器定时 30 分钟,让孩子们各做各的事情。孩子们刚开始受不了这个新规定,家长还是好言好语地把他们打发走,让他们硬着头皮照做。头几周,孩子们一听时间到了,就冲进厨房,扑到爸妈面前。日子久了,孩子们从听到铃声到出现在爸妈面前的时间间隔越来越长。最后,就根本不需要设定时间了。孩子们放学回家后,晚餐前都先各忙各的。吃完晚饭,孩子们又回去各玩各的,不打扰家长,直到睡觉时,爸妈才过来给他们铺好床,讲故事。

这样的孩子比较独立,性格外向;能自理,又乐观成熟;既活泼可爱,又懂事听话。他们的家长通过把夫妻关系摆在首位,逐渐改掉了孩子总想让家长关注的坏毛病。于是,他们丢掉了那些大多数双职工家庭所奉行的"应该怎么对待孩子"的教条。

先前那个小女孩的家长对这个故事中家长所用的方法很是震惊。之后的 6 个月,我和他们失去了联系,不过,有一天在商店碰到了。由于没再联系我,他们表示抱歉,因为他们的问题解决了。寒暄的时候,我就可以看出,孩子的问题解决了,因为小女孩很安静地依偎在父母身边,静静听大人讲话,从不打断。

"我们也用了 30 分钟规定,"他们接着说,"这一招还真灵!最近一段时间,我们回到家,女儿茱莉先自己找些事做。晚餐时,大家边吃边聊。晚饭后睡觉前,她自己去玩。睡觉时,给她念半个钟头的故事,说说悄悄话,直到哄她睡着再熄灯。我们现在比以前快乐多了。"孩子的妈妈低头看着女儿,"茱莉,是不是更快乐了?"茱莉先抬起头看看她的妈妈,然后又看了看我,笑了起来,点点头,并给了我一个热烈的拥抱。

我喜欢皆大欢喜的结局,你呢?

更多黄金时间

还有其他一些设定黄金时间的方式，让你的婚姻生活更幸福，同时要孩子认识到夫妻关系才是第一位的。单亲家长们注意了，以下方法同样适用于你们：

- 大人说话，不要让小孩插嘴。小孩最好先回避，去另一个房间等会儿。告诉他“我们说完再叫你”。不愿意回避等待的孩子需要在自己房间停留 5 分钟，冷静一下。

- 家长每周出去“过夜”一次，除非有什么意外。夫妻俩最好不要带着孩子，单独出去享受周末时光。婚姻生活也是家庭生活中一个独立的部分，需要抽出时间来品味。

- 让孩子晚上早睡。要知道，孩子早睡对家长也有利。换句话说，孩子睡得早，家长也可以多一些空闲时间，然后也能早睡。不能等孩子想睡的时候才让他们睡，家长想睡时就应该让孩子也睡觉。在我看来，上学前班的孩子 8 点睡都有点儿晚；小学生 8 点半就得上床睡觉。我建议再大点儿的孩子 9 点就得睡觉，尤其是第二天还要上课的时候。只要孩子别老缠着家长，读读书，干点自己喜欢的事都可以，晚睡会儿也没问题。

- 一旦躺下，就不要大声说话或者开玩笑了。孩子睡觉时，千万别干家务或者办公，以免影响休息。趁这段时间，想想你的初衷。当然，最没创意最无聊的就是，整晚都盯着电视看。

独自守在电视旁

自从20世纪50年代初,美国家庭的离婚率不断攀升。有意思的是,50年代初期,恰好是电视普及的时候,电视进入千家万户,成为人们生活尤其是晚间生活的重要组成部分。平均每个家庭每天看电视6个小时,每周42个小时。最近一份调查,要求结婚一年的夫妻说出家里最重要的财产。大多数夫妻说是电视机。当问及婚姻生活中最需要改进的是哪方面时,很多人都异口同声:“沟通。”

一份研究表明,在美国,一般的夫妻平均每周有内容的单独交流不超过30分钟。然而,每人每周看电视的时间超过20小时。

看电视时说的话并非发自内心。人们总说“在一起”看电视,但“看电视”和“在一起”是两个不同的概念。全家老少坐在一起看电视时,其实每个人都是孤立的,都想着各自喜欢的频道。即使坐在一起,眼睛都盯着电视,但两颗心可能相差十万八千里。你别指望边看电视边谈心,绝对不可能。要么看电视,要么谈心,只能选择一个。扪心自问:哪个更重要呢?

问答

问题:我是单身妈妈,有2个孩子,一个6岁,一个4岁。我和丈夫1年多之前离得婚。半年多以前,我交了新男友,不过孩子们不太喜欢他。他费尽心思来讨孩子们欢心,都无济于事。他越是这样,孩子们就越懒得搭理他。孩子们不止一次地说不想再见到

他。4 岁的孩子说："你该回家了。"简直让我难以置信。本来我和他商量着要结婚的，孩子们的态度让我开始犹豫了。我该怎么办呢？还有，我和他什么时候在孩子面前示爱、亲昵比较合适呢？

回答：事实上，虽然孩子的"你该回家了"说的有点重，听起来的确让人非常气愤，不过，在这种情况下说这话，也是情有可原的。孩子们不懂事儿，不通世故，遇到看不惯的事情说话比较直接，甚至粗鲁，也是可以理解的。

要知道，孩子们不喜欢你男友，只是对事不对人。在孩子们看来，爸爸在家里的影响还在。因此，你新男友的出现，激起了孩子们强烈的防御意识，是一种排斥外人的心态。

此外，从离婚到交新男友这段时间，孩子已经习惯了妈妈围着他们转的生活。他们很难接受这种生活被另一个男人抢走。我的意思不是让你在孩子们身上多花时间，而是说你陪他们的时间少了，孩子们需要逐渐适应这样一种状态。

多跟孩子交流，了解他们的想法。告诉他们这些经历很正常，让他们了解，他们不喜欢的是目前的状态，而不是新男友。教他们以后要热情对待客人，要有礼貌。这种心灵的沟通，给孩子一次很好的交流想法的机会，或许能解决问题，或许无济于事。如果不奏效，就需要采用强硬的手段。

制止孩子的粗鲁行为。不允许他们太放肆。让他们闭门思过，直到主动认错。如果你能按照我的话去做，这个问题很快就会解决。

要想让孩子适应你和男友的亲昵行为，得慢慢来，不能操之过急。首先，让孩子们看你和他手牵着手。如果他们想把你们的手分开，就让他们回到原地，你和男友继续手拉手。当他们逐渐适应你们手拉手时，你们再拥抱、接吻。

如果你男友经常关爱孩子们，将会事半功倍。例如，给孩子们读点儿东西。如果你们外出郊游，有个孩子累得走不动了，你男友要是及时背他一会儿也可以。他甚至可以代替你哄孩子睡觉。总之，不要心急，慢慢来。仔细观察孩子的喜好。要是你男友的某次邀请遭到了孩子的拒绝，不要怪孩子。也不要灰心，退一步海阔天空，想想该怎么办，再去尝试。切记，耐心很重要。

如果你和男友拥抱时，孩子想插进来，就让孩子回避，因为这是大人之间的事儿。这一事例说明，你和男友的关系是不容孩子干涉的，独立于其他关系之外的。如果你们最后结婚了，这件事也提醒你，夫妻关系是家庭关系中最重要的。

问题：我是个上班族妈妈，女儿才出生6周。她出生前，我就打算生产后再过3个月就去上班。但孩子生下来之后，我觉得该多和孩子在一起，而不应急于工作。如果我离开太长时间，会不会影响孩子的心理健康？如果经济上不紧张的话，产后什么时候最适合返回工作岗位？

回答：最理想的情况是，家长应该在孩子3岁前寸步不离地照顾着。不过，这根本不现实。如果经济条件不允许，或者担心孩子，那也至少6周之后再去上班。正如前面所说，研究表明，过早将孩子放在日托所，会对孩子产生负面影响，包括过于嚣张、注意力不集中，以及过于任性、不听话。但这些研究只是说普遍现象，没有提个例，不同的人影响也会不同。我深信，尽管孩子出生后头3年由家长照看最为理想，但放在日托所也不可能毁掉孩子。

当然，最重要的是，要保证照看的质量。例如，在日托所，应降低每个员工照顾孩子的数量，这样能保证一对一地照看。对于

婴儿来说，每个员工最好照看不超过 5 个孩子。

家长在选择日托所时需要咨询的问题：贵日托所的员工有正规的认证和执照吗？不会是随便从大街上雇来的吧？玩具足够吗？种类齐全吗？户外活动区域的设施是否安全？是否有趣？有哪些管教孩子的规则？

大多数州的人力资源服务部都有专门监管日托服务的办公室。这些部门将会为各位家长提供日托的相关信息及推荐服务。

问题：我和丈夫 30 多岁才结婚，结婚 5 年后才有了儿子，儿子目前 2 岁。我们还打算再生几个孩子。但坦率地讲，到了这个年龄，没有太多精力再要孩子了。您对独生子女有何看法和建议？

回答：我想提醒独生子女的家长们注意以下几点：

第一，家长精力是有限的，因此，独生子女受到的关注肯定比有兄弟姐妹的孩子得到的关注多。不过，太多的关注不一定是好事，对于独生子尤其如此。正如前面所提到的，过多的关注不仅会把孩子惯坏，还妨碍孩子自立和自尊的培养。家长过分骄纵会把孩子宠坏，时间一长，他们就要这要那，渴求得到家长的关注，动不动就发脾气，变得没有礼貌，也不听大人的话。

很多人对 20 世纪 60 和 70 年代的家庭教育存在误区，认为那时的孩子总能得到家长的关注。事实上，只有孩子头几岁时是这样，之后基本不可能。孩子的确需要家长的关注，但过多的关注会产生依赖性，最终阻碍情商的提高。

第二，我经常听到独生子女的家长这样说：“我们夫妻俩出门带着孩子，倒不耽误事儿。”表面上看，这样拉近了孩子与家长的距离，变得更亲密，但事实上不是如此。孩子会觉得婚姻生活属于 3 个人，而他就是中心。这样经营家庭的方式很难让孩子摆脱幼儿时期养成的自我为中心的心态。此外,如果把独生子女与父母放在同等地位,父母在孩子大点儿的时候就很难树立威信。而且,孩子与婚姻生活的界限一旦模糊化,孩子就很难建立起对自己的自我认同感。

第三,独生子女综合征有一系列行为上的症状。典型的行为包括:大人说话时插话;非得和大人一起参加活动;大人有些亲昵行为时,他也想卷进来;没大没小,不听家长的话;总想成为家长关注的焦点。

第四,兄弟姐妹之间常常发生口角,但相互之间可以学会分享和解决矛盾。独生子女的分享和解决矛盾的能力就比较差。与其他孩子相处时,独生子女往往比较自私,不懂得忍让。由于独生子女经常与大人相处,就会比同辈的社交能力强,这使得他们与同龄人相处时更加自私和霸道。因此,同龄人都认为独生子女更加圆滑、世故。

以下几点策略可以防止上述问题进一步恶化:

- 婚姻关系放在首位,避免以孩子为中心。
- 减少孩子参与成人的活动。
- 让孩子上日托所,因为那适合于3岁左右的小孩子强化创造能力,而非学习能力。
- 不要给予孩子过多的关注,或者沉溺于其他事物。

问题:我唯一的儿子才5岁,整天缠着大人,是个电视迷,还爱摆弄玩具。您有何建议?我儿子想要很多东西,但拿来没多久就厌倦了。他不怎么愿意与邻居家的孩子玩耍,却总嚷嚷着要大人陪他玩,或者看电视。我们要是出门,要么带着他,要么把他放在爷爷奶奶那儿。我们想尽量弥补对他造成的伤害,但不知从何开始,怎么做,怎样尽快着手。

回答：首先，你们没有对他造成永久性的伤害。你只是设置了一些不利于操作的前提。你需要找些更可行的方法将其替换掉。需要做一些大的改动，使之更成体系、更具操作性。要是你准备好了，那我就给你几点建议：

第一，你儿子每天看电视的时间不应超过 30 分钟。孩子看电视的时间越多，就越缺乏创造力。关掉电视机，就等于强迫他更充分地利用自己的时间。

第二，你会发现，他想让你陪他一起玩，所以你要限制与他共处的时间，每天只能玩早晚 2 次，每次各 15 分钟。每当他叫你陪他玩时，你就在厨房设定好 15 分钟的闹铃，铃声一响，你就可以找借口说得去厨房，不能陪他了。这并不是说让你每天早晚随时待命。如果他叫你时，恰好你有别的事，就让他耐心等会儿。如果他哭闹个不停，就让他回自己的房间呆着去吧。

第三，不要去哪都带着孩子了。外出时，把孩子交给保姆，别再放在亲戚家。找个会照看幼儿的人，每周到你家来临时照看一晚上，这样你们夫妻就可以出去共进晚餐或者一起去看电影。要知道，他并非你们夫妻婚姻生活的成员，这将有助于培养孩子的独立性，让他清楚地认识自己。从长远来看，这也是孩子将来能离开父母独立生活的前提。

第四，减少孩子玩具的数量。一个 5 岁的孩子从商店买的玩具不应该太多，而且玩具中大多数应该是可弯曲变形的玩具，比如林肯圆、万能工匠和乐高组合玩具（可搭出房屋、车辆等）。关于玩具方面，我经常告诫家长们，类似 1955 年以前的玩具才值得买。给孩子选择合适的玩具，能增强孩子的主动性、思想性和创新能力。

哪天晚上抽出一会儿时间，和他坐下来谈谈，直接告诉他要做出一些改变了,但态度要温和。如果他有疑问,就说:“孩子长到5岁的时候就要接受这些变化。”倘若解释得太具体,反而会吓到他,而且他总会觉得自己哪儿做错了。

面对某些新的改变,他或许会犹豫,或许会退缩,你就告诉他:“还记得跟你说过的话吗?这也是我们需要改变的地方。”

顺便说一下,你没有必要一次改变一个地方。事实上,你要同时改变多个地方,这样孩子反而更能适应过来,效果会更好。

问题:我是黑人,我丈夫是白人。每逢周末,他和他前妻的2个儿子会来我们家住,一个8岁,一个10岁。周末是痛苦的,因为家里没有孩子们爱玩的电子游戏、数百种玩具,电视里也没有那么多儿童看的节目。他们在自己家里可以收到“迪斯尼乐园的妈妈和继父”。他们对黑人的看法也很糟糕,所以我纠正他们的行为时,他们也不怎么搭理我。我丈夫在管教孩子方面,心灵上有过阴影,因为有几次他打孩子的屁股(尽管没那么残酷,但在妻子看来与重重地打没什么区别),他妻子在法庭上控诉他“虐待”孩子。于是,每次想管教孩子之前,他都思前想后一番,即使是轻微的责备也是如此。我们想在欢快、和谐的氛围中度过每个周末,同时,又想管教好孩子。我们该怎么办呢?不能把孩子挡在门外,该怎么改善家庭生活的质量呢?

回答:这是不是双重盲检法?不幸的是,这太常见了。这也不是头一次听说,估计有上万次了:你丈夫的前妻伪造证据指控你丈夫,通常会终止或者限制他对孩子的探视权。这样至少可以有效地遏制住你丈夫管教孩子的冲动,让你们的周末过得一团糟。相信我,孩子已被她妈妈洗脑了,为她妈妈灌输的种族主义所戕害;他们不尊重你,与你的肤色无关。即使你是这世界上最白的人,他们也不会尊重你,更不会听你的话。

经验告诉我，除非这些孩子长大成人，有辨别能力和批判意识，否则，你目前的处境不会改变。起码得 6 年后，甚至更多年后才会有所改观。同时，你丈夫也有决定权，他会决定婚姻与孩子到底哪个更重要。这是个艰难的抉择，但我希望他能将婚姻放在首位。孩子也能照顾好，而且早晚也要独立生活。第二个艰难的抉择是，他是否能给孩子订下规矩，尽管会付出很大的代价。

最有效的方法是立即把他们送回生母家，如果他们还那么没大没小、不听话。不用吓唬他们，不给他们第二次机会，也没有任何商量的余地。如果你丈夫同意这样做，就先设计一个愉快地度过周末的计划。不过，你丈夫需要事先告诉孩子们计划的内容和新规矩："如果你们中的任何一个不听话、不尊重我们，尤其是我妻子，那么我立即把你们带回你生母家。没有商量的余地。我不是让你俩喜欢我们，而是不允许再发生无礼的行为。该说的都说了，如果你不想来这过周末，就告诉我(你的名字)，我和我太太还要好好趁周末放松一下呢。"

正如我所说的那样，你丈夫肯定愿意采取强硬立场，即使会付出一些代价。在这一点上，我想对他说："你不是跟你孩子结婚，而是跟你妻子结婚。从现在开始，要想对孩子好，就先把婚姻维护好再说。"

问题：我是单亲妈妈，带着 9 岁的儿子泰迪。泰迪 3 岁时，我前夫和我就离婚了。最近一段时间，我打算再婚。未婚夫以前结过婚，但没有孩子，我们认识将近 2 年了。他和泰迪相处得很好，这也是为什么我考虑和他结婚的原因之一。如果组建一个新的家庭，将会出现什么问题呢？

回答：你和你的准丈夫组建一个再婚家庭，他就会成为孩子的继父。再婚家庭的规模迅速壮大，占到了美国家庭总数的 25%。目前，大约有3000万儿童生活在再婚家庭中，每年以100万的速度递增。按照这个速度发展下去，再婚家庭将最终取代传统家庭，成为美国家庭的主流。

再婚家庭分为两种：初级再婚家庭和次级再婚家庭。在初级再婚家庭中，孩子的亲生父母对孩子拥有初级监护权。家长可以探视孩子，但孩子不能住在再婚家庭中。离婚后大多数母亲拥有孩子的监护权，所以大多数初级再婚家庭的成员是孩子的生母和继父。

初级再婚家庭面临的诸多问题与传统家庭所面临的并不相同。让婚姻成为家庭的中心和让继父成为具有威信的人物是初级再婚家庭所面临的两大难题。

不幸的是，很多夫妇再婚前就存在一些问题，阻碍了上述目标的实现。

首先，离婚后，孩子的妈妈变成了单亲妈妈。没有配偶，孩子就是最亲的人。她也全身心地照顾孩子，因此，孩子对她的依赖性与日俱增。事实上，无形中与孩子产生了一个契约，内容是："你先满足我的要求，我才能满足你的要求。"

她的新男友很快发现母子关系坚不可摧，于是采取"打不倒就示好"的策略。他开始有意无意地向她和孩子献殷勤。尽量成为她和孩子的好朋友。他终于明白，要想求婚成功，就必须过孩子那一关。

再婚后，每个人都难以抛弃旧习惯，尽管这些习惯不再适合新的婚姻生活。当妈妈的心里总是放不下孩子，很难把主要精力放在新丈夫身上。因此，丈夫会觉得自己有点儿多余。

继父需要在婚后转变自己的角色，与之前的朋友关系相比，

他现在应该让自己成为严父，这使得情况更加复杂，因为这种转变让每个人都很焦虑、困惑和恼火。他管教孩子时，孩子他妈会反驳说："你怎么变得这么残忍！"她为孩子说理的同时，指责他太过分了，不能因为她更爱孩子就"吃醋"吧。照这样发展下去，天知道结局会是怎样。

这些都是可以避免的，至少可以控制在最小的范围内，前提是打算再婚的父母需要铭记以下几点：

1. 夫妻关系是家庭成员中最重要的关系。再婚家庭中也是如此。

2. 后爸或后妈必须承担起同亲生父母一样的责任，要严于管教。换句话说，后爸或后妈要与新配偶共同承担起教育孩子的责任。

任何事情都是这样，预防胜于救治。你们应抽空讨论一下怎样预防这些问题的发生，万一发生该如何处理。

问题：孩子在跟前时，怎样处理夫妻间的争吵问题呢？我有 2 个孩子，一个 7 岁，一个 8 岁，我们两口子尽量避免争吵。不过，偶尔吵几句会让孩子听到。多少会影响他们的生活，我们做家长的很自责。事实上，年轻稍小点的孩子有时会直接冲我们说："别吵了！"尽管这种情况很少发生，不过他一这样说，我们会立即停止争吵，并道歉。我们小的时候都没听父母吵过架，因此，我们不知道该如何在吵架问题上处理与孩子的关系。

回答：首先，我建议你先让孩子偶尔听听你们争吵的内容。其次，别让他打断你们夫妻俩的争吵。

分歧是人与人交流和相处过程中不可避免的。人与人之间越亲密，也就越容易产生分歧。但你可以避免夫妻之间的争吵，正视并解决分歧。不幸的是,如果夫妻俩不能正视并解决分歧,那么夫妻关系将会停滞不前。遗憾的是,你们父母没有告诉你们婚姻是什么。你们可千万不要再犯同样的错误了。

需要让你们的孩子认识到,婚姻生活免不了争吵,争吵也不会毁掉谁,但需要保留有益的争吵。如果你们不告诉孩子这些道理,他们怎么会懂呢?

刚才说过,孩子需要听到一些大人之间的争吵。当然,有些话题不应当让孩子无意间听到,别管孩子有没有反应。如果你想让孩子明白争吵并非是绝对消极的,你们俩争吵时就应该不失体统,要讲道理。这并非让你们小点声争吵,或者禁止诋毁对方。你们应该在相互倾听的过程中,尊重对方的观点,除了争论的观点以外,再想出一些观点,争取实现争吵的双赢。

很多时候,家长都是趁孩子睡着以后再吵架。有时候,家长就应在孩子在场的时候吵架,甚至孩子在同一房间的时候吵架。如果你选择孩子在场时吵架,孩子或许想插进来,这时你需要告诉他们:"我们只是意见出现分歧,你不喜欢的话,可以出去。否则就老老实实在这待着,不允许打断我们,也不允许哭鼻子。你要是不听话,就把你送回你自己的房间,直到我们吵完为止。"

如果家长在屋里刚吵起来,孩子突然出现了,孩子只是想看看出了什么事。那就告诉孩子你们夫妻一切都很好,而且还要保持下去,让孩子先回自己的房间。

问题:我的儿子才 2 岁,却总喊我丈夫的名字"弗兰克"。他很少直呼我的名字。我们家长当然希望听他叫"爸爸",因为这样称呼显得更尊重他,而且我丈夫也很想享受他做"爸爸"的权利。到目前为止,我们都没有当面纠正他。我们觉得挑明这件事或许会让情况更糟。于是,每当儿子叫他"弗兰克"时,我们俩会有一个人

当面反问他："弗兰克是谁？""是爸爸！"儿子的回答倒是很正确。然而，他还是直呼我丈夫的名字。我知道，孩子搞不清名字究竟怎么使用，但我该怎样纠正他比较合适呢？

回答：很明显，你不知道 2 岁孩子的想法。我来帮你吧。每当你儿子直呼你丈夫的名字时，你会指着你丈夫（或者他指着自己），接着突然问孩子："那是谁？"你儿子还以为你们在跟他玩猜名字游戏，刚才只是游戏的第一步。于是，儿子肯定会很确定地回答："是爸爸！"之后，你们很高兴地说："完全正确！"就这样，你儿子又赢得了一次小游戏。

如果 2 岁的儿子发现，自己的言行能引起别人的注意，那他一有机会就想重复这一过程。他并非故意，只是觉得好玩。2 岁的小孩子也想尝试一下戏剧。

换句话说，虽然没什么大不了的，你们也应该更正一下。爸爸和妈妈或许不是很正式，但也是称呼。名字不是称呼，直呼其名是一种不尊重的行为。因此，孩子们需要叫父母"爸爸"和"妈妈"。

要想给孩子纠正过来，就不要让孩子误以为是猜名字游戏，要明确告诉他。他再直呼你丈夫名字时，你丈夫需要当面郑重跟他讲："我不是弗兰克，我是你爸爸，叫我爸爸。"只有这样做，才能给孩子澄清概念，结束这种喊名字的游戏。

问题：您怎么看待孩子在晚上跟着大人睡？

回答：一般来讲，孩子应该有自己的床，睡在自己的房间里，不过，某些情况下例外。例如，婴儿和父母睡在同一个房间里是很正常的。要是孩子生病了、家里某个亲人去世或者房子着火了等情况导致孩子焦躁不安，暂时跟着大人睡也无妨。除了上述特殊情况以外，我还是坚持让“孩子回自己房间睡，而且还要早睡早起”。

让孩子在自己的房间睡，也是培养他独立的意识，清楚自己是独立于父母的个体。夫妻睡一块儿，而且不和孩子一起睡，这样能让孩子认识到，夫妻关系不仅是独立于孩子之外的关系，也是家庭中最重要的关系。如果一个孩子总跟家长一起睡，肯定不会明白这个道理，以为婚姻是三个人的事儿（包括孩子自己在内）。

分开睡也为父母随时离开孩子打好了基础。分开睡的孩子在其他情况下也能更好地适应，例如，交给保姆看、放在日托所、开学第一天、参加游泳课等等父母不在的情况下，他都能适应。

问题：让孩子单独睡是最早开始于 20 世纪初吗？在史前时代，孩子的床是不是在爸妈床旁边呢？如果是这样，让孩子跟着家长睡也是允许的吧？

回答：我坚持认为，这要看医疗和发展状况，而不能一味地屈从于社会期望或者部分人的好恶。

我敢说，在其他文化和时代也是如此，孩子们跟着家长睡也是万不得已。例如，在史前时代，我们的祖先要住那种有两间卧室大的山洞是不切实际的，也是很危险的。游牧民族如果拉着两个帐篷到处游牧，也很不现实；爱斯基摩人在雪地上建两个独立的圆顶型住屋，既费时间，又费精力。

此外，在那种特定的历史时期和自然条件下，让孩子跟大人一起睡是很自然的事情，也合乎情理，但自然和合乎情理的标准会随环境的变化而改变。

当然，文化的特色也会影响处理事情的方式。在有些文化

中，即使孩子经常跟着大人睡，大人们也会找到其他一些减少孩子依赖性的方法。一些地方盛行的成人礼就是典型的例证。在西方文化中，让孩子单睡是增强大人和孩子自主性的一个重要手段。

问题：我 38 岁，已婚 5 年，过得很开心。我正在犹豫，到底要不要孩子。总觉得有孩子，到了晚年的时候肯定很开心。但我又不想花 18 年时间把孩子养大成人。我该怎样下定决心要孩子呢？

回答：你这种心态现在越来越普遍。越来越多的人都推迟了结婚和生子的时间。很大程度上，这属于感情问题，你能花时间很理性、耐心地权衡，这点我很佩服。

但按常理来说，女性不生孩子，人生就不完整。很多妈妈不但没有享受养育孩子的过程，反而给自己平添很多压力，硬是要当好这个妈妈。为了显示出她们多么尽职尽责，她们全身心地关爱孩子，结果孩子却以自我为中心，不懂规矩，没有分寸，不允许别人否定他的观点，认为自己拥有的一切是理所当然的。

夫妻俩能生孩子，并不意味着就一定要生。人类的美丽就在于每个人都天赋异禀。如果你真想抚养孩子，那么就要一个孩子。如果你想养羊，那就养羊。

问自己以下问题：

- 我们都赞成要孩子吗？是否有一方有点儿迟疑？（如果只有一方愿意要，并非双方都想要孩子，后果是有可能毁掉你们的婚姻。）
- 我们想在 60 岁左右的时候才完成父母的责任吗？还是中年一起度过？或者想来就来、想走就走，过自由一点儿的生活呢？

- 在感情上,我们是否准备好为了抚养孩子而丧失自由,还要承担长期责任呢?
- 别人家的孩子围绕在身边时,我们是喜欢还是讨厌呢?
- 我们是否有过愉快的童年时光?(我发现,童年比较快乐的人才喜欢养育孩子。幸福快乐的童年是幸福快乐父母的前提。)

父母随着年龄增大,其基因有可能出现变异,容易导致胎儿畸形,生出残障宝宝,你们愿意冒这个风险吗?想了解更多这方面的信息,请咨询妇科医生,他们会向你推荐合适的遗传病顾问。

问题:我儿子 5 岁,喜欢和别人在一起。他每周都得哭几次才行,原因很简单,没人陪他玩。他最讨厌一个人玩。因此,我每天都得特意抽出 30 到 45 分钟,专门陪儿子玩。他每周与堂兄弟姐妹玩一次到两次,有 3 天早上去上学前班。在他看来,玩伴儿越多越好。看到他时常不开心,我也开始担心了。晚饭后,我丈夫陪他玩儿,直到上床睡觉;就连周末的大部分时间也是陪孩子一起玩儿。显而易见,他总是想得到别人的关注。我该怎样让孩子学会自己玩儿,而又不会总是不开心呢?

回答:博尔顿·怀特是儿童心理学家,研究员。作品有《培养快乐又懂事儿的孩子》。他曾说过,孩子是否健康成长,头一大指标就是看他 3 岁时能否自己一个人玩儿。按照这个标准,你儿子还不合格。

事实上,如果 5 岁小孩儿总得有个家长整天陪着的话,那他不缺少关注,反而对家长的关注产生强烈的依赖性。你和丈夫必须立即停止整天陪他的坏习惯。你提出的这种现象在如今的家

庭非常普遍，尤其在那些孩子不把父母当夫妻看待的家庭里，情况更是如此。

你儿子看上去是个受害者，其实他夹在了你和你丈夫之间，闯入了你们的婚姻。事实上，在你儿子看来，你们俩已经不再是夫妻关系了，而是他的（我故意强调这个属格）爸爸和妈妈。很明显，你们俩成了孩子使唤的人，他要什么，你们就得满足什么。在这种情况下，你们夫妻俩已经脱离了父母的角色。说实话，你成了儿子的仆人，你丈夫成了孩子的玩伴。我有个朋友对此评论说："这样就搞错了主次关系"。当你们夫妻都在家里时，主要的精力应该放在彼此身上，而不是总是关注儿子。

你们应该控制每个人与儿子单独相处的时间，这说起来容易，但做起来难。如果你们执意不想让他沮丧，那我就真想不出什么办法了。你们要是下定决心让他从现在到 18 岁上大学之前不再沮丧，那他上大学那天开始就没那么幸福了，那才是真正的沮丧。

如果你们认为婚姻是两个人的事儿，不该把孩子算进去，那你俩就应该和孩子坐下来谈一谈，告诉他需要学会自己一个人玩儿。那么，他暂时还可以每天与你或者丈夫玩 30 分钟。每周一，减少 5 分钟，直到睡前连读一两本书的时间都不够，或者只能偶尔陪他玩儿一会儿。

我敢向你保证，如果你们再这样姑息下去，情况会越来越糟糕，直到你儿子烦到让人无法忍受。

问题： 我和丈夫要外出 4 天，打算期间由婆婆照顾 18 个月大的女儿。婆婆平时上班，但她打算请几天假，白天照顾我女儿。我们本来找好了一个熟悉的保姆，但婆婆说什么都不同意。她还说，等你们回来，如果孩子把你们当外人看，你们可千万别大惊小怪啊！听到这话，我还真犹豫起来——到底要不要出去。您有什么办法吗？

回答：我想你和丈夫短期出游没有什么不妥。我儿子和儿媳在头一个孩子才6周大的时候就打算出游4天，把孩子放在我和妻子这儿。我一向鼓励他们这么做，要时刻记得婚姻是第一位的，这样符合孩子的利益。

我想你安排个熟悉的保姆是正确的，这样一来，你女儿也比较适应。你婆婆早上把女儿送给保姆时，女儿或许会哭起来，不过婆婆刚出门没几分钟，这孩子很可能就不哭了。在这种情况下，父母和爷爷奶奶必须明白，孩子哭并不意味着想离开她很难，难的是你们是不是愿意离开。你们越早舍得离开孩子，她适应地就越快。

我同意你婆婆的观点。她如果愿意白天请假看孙女，那就依着她。你们应该尊重她老人家的意愿。即使她白天去上班，心里也总挂念着小孙女，吃饭也不觉得香，孙女和保姆在家也难说吃得舒服。所以，何不让婆婆和保姆一起看孩子呢？她们俩人都很稳当、可靠，总比一个人看孩子放心。婆婆在家还能节省你们的开支。

熟悉我的读者都知道，我基本上与“奶奶”的看法相同。但有一点，我不太同意，即你们回到家时，孩子认不出你们。我不知道你婆婆为何如此反对请保姆，如此强化负面影响。但我知道，4个月大的小狗离开主人1周后，仍能立即辨认出谁是主人。照此推断，离开父母4天后，18个月大的宝宝肯定能准确地认出父母。我6周大的孙子杰克能立马认出他父母，尽管他们在外面多过了一个周末。

你和丈夫回来时，看见的女儿绝对没有以下特征：目光呆滞、

无动于衷、无精打采、不吃不喝、无声无息。她会马上认出你来，而且给你打招呼，那兴奋劲儿绝对是 18 个月大的小孩儿应该有的。

不过，就当你婆婆是在开玩笑啦！还要假装严肃地对待她所说的话。不要与你婆婆就这个问题争论不休，因为你们是不会改变她的想法的。尽管外出玩儿吧！立刻出发！旅途愉快！

第2堂课

家长要学会恩威并施

众多后现代亲子教育专家们都认为，“民主”家庭才算真正意义上的好家庭，因为孩子可以和家长平起平坐，有自己的发言权，并能与家长共同制定一些规则，分担家务事，或者享有某些特权，等等。不管家长和孩子在任何事情上出现分歧，家长都不能以“辈分”压人。这些专家认为家长和孩子都需要做出让步，并坚称各方权利没有大小之分。在这一点上，他们总是宣传所谓的“主动倾听的艺术”，导致家长无法直接告诉孩子哪些该做，哪些不该做。相反，他们认为家长需要倾听孩子的观点，还不能挑错，只能心平气和地与孩子沟通，孩子的事儿就让孩子自己去负责吧！这主意听起来不错吧？

不幸的是，民主家庭只是个华而不实的概念而已。如果它能让你感觉好点儿的话，那你就假装有这回事儿，但也不可能假装一辈子，早晚得面对现实。这种所谓的民主家庭里时常充斥着各种争论、解释等话语，经常是家长向孩子征求意见。如果你能透过现象看本质，你就会发现一个无可辩驳的事实：在这种所谓的民主家庭里，总有一个人说了算。这一事实让民主家庭的荒诞概念不攻自破。另外提个醒，这个人最好是成年人，否则整个家里的人都得跟着遭殃。

真正重要的事情

在现实生活中，家长和孩子之间根本不存在真正的民主——

只要孩子住在家里,情感上依赖父母,经济上没有独立,处处被家长呵护着。孩子离开家独立生活之前,所谓的民主只是小打小闹,是家长精心安排的小场面,只要别把自己气疯就行。

如果硬要把家庭和政治体系扯上关系的话,那么最理想的家庭式政府是仁慈的专政,这对大人孩子都有利。1976 年,我第一次用"仁慈的专政"这个词汇的时候,家长们的第一反应是——怎么是"专政"这个词?结果,他们以为我是在允许家长固执己见、独断专权,想教训孩子就教训孩子。然而,事实并非如此。

仁慈的专政是指,家长意识到最重要的责任是恩威并施,根本不是一般意义上的暴政。仁慈的专政者只是具有一定的威信力,并非独裁者。相反,与争论不同的是,这类家长通常鼓励与孩子平等协商,但最后还是家长做主。这种亲子关系就要求孩子"可以不同意大人的观点,但最后还得听大人的话"。实施独裁的家长心里特没底,不知道该如何负责任地行使权利,以为其"施政主题"服务,从而无法容忍哪怕是一丁点儿的异议。

仁慈专政的家长们制订了公允的规定,并且能落实得恰到好处。他们不会以整天训斥孩子来取乐。他们管孩子是因为孩子年龄还小,还没有很好的自制能力。于是,他们意识到,孩子有义务接受合理的管教,家长也有责任管教的得法。

如果家长仁慈地实施专政,孩子越大,其肩负的责任越多,享受的特权也越多。这样他们到了二十出头的时候,就能够自己管理自己了。经历了这种模式后,孩子们就知道该模式是怎样运作的。在家长设定好的约束框架内,孩子们学会了自立。孩子们明白,独立不是一蹴而就的,需要长期的锻炼和培养,需要花很多心思才行。

仁慈专政的家长在关爱孩子与严厉教育孩子之间找到了完

美的平衡。他们知道，首先，你得有效力，否则你无法有效地让孩子感受到关爱；其次，你得真心关爱孩子，否则你无法有效地管教孩子。

如果家长的威严弱化，那么家长对孩子的关爱容易变成溺爱，离不开孩子，而且过度地保护孩子。同样地，如果没有爱来调节一下，家长的专政就会过于严厉、苛刻。爱让孩子有种归属感，同时感受到生命的意义。爱是孩子奋斗的动力。家长可以指导孩子。爱和专政不是两个对立面，而是同一件事情的两个方面。要想做个好家长，就得恩威并施——我把它叫作“头脑冷静，切勿冲动”。这样不仅能让孩子健康成长，还能让家长更加自信。

以前，我曾向一些内科医师解释这一概念，其间有一个医师对我说：“我想你的观点太笼统了。”他还说：“孩子很小的时候，仁慈专政理论或许奏效，但大一点甚至接近成年的孩子，家长就需要给予他们更多的自由和机会，让他们自己作决定。”

“是的！”我回答说，“你说的的确有道理，与我讲的‘仁慈的专政’的概念很吻合。你提到‘给予’，这个词很关键，我相当赞同。孩子越大，家长就应该给予孩子越多的自由和选择空间，即使有时一些自由可能导致孩子犯错。不过，家长要控制住自由的限度。只要孩子依赖家长一天，家长就不能把控制孩子生活的权利全部放给孩子。”

只要孩子住在家里，法律上受到家长的保护，经济上没有独立，家长和孩子之间就不可能有真正意义上的民主。孩子离开家独立生活之前，所谓的民主只是小打小闹，是家长精心安排的小场面。的确，随着孩子年龄的增长、不断成熟，家长应该让孩子更加独立，但需要站在大人的立场去培养孩子的独立精神。毕竟家长是孩子的老板，老板说了算，这一点不能忘记。

我曾收到过一封读者的电子邮件,他不同意我就家庭专政方面的观点。邮件中这样写道:“你总是倡导并维护家长的专政,但你似乎忘记了美国是一个民主国家。你自己多次强调,家长要使用得心应手的方式来培养孩子,解决现实世界的问题。如果现实世界是民主世界,难道美国家庭就不能像美国一样民主吗?”

这位读者犯了一个很常见的错误,但也可以理解,他混淆了独裁和威信的概念。尽管二者听起来都很接近权利和专政,但其意思有着天壤之别。不同的是,独裁式的家长喜欢孩子对他卑躬屈膝、言听计从,而具有威信的家长管教孩子,是为了孩子以后可以自己管自己。说白了,这些独裁式的家长就是些“强迫征患者”。

一位著名的新型亲子教育理论家桃乐茜·布里格斯曾提出一个观点,认为如果每个美国家庭都是个小民主社会,那么美国将会成为更加完美的民主国家。1971 年,他出了本名为《孩子的自尊》的书,成为当年的畅销书,轰动一时。布里格斯认为孩子与家长权利相当,应“平等地参与制定家庭中的规则”。布里格斯直言不讳,认为孩子既然需要权利,就应该给他权利。换句话说,家庭并非是“人民民主”,而是“孩子民主”。

布里格斯为了维护其立场,也曾声称:“政府的民主对孩子的意义不大,除非孩子在家能切实感受到民主带来的利益。”这或许能引起读者的共鸣,但很明显,布里格斯不知道虽然美国的政治议程是民主的,但美国社会并不是民主的。相反,社会是由不同等级的机构组成的。与这些机构相联系的成年人不仅享受到民主,还享受到自由和特权,这些机构本身(例如你的雇主)并非按照民主模式运行。在这些机构内部,掌握大权的人——通常是任命的,而非由民众选出——通常会指挥、命令权利小的人。

每个人都可以自由选择去哪个公司，不过，一旦选择后，就得服从。公司从来不会向你询问员工政策是否合理，即使你不同意某个政策，最后要么得遵守它，要么趁早走人。公民与政府大体上也是这种关系。不过，正是“我们这些人民”通过民主的方式选出了政府官员，我们还必须遵守他们作出的决定，即法律。如果你不喜欢他们的决定，今后可以再选新的官员，但你就是不能违反他们的决定。例如，我突然发现，联邦政府行使的很多权利并不是宪法所赋予他的，按照《第 10 修正案》的说法，这些权利属于国家。然而，我是联邦纳税人，却不希望国税局尊重我的反对意见，并与我商讨纳税事宜。

布里格斯认为，孩子成长的环境应当尽量与社会的大环境相符合。这一点我倒是完全同意。因此，布里格斯的观点，正是仁慈专政家庭产生的一个前提。

很明显，一些提出言论支持民主家庭的人，需要去上个历史补习班。一代又一代的孩子们都是生活在不民主的家庭里的，尽管我们的民主政体自始至终地存在着。尽管在这些家庭中长大的孩子们从心理上与民主不沾边，但他们大多数成年后却很支持民主。托马斯·杰弗逊、林肯、苏珊·安东尼或者马丁·路德·金的父母跟他们商量过怎么管教他们吗？我想绝对不会。

一次是不够的

一位母亲让 4 岁的女儿赶紧穿好衣服去上学。女儿丝毫不情愿地说：“我不想穿，而且我也不打算穿啊！”这位母亲告诉女儿，你如果不迅速穿上的话，就穿着睡衣去上学吧！结果，孩子自己穿好了衣服。难道结果不应该是这样吗？

“我这样做对吗?”孩子的妈妈询问我。

“她在其他方面也耍小性子吗?”

“哎,”她说,“她耍性子就像家常便饭。”

“刚才那个例子说明你暂时制服了她——她换上衣服了,”我回答说,“但没有解决根本问题。”

“那根本问题是什么?”她问道。

根本问题是女儿总是一而再、再而三地跟她妈妈作对。在上述事例中,她妈妈只是赢得了一场小战斗,大规模的战役还在后头。这种摩擦会一直持续下去,直到哪天,妈妈动真格的,一次性解决问题,彻底结束战争。问题是,战争持续时间越长,情况越糟糕。4 岁的小孩儿都敢跟妈妈犟嘴,不赶紧换衣服上学,那她到了 13 岁还得了啊? 还不得让她妈跳到湖里,然后深吸一口气。必须制止这种现象,并非是为了提高当家长的水平,而是让孩子更有教养。对家长教育成果的研究表明,最懂规矩的孩子通常也是最快乐的,适应性最强的,遇到事情也最沉着。研究还表明,这些孩子的家长不仅全心全意地爱着他们,还有针对性地管教他们,说明家长们头脑冷静得多了。让孩子懂规矩、举止谈吐有礼有节,并非因为这样的孩子好照看,尽管这样的孩子的确是好养活;而是因为不管是从短期还是长期来看,这对孩子的成长和发展最有益处。

在我继续问她问题之前,想搞清楚一件事:她是否在短期内恰当地控制住了局面。如果需要的话,我当时肯定会把孩子和衣服一同放在汽车后座上,然后开车去学校,并且告诉她不管她换不换衣服,车一到学校,她就得立即下车去上课,即使是我不得不把她送进去。那天下午放学回家后,我就让她到自己房间里呆

着，晚饭后立即睡觉，哪也别想去，就当是惩罚她一下。

我会看着她的眼睛，跟她解释：“亲爱的，不听话的后果就是这样，只要不听话，就会有惩罚，不管你最后有没有照做。”

不光是这个小女孩儿，所有美国儿童都需要知道，听家长的话不仅是照做，而且没有一丁点儿违抗的意思。有些人认为，这样要求孩子太过分了，尤其对一个只有 4 岁的小孩儿。不过，众所周知，20 世纪 60 年代(当时传统的家庭教育方式受到诟病，取而代之的是所谓的“后现代家庭教育心理学”)之前出生的孩子 3 岁时就很听话。甚至在今天，一些尚未引进美国这些无用的教育方式的欠发达国家，孩子 3 岁时照样听话。事实上，培养孩子正确的行为，不仅有助于孩子在社会上的健康成长，还有助于孩子心智的成熟。

曾经(第一部分)

我曾经错误地认为管教孩子就是惩罚孩子。这种误区与我读心理学研究生时受的教育有很大关系，尤其是行为学方面的课程。当时，别人送给我一只小老鼠，一旦做“错事”，我就用电击代替打屁股，它立即改正，直挺挺地站着。过了很长一段时间我才意识到管教就是和孩子沟通，而不是惩罚。现在的观点是正确的。惩罚孩子的时间和场景相对固定，每个家长都会心中有数，知道哪些时候来惩罚孩子，而不是一时冲动。不过，管教——让孩子逐渐听家长话的过程——的效果取决于你如何沟通。就是要告诉孩子该怎么做，后果是什么。说教必须清楚明白，而且语气要缓和，保证孩子能听懂，更重要的是要简明扼要。耶稣曾告诉他的门徒：“是就是是，不是就是不是。”言辞不能模糊，这样孩子才能准确无误地了解你的立场。根据我多年的经验预计，上述的模式可以避免80%的管教问题的发生，而且能有效抑制大多数其他相关问题。

下面有个切题的事例。有一次，我的两个外孙杰克和帕特里克跟着我们过了一个漫长的周末，当时他们分别是7岁和5岁。一天晚上，我忙着调制意大利面的调味汁，然后做了一些面团。做好后端给帕特里克时，他马上有礼貌地告诉我，他不喜欢意大利面的调味汁。他说他只吃加黄油的面条。于是，我给每个人加上了调味汁，然后坐下吃饭。

"帕特里克，"我说，"这就是你的晚餐。"

他又告诉我，他不喜欢意大利面的调味汁。

"是大夫不让你吃意大利面的调味汁吗？"我问他。

他看了看我，看得出他很困惑。

"不是。"他说。

"这就是你的晚餐了。"我又一次告诉他。我告诉他，家里每个人都吃一样的饭。无一例外，除非生病。他更加委屈地告诉我，他不喜欢意大利面的调味汁。我告诉他，直接对做饭的人说不喜欢他做的饭菜是不礼貌的。既然上帝给人类带来了食物，我们就该尊重上帝。有些人会说这事"让他觉得有罪过"。我却认为，如果不让孩子认识到这一点，他暂时可能心安理得，但以后会更加痛苦。帕特里克看着奶奶，不希望加这个比鱼肝油还差劲的东西。奶奶看着他，眼神里透出"这是规矩"的意思。

"但我真不喜欢吃意大利面的调味汁，"他很郑重地说，"我从来不吃这个的。"

"帕特里克，"我回答说，"我没有说你非得吃这个，我只是说这就是你的晚餐，你不必非得去吃，但你奶奶和我不会再去做其他饭菜了。此外，我们已经准备好了冰激淋作为饭后甜点，但甜点只是给吃完饭的人准备的，而且一点儿饭也不能剩。”（这并不是讨好他，我只是告诉他实情。）

帕特里克看了我一会儿，拿起勺子，开始吃起来。他吃得盘子里一点儿也不剩，还很自豪地说喜欢意大利面的调味汁，还想再吃。

这是一个关于从家长专政中争取个人权利的故事。我并没有威胁帕特里克，也没有讨好他。我只是告诉他不遵守规矩，后果会如何。同时，该事例也是在教孩子餐桌礼仪，尤其是去别人家吃饭时，更应当注意；也是告诉孩子要感恩所拥有的，尽管并不一定是他想要的。有效的管教，不仅能在短期内解决问题，而且具有长远的益处。

不要误解我的意思。有效的管教并非主要靠惩罚，或者“后果自负”——这也是时下的一个新词，比惩罚更委婉些。正如我所解释的那样，有效的管教主要靠有效的沟通。家长需要注意沟通的方式，不仅仅是话语，而且是语调、表情和肢体语言。然而，仅仅靠有效的沟通并不能解决问题。不管家长说话多么到位，孩子还是不听话。有效、严厉的话——我称之为“第一句话”——对孩子某些行为有效，但并非对所有的行为都见效。必要时，还是要对孩子进行惩罚，不打不成器，让他一辈子铭记犯过的错，以后不能再犯。不幸的是，在后现代亲子教育时代，这是最流行的惩罚，也是专家们一致推荐的，但也是让他在长记性方面最没有效果的。事实上，惩罚造成的后果远比解决的问题要多。再来谈谈另一个惩罚方式——让孩子“消停”一会儿（安静一会儿）。

曾经(第二部分)

我曾经相信这种让孩子"消停"一会儿的做法——让他暂停胡闹,在某个被隔离的房间里老老实实地坐一会儿。我在一些报纸的辛迪加专栏、图书和公开演讲中都曾推广这种惩罚方式。我认为,这是一种很理想的方式。它能用在任何方面。尤其是,孩子在不受任何皮肉之苦的情况下,能停下来坐在那里好好想想,虽然这种滋味也没那么好受,不过下次再想犯时他就得悠着点儿了。

事实上,孩子如果屡教不改,我就向家长推荐这种方法,而且受到家长的一致好评。我绝非对此感到骄傲,但我确实是最推崇这种方法的美国第一人。我向美国全国人民宣布一个好消息:您只需一把椅子、一个计时器,就能让孩子彻底摆脱积习,变得听话懂事。

后来,我听到一些不好的反馈,"消停"调教一开始对有些孩子管用,但后来这种方法便开始失效了。由于不想白费工夫,我就把这些失效的原因归为,家长们变得懒了,没有严格照做。家长们向我反映,孩子们"消停"结束后,站起来,又开始捣乱了。有些孩子只配合几天,过一阵子后就不再配合了。渐渐地,这些孩子在"消停"期间开始大喊大叫,像被谋杀似的,把椅子往墙上摔,将椅子从一个房间拖到另一个房间,甚至是上述现象一起发生。

我意识到,家长不可能总是用"消停"的方法,孩子们很快就能识破,找到对策。如果家长赶时间赴约时,不能用这种方法;在车上、公共场合或者别人家里,也不能使用这种方法。所以,要总结一下,孩子到底哪些时候最闹腾。

最后，我想出来了。“消停”的方法只在短时间内适用。新鲜感来得快，去得也快。然而，从长远来看，孩子们只是暂时受点委屈，尤其是对那些顽皮、叛逆的孩子，更是如此。这种方法对于那些已经听话的孩子奏效，但对于长期调皮捣蛋的孩子来说，这种方法不足以约束他们。就像用苍蝇拍阻止大象前进一样，要想阻止大象，只有用大型的栅栏才行。

婴儿潮一代

我有时会让读者和观众朋友做一个游戏，“认为惩罚孩子的力度应当与错误大小保持一致的家长请举手”。几乎每个家长都举起手来，从一定程度上讲，这也解释了为何今天的许多家长抱怨他们的惩罚方式不奏效，孩子们依旧调皮捣蛋。

思想比较传统的家长不关心公平问题，即孩子犯错大小和处罚轻重之间是否能划上等号。然而，在这个问题上，家长都希望通过减少常见的大错误来防患于未然。传统家长认为，错误的大小不能决定惩罚的轻重。毕竟，任何错误，无论它有多小，如果任其发展，都能铸成大错。因此，才会有明显的大错误。

如今的家长被当下的理论洗脑，认为传统的亲子教育方式不能用了，因为这些方式会破坏某些心理特征，我就不再具体提及了(该特征以“自我”为开头)。从某种意义上讲，上述事实是正确的。不过，大多数传统的家长都想让孩子谦逊懂事，而不是没大没小。家长们早就意识到，经常清嗓子、发哼声的孩子特别让人讨厌。

小时候，我也经常调皮捣蛋，邻居家的小孩子们也是如此。当然，我们并不喜欢这样做的孩子。但是，如今我跟同龄人交流时，大家一致同意，这些都是生命中最难忘、最值得珍藏的记忆。

一个 50 多岁的人告诉我："如果 20 岁前犯错时，父母没有惩罚我，那我现在还指不定在哪个监狱蹲着呢。"他父母从来不打他的屁股，只是心理上惩罚他。当他自以为是、故作聪明时，家长就会给他纠正。

宣传后现代亲子教育理论的心理学家想说服公众，我那代人小时候是被屈打成招、盲目服从。事实上，我们"婴儿潮"那代人很少挨打，很多人根本没有被打过屁股。别管打没打屁股，只要犯了错，家长就会惩罚我们。有的人第一次违反宵禁时，家长就让他放学回家后闭门思过，持续一学期；第一次跟老爸顶嘴时，整个周末被罚砍柴、运柴；头一次没在规定区域内骑自行车时，没收自行车一个月；头一次上课时吊儿郎当，被罚写一封致歉信，向老师和所有班内同学道歉等等。婴儿潮一代之所以听话、懂事，并非因为家长总打他们。

想想挺有意思，我们这些生于战后的孩子并非属于被家长打出来的一代，但我们的父母却是。

被宠坏的布鲁托

还是举个真实的例子来说明一下吧。一个刚 4 岁大的小孩，名字叫布鲁托，他在学前班经常打其他小朋友。他的老师用尽各种招数，都对付不了他。最近，老师想出一招，只要他不打其他小朋友，就会给他奖励。不过，这也没什么作用。给爱找事儿的小孩奖励，本来就给他发出了一个错误的信号，只会让情况更糟糕。

布鲁托的妈妈实在没辙了，向我征求建议，我告诉她：布鲁托要是再打其他小朋友，老师应该立即将他从教室揪出来，带到一

个单独的小区域，然后打她的电话。如果可能，她立即去学校，把孩子接回家。回到家接着闭门思过，直到吃晚饭，饭后立即赶他去睡觉。布鲁托改造期间，他卧室里不能摆放任何玩具，除了电子类娱乐产品和他选出的一两样玩意儿。她说她会照做，争取再跟我聊时，孩子能有改观。

数周后，我收到她的电子邮件，说孩子比以前强多了。记得以前布鲁托还天天打别的小朋友。她告诉我，每三周让孩子闭门思过三次，头两次是在第一周。她稍微改动了一下方案，因为当她告诉布鲁托的老师们我之前提出的建议时，他们都不同意，解释说布鲁托并非有意跟别的小朋友打架，他只是一时冲动，所以不应当惩罚他。校方并不会因为孩子打架给她打电话，而是趁家长来接孩子的时候才说他惹了什么麻烦。布鲁托如果真打了架，他妈妈把他接回家后，就会把他关在卧室里，晚饭后立即催他睡觉。老师们不知道她会怎样处置孩子，因为她确信，一旦他们知道他被关进自己的房间，老早就被赶着去睡觉，肯定不会把孩子惹麻烦的细节告诉她。

事实上，我同意教师们的观点，即布鲁托打架主要是一时冲动。然而，这并非意味着，他不知道自己到底在干什么，或者他无法制止这一切(故事的结局就是证据)，或者他不该对自己的行为负责。打架的确是因为冲动，但克制冲动唯一的办法就是惩罚他，否则他长大后肯定会有反社会的举动。惩罚肯定不舒服，只有这样才能让孩子知错就改。没什么能让孩子控制住自己的冲动。

如果管不好初学走路的小孩子，他以后很可能成长为反社会行为的主要实践者。他们乱打、乱叫、乱咬，不听话，还从别的小朋友那儿抢东西。也许你会说，这么小的孩子肯定不是故意这样做的。想象一下,就因为初学走路的小孩子不是故意的,大人们就不去惩罚,那孩子再大点后将会变成什么样子。如今许多孩子仍旧像刚走路那时不听话,原因就是家长当时没有及时遏制住那些坏毛病。

布鲁托只是众多患上初学走路时期问题综合征(ETS)的小孩儿之一。老师没能及时纠正孩子的错误,反而袒护他们。如果这种类似的想法非常普遍,那孩子就没有机会学会自律,提高社会交往能力。或许5年以后,孩子仍旧欺负别的小朋友。布鲁托的妈妈提前了一步,及时采取适当的措施制止了孩子的反社会行为。她同时也抑制了这种习气的蔓延。

娇惯孩子的风气

任何关于抑制娇惯孩子风气的事例,都被称为"心理上错误的管教"(PID),遭到很多心理学专家的反对。他们不分清红皂白地说,强制管教孩子能暂时奏效,但会有碍心理健康。虽然我并不赞成PID的所有事例,但我敢肯定,正当的操作可以比其他所谓的正确操作更有效力,此外,还有益于孩子的心理健康。

再举一个类似的真实事例。有个5岁的小女孩儿总是想起什么就要什么,有一次,她的父母没有满足她,她就气急败坏起来。家长想尽各种办法,都不管用。这些办法包括,"治疗性对话"(说服孩子听话),让她待在房间里闭门思过,不理会她的胡闹,如果她不要的话就奖励她等等,不一而足。她的父母甚至想到尝试使用PID。

于是,小女孩儿的父母换了种方式,告诉她宠坏的孩子才乱发脾气。因为,孩子之所以被惯坏,就是因为家长总是满足孩子无节制的欲望。

“那么，”他们告诉女儿，“从今天开始，你若是再因为没满足你而耍小性子，就得把一个你最喜欢的玩具放到后屋的慈善捐献箱子里。如果不符合我们的要求，你就得再找一个。盒子满了，就立即送去慈善组织。然后这些玩具会发到那些听话的孩子手中，他们对此非常感激。”

女儿在两周内交出了 20 多个玩具，送给当地基督教会的慈善组织，从此她再也没有随便发脾气。

慈善捐献箱仍旧摆放在后屋里，时刻提醒着女儿不能动不动就耍小性子。由此看来，不耍小性子的孩子是不是比耍小性子的要更快乐呢？

下一个故事的主人公是一个 9 岁的小男孩儿，他在学校总是游手好闲。老师们也是束手无策，告诉小男孩儿的家长，他肯定是患了注意力缺失征（ADD），即我们常说的多动症。他们建议家长赶快给孩子测试，进行治疗。事实上，老师并不关心测试的结果，尽管完全没必要做这种昂贵的测试，他们只是想让小男孩儿进行药物治疗。

相反，家长决定使用 PID。儿子去上学的时候，家长对他的房间进行“大扫除”，把除了家具、衣物和上学用品以外所有的东西都搬走，俨然一个军队里的“宿舍”。孩子一回到家，发现环境焕然一新。家长告诉他，老师会每周向我们反映你的表现情况，如果你表现得好，你就可以选一个物品拿回房间。这也就意味着，小男孩儿将在很长一段时间内表现良好，才能把所有他最喜欢的物品拿回房间。他要是在家里犯了什么大错，即使在学校表现再好也不算数，东西照样拿不回去。

毫无疑问，这孩子在两周内就成了班里的模范学生，在家的表现明显变好。十周之后，他继续保持良好的表现，每周都能拿回一件玩具或者电子器件，速度快得惊人啊！

幸运只垂询那些努力工作、等待机会的人。

难怪大多数老师不到40岁就退休

我的一个朋友有个儿子。有一天，她路过孩子的教室，恰巧看到儿子跟老师顶嘴。于是，她让儿子每天放学回家都得闭门思过，持续了一周，还让他写一封一页单倍行距的道歉信。结果，他写了三页，因为她妈妈要求道歉信必须诚恳，没有任何拼写或语法错误。这就是我所推崇的母亲的类型。

老师打电话感谢我朋友。在电话的交流过程中，我朋友解释说，学校所在的区禁止老师让学生给受欺负的学生写道歉信，孩子们觉得写道歉信很丢人，就像受惩罚一样。此外，男孩子不喜欢动笔写信，以为让他写字就是惩罚他，只会导致他们更加痛恨写道歉信。有趣的是，我是一个作家，觉得写作就像一种娱乐；小的时候，我也给别人写过几次道歉信。

在《普遍的忽略：公立学校的失败之处》一书中，马丁·格劳斯指出，教师都上过大学，工作时会参加一些在职的研讨会，探讨一些“晦涩难懂的教育心理学”。这种在职培训是典型的洗脑活动。尽管“积极的管教”——表现得好，就奖励；忽略差的表现——被证明是行不通的，但很多学校仍旧使用这个方法。这不仅仅是教师培训所面临的一个问题。尽管校方领导知道积极的管教方式并不奏效，也要用这种方式，就是不能惩罚孩子，原因很简单，家长不能让老师碰孩子一根手指头，如同律师不能坐在办

公室一样。所以，纵然老师知道教训不听话的孩子，最好用惩罚的办法，但仍然尽量避免体罚，原因就是家长认为体罚会伤害孩子，他们会因为体罚大发雷霆，而且还涉及诉讼问题。总体来说，问题不在教师或者培训教师的人，抑或校方管理者，问题在于家长，孩子在家长眼里总是完美的，一旦在学校因为一点小事儿遭受体罚，家长立即气得火冒三丈，像疯了似的。

不久以前，孩子在学校触犯了校规校纪，很可能要遭到四个人的惩罚：老师、校长、妈妈，还有孩子最害怕的威严的爸爸。在那个年代，老师给家长打电话并汇报孩子的在校表现情况，家长对老师的描述深信不疑。在很多情况下，孩子都没有为自己辩护的权利。我也是那代人中的一员，如果数据可以说明什么问题，那只能说明惩罚对我们的成长有利。自 20 世纪 60 年代中期以来，亲子教育的模式逐渐偏离传统，接受所谓的心理学理论，有数据表明孩子的心理健康因此不断下降，而且是大幅度下降。

家长普遍对孩子纵容起来，比起孩子的行为来，家长们更关心孩子提出的要求，而不是孩子行为表现如何。设想一下，孩子的妈妈白天上班，晚上回到家就有一种负罪感，开始纵容孩子，甚至纵容孩子不那么尊重父母。孩子的爸爸给自己洗脑，相信传统的为父之道如今已经过时，要让自己变得敏感，多跟孩子谈心，而不是管教孩子。理性的家长们开始觉得孩子们也有自己的权利。学校也推行治疗性的教育，即使学不到什么有价值的东西，也让孩子们感觉良好。我妈妈经常这样说："这孩子们是一代不如一代好了。"

我个人认为，美国的家长是时候给孩子的老师写封致歉信了。

孩子们不接受家长的希望

在这一点上，我想回到刚才提到的一个词语“第一句话”，也就是是想尽办法让孩子听家长的话。

我敢肯定，大多数美国家长会说，他们都期望孩子听话。我同样敢肯定，大多数的美国孩子并不那么听话。家长吩咐孩子做点儿什么事的时候，孩子基本上既不情愿，也不合作，这就是典型的美国孩子：会把大人的话当耳旁风，大哭大闹，歇斯底里，或者跟大人顶嘴。

如今，像过去那样对家长言听计从的孩子已经很少见了，但这不是孩子的错，而是那些家长不能直接有效地管教孩子。他们担心吓着孩子，伤害孩子脆弱的心灵。家长们并非强烈地要求孩子们服从家长，只是希望孩子们能服从。

从家长和孩子沟通的方式中，就可以发现强烈要求和希望的区别。家长恳求孩子听话时，他们就是在希望孩子服从；向孩子抱怨他们哪些做得不对时，家长是在希望孩子服从；跟孩子商量、讨好孩子、威逼利诱、给他第二次机会和允许孩子解释时，家长也是在放下身段，希望孩子服从。这些都是被动的希望，还有一些家长会使用一些更主动的、又不那么明显的希望方式。例如，家长可以将拳头重重地砸在桌子上，装作气得满脸通红、要体罚这个无法管教的孩子，从表面上看气势汹汹，其实是一种希望孩子听话的方式。很明显，这样的家长通常很难实现让孩子听话的愿望，他们总是表现得焦急烦躁。

家长与孩子争吵时，希望孩子能听话。争吵的方式大致如此：家长做了个孩子不喜欢的决定，孩子就乱蹦乱跳没一刻安生，

作着苦相，大吵大叫，声音就像手指甲在毛玻璃上来回划动一样，尖叫着："为什么不行呢？"他们之所以会争吵，是因为家长们犯了个错误，真把和孩子商量当成了需要考虑的问题。其实，这些都是没有商量余地的。家长要是真打算跟孩子商量，势必会引起争吵。于是，家长就像走进了流沙地，越是想挣扎着站起来，就陷得越快，陷得越深。

回答问题就是提供信息。如果孩子的"为什么?!!"或"为什么不呢?!!"(伴着尖叫声提出)也算为问题的话，将会导致两个后果。第一个结果是，孩子可能会听你的解释。第二个结果是，听完你的解释后，孩子有时会同意你的观点。不过，你得好好想想。你跟孩子宏篇大论、用心解释后，他是否会说，"既然妈妈这么说了，我肯定照做。感谢上天让你作我妈妈。"你还记得孩子上次这么说是什么时候吗？

这是什么啊？根本没有发生过？对头！以后也绝对不会发生。家长不可能赢得与孩子的争吵。要想在争吵中胜出，就必须改变对方的思维方式。当你提出自己的观点后，对方就会想出一个新的或许更加成熟的观点。孩子们无偿地聆听你的观点，很自然地参与到争吵中。但是，他们脑子里形成了一个新的非理性的观点，并且总是固执地坚持这一观点。所以，不管你讲话多么口若悬河，说得多么在理，都没办法说服孩子，因为他们脑子里只有自己的观点，谁的也不听。

讨论需要两个人的参与，双方不仅要各抒己见，还要注意倾听。而孩子们只想抢着说，却很少愿意听别人说。家长解释时，孩子总想找机会打断大人讲话。虽然家长明白，回答孩子对家长决定的疑问根本无济于事，只能助长孩子的任性和更多疑问，但家长依旧给孩子解释。

这也是为什么我认为家长需要说出下面这一句话的原因。我小时候，肯定不愿意听这句话，因为这会让我疯掉，我也承诺过决不会对自己的孩子说出这句话。在我作父亲的头7年，一直信守当初的承诺，没说过这句话。后来，我实在忍受不了了，在几近崩溃的边缘，才顿时醒悟，打破了当初的承诺。于是，“因为这是我说的”这句话成了我当家长后经常说的话。

有些人说，孩子有权利知道家长做出某些决定背后的原因。这一点，我同意。不过，需要稍加修改才行。首先，家长有义务用孩子能听得懂的语言解释给孩子听。其次，只要孩子们愿意听家长的话，家长就应该告诉孩子背后的原因。再次，如果背后的原因就是“因为这是我说的”，那就这样告诉孩子吧。

有些人说，“因为这是我说的”不能算是一种原因。我不同意。它不仅是个原因，而且通常是唯一的原因。下面我们就来谈一谈，家长所做出的大多数决定是很主观的，通常由家长的好恶决定，而没有一个绝对统一的标准。例如，为什么你儿子晚上8点就得上床睡觉，而隔壁家的小男孩儿可以到9点再睡觉？所有这些差别都可以解释成“我就想让他那个时候睡觉”。为什么你只让女儿在家门口的街道骑自行车，而她最好的伙伴却可以骑着自行车去三个街区以外的便利店呢？解释再一次可以归结为“我就想让她那样做”。换句话说，就是那句话“因为这是我说的”。

如果你觉得这话实在难以启齿，那就尝试一下其他说法，比如，“因为这事我作主”或者“我是你家长，当然我说了算”。如果你觉得得告诉孩子一个客观合理的答案，那你就说简短点儿，控制在二十五个字以内。不过你得切记，无论你怎么仔细地措辞，孩子都很可能不同意你的解释。事实上，在解释之前，你或许会说几句引子，“好吧，我就假设你真的问我这个问题，我当然会给

你答案。不过，我并不强迫你认同我的观点。另外，别指望我改变想法。”万不得已时，会说，“是的，正如我刚才所说，我不希望你认同我的观点。假设我像你这么大的时候，也不同意目前的想法。”

然后，故意走开，结束这场争吵，正如奶奶说得那样，让孩子自己去寻思、去苦恼她犯的错吧。

家长们玩的游戏

另一个家长希望孩子听话的小游戏叫做“可以吗?”(或者叫作“好不好?”)如今的许多家长都与孩子玩这种游戏。

“可以吗?”家长通常让孩子做某些事情之前会这么问。一般是一些特别简单的事情，比如让孩子坐在汽车的后座，因为他长大了，坐不下幼儿座椅了。但家长总是尽可能地把简单的事情搞复杂，甚至令人一头雾水。

总说“可以吗?”的家长做事不果断，仿佛不知道想让孩子做什么。因此，家长本该用祈使或者命令的语气，却转而用商量，甚至是恳求的语气，低声地询问孩子。

孩子的妈妈不说，“马上坐到后面去”或者“我让你坐到后面去”，反而会说，“可以坐到后面吗？我和你爸爸有话要说。”这样问孩子，还用这样的语调去问，分明是告诉孩子，妈妈需要他的帮助，才能顺利做出决定。

“不!”孩子说，“我就想坐在前面，你坐后面去吧!”

这时，就像篮球比赛时的跳球一样，谁动作迅速谁就能抢到球。家长很快失去耐心，改变游戏规则，又气又恼，满口脏话，“我刚才说什么来着？已经告诉你坐后面去了，赶快滚到后面去！”事实上，家长刚才没跟孩子把话说到位。大多数情形，“可以吗？”这种游戏不会突然结束。家长经常要对孩子做出让步。例如，孩子坐到后座，妈妈也必须跟着坐到后面。

家长跟孩子做这种“可以吗？”的游戏，目的是避免正面冲突、与孩子摊牌、在孩子面前尴尬，这也的确有效。但争论的结果不是得到主动权。孩子知道家长什么时候不会发火，抓住家长的这一弱点，就可以让家长主动放弃。不过，一旦碰到究竟谁作主的问题时，家长可要主动出击了，否则孩子就会说了算。

其实，根本不存在谁说了算的这个问题。事实上，家长在孩子很小的时候就应该告诉他，家长说了算，这也是孩子不可剥夺的权利。正如一位古代的亲子教育家波波说的那样：“家长不做主，孩子闹翻天。”家长需要吩咐孩子做事，并且随时都得给孩子下达各种指示。如果你不想让孩子走第二条路，就别和他商量。家长需要明确地告诉孩子去做什么，偶尔跟孩子摊牌也没什么不好意思的。只有家长了解自己站在哪儿(想去哪儿坐)，孩子才会有安全感和舒适感。

数一下你今天跟孩子说了几次“可以吗？”说一次就算很多了。

说话的方式很重要

正如我之前指出的那样，许多家长跟孩子沟通时，总是优柔寡断，希望孩子做出正确反应。家长们通常恳求孩子、跟孩子讨价还价、陷入争论、吓唬孩子，最后实在忍无可忍，气得脸红脖子粗，冲孩子大骂起来。这种管教孩子的方式势必导致亲子关系不

稳定，甚至出现紧张局面。

家长对孩子说教时，应该注意简明扼要，语气郑重，内容具体，不空洞。以下就是良好沟通方式的三个特征：

1. 郑重威严：跟小孩儿说话，不能绕弯子，要直击主题。开头加一些指挥性的词语，例如，“我想让你”或者“是时候该”、“你需要”，等等。换句话说，不要跟孩子兜圈子。如果你想让小孩儿做什么，你的意思要明确。意思越不明确，后果也就越难判断。

2. 简明扼要：如果五个字可以说清意思，就不要用五十个字。我们小的时候都曾被家长说教过，肯定还记得当时特别讨厌家长没完没了地说不停。众所周知，家长一开始讲，孩子脑袋的导火索就已经点燃了，随时可能爆炸。

3. 内容具体：说教的内容要具体，不能空洞抽象。每句话都得表达出你所期望达到的具体行为要求，不能只是表态。“我希望你早晨最好是在教堂”比较模糊、抽象。“我们在教堂的时候，希望你静静地坐在我旁边”就更加具体、明确。如果家长表达得比较模糊，小孩儿恰好可以为自己找到借口。

以下是家长在与孩子沟通过程中经常犯的错误：

有些说教就像给孩子提出问题。问题就意味着孩子可以做出选择，其实家长本来不想给他任何第二个选择。

错误：要不把玩具收起来吧？我们该准备上床睡觉了。

正确：到睡觉时间了。你得赶快收起玩具。

问孩子的话要具体，不能用抽象的词汇。

有些词容易让孩子曲解成其他意思，比如，“好”、“负责”或者“不错”等等。

错误：我们在商店时，我想让你表现好点。

正确：我们在商店时，我想让你呆在我身边，陪我一起逛，碰任何物品前，都要经过我的允许才行。

压缩说教的个数和内容。5 岁以下的小孩儿一次只能记住一个要点。对于 5 岁以上 12 岁以下的小孩儿，一次最好不要超过两个要点。如果家长无法耐心地一条一条地告诉孩子，就给孩子列个清单。如果孩子不识字，就给他或她画个图画。

教育孩子时，先说“让我们”。这是一种被动的沟通，显得很不正式、不严厉。如果你想让孩子独立做一件事，就直接告诉他。不要说得太模糊，省得他以为你会加入进来和他一起干，找借口不做。

错误：我们一起来摆饭桌，怎样？

正确：你赶紧摆饭桌，要开饭了。

说教的时候，引出了让他照做的原因。给孩子分析问题时，家长如果说明个中原因，孩子只会专著于这些原因，而不把谈话当作纠正他的说教来看。这样容易招来孩子的疑问，导致家长与孩子的激烈争论。

错误：是时候从秋千上下来了，咱们可以回家了。

正确：我们该回家了，赶快从秋千上下来，跟我走。

把说教变成推销的话或者承诺，这种方法或许只能哄得了年龄很小的孩子，四五岁的孩子恐怕都能识破，因此，不听话的几率也就不断攀升。

错误：嗨，熙熙！知道不？你妈妈今天做了很丰盛的晚餐！我们赶快给萨丽说再见，看妈妈给你的惊喜！

正确：熙熙，该吃晚饭了。赶快跟萨丽说再见，进屋吃饭。

给孩子提出的要求没有时间限制。

错误：比利，你今天抽空割一下草坪的草，你方便的时候再弄。

正确：比利，你今天得割一下草坪的草，我 6 点回到家之前必须干完。

说教孩子时总是希望他做什么。这样起不到什么效果，仅仅是对孩子抱怨，抱怨他不听话。孩子根本不理会家长对他们的期许（鬼才会）。

错误：我希望你别张着嘴嚼东西吃。

正确：闭上嘴嚼东西。

制定一个计划

要想让孩子听话，就必须制定一个详细的计划，以备孩子不听话时来使用。事实上，要想顺利地管教孩子，首先要制定一个计划，然后坚定不移地去执行。

大多数家长管教孩子，无论遇到什么新情况或者困难，都凭直觉去判断该怎么做。结果，一旦孩子犯错，家长就感情用事，而不用常识去处理。如果企业也这样运转，那肯定没多长时间就破产了。要想赢利，企业必须制定一个合理的计划，而后有步骤地去落实计划中的各项内容。经理人对未来的风险要有预见性，制定一套应对危机和风险的战略，一旦这些风险真的出现，就能派上用场。同样,家长也应该制定有效的管教计划,要预见孩子可能出现的问题,并能严厉地对待。我称这种方法为“趁冷打铁”。管教孩子最有效的时间,就是孩子犯错前。家长应该在他犯错之前加以预防。

“趁冷打铁”分三步走:

1. 根据你对自己孩子或者所有孩子特性的了解,预测孩子可能会出现的问题。
2. 制定一个解决孩子问题的策略。
3. 跟孩子谈一下问题的症结所在,界定问题的性质,让孩子参与进来,一起讨论如何制定策略(但不能问孩子是否允许使用)。

通过趁冷打铁,你才能更有效地趁热打铁。趁热度没消退时,贯彻你的策略,按照承诺过的一一执行,如果必要的话就一直执行下去,直到问题解决。

在商业界,如果说“趁冷打铁”,说明采取主动措施,而不是等到事发之后才做出反应。在亲子教育方面,与商业界相似,主动解决问题并掌控孩子,而不是等着孩子来控制你。

首先,我们来看一下,这种“趁冷打铁”的策略是如何应用于亲子关系中常见的问题。有个小男孩名字叫罗德尼,目前 5 岁。该睡觉时,他总是从床上爬起来,问大人一些乱七八糟的问题,提出一些不合乎情理的要求。为了让罗德尼安安静静地躺在床上睡觉,他父母想尽各种办法,一会儿吓唬他,一会儿讨好他,不听话就打屁股,然后对他大吼大叫,这些其实都是感情上的发泄或反应,很难见效果。

最后,罗德尼的父母作出了一个明智的决定,即趁冷打铁。

孩子的毛病是显而易见的，最近 2 年来每天晚上都得闹一阵儿，几乎用不着预测，所以他们直接进入计划阶段。他们只允许罗德尼下床一次，然后问一个问题或提一个小要求。罗德尼的父母帮他盖被子的时候，会给他一个长方形带颜色的小卡片。罗德尼可以用这个卡片换取一次下床的特权。

罗德尼肯定得下床，他下床时就得把卡片交给父母。父母也允许他问一个问题或者告诉他们什么事情。最后，赶他上床睡觉。如果他又找理由(包括去厕所)下床，他父母第二天就不允许他出门，而且晚上还得提前睡一个小时(同样给他一张卡片)。

罗德尼的父母制定好了一套方案。一天下午 5 点钟的时候，父母心平气和地将决定告诉了罗德尼。他们睡觉前，还提醒儿子这个新的约定。然后，给孩子盖好被子，把卡片放在旁边，最后关灯睡觉。

罗德尼下床了吗？当然下了。他是不是不止一次下床？当然是。罗德尼想考验一下父母，看看这个新约定是否真的存在。

第二天，罗德尼的父母开始惩罚他，把他关在屋里不准出门。晚上，罗德尼下床两次。第三天，他父母又把他关在屋里不准出门，晚上还让他早睡。晚上，罗德尼起了十次，他想考验父母的耐心，看看父母是否还坚持以前的计划。没想到，次日他父母又一次按照计划惩罚了他。当天晚上，他只起床一次，没敢来第二次。

接下来的几周，罗德尼又考验了他父母几次。每次考验过后，父母都按照计划惩罚他。最后，罗德尼不再考验父母的耐心了。事实上，他最后再也没下过床，像变了个人似的。他知道父母会说到做到，于是就老老实实地去睡觉。

这个事例告诉我们，好的管教计划不一定很复杂。但必须步骤清晰，易于跟孩子沟通，并且切实可行、便于操作。管教计划或者方法越简单越好。

让计划变得简单易行

如果你总是思前想后地给孩子制定许多"讲条件"的计划，那么你将很容易落空。例如，"如果你打扫房间，你就会得到一颗小星星；如果你不打扫，就给你打个勾。一周快结束的时候，星星数减去打勾的数目，最后确定你所能得到的零花钱。如果打勾的数目多于星星的数目，你就欠我们钱，这将从你下个月的零花钱里面提前扣除。如果没有打勾，就额外给你发奖金。如果你欠我们的比奖金还多，那么奖金就自动转为债务。"了解我的用意吧？爱因斯坦都不一定能搞懂这一大串逻辑。

家长管教计划失败的另一个原因是，一次管太多的事情。假如有个孩子非常淘气、爱找事儿、不负责任、没有生活的动力、狂妄自大、没大没小、颐指气使，并且聒噪不堪。不要一次性解决所有问题，这不现实。就像与章鱼较量一样，一次重点解决一个问题。解决好一个问题，才有助于解决另一个问题，各个击破，最后才有可能全部解决。

有一对夫妇有两个孩子，大的 5 岁，小的 3 岁。这个年龄段的小孩儿经常出现以下问题，比如顶嘴、争吵、尖叫、在家具上乱跳、在墙上乱画，他们俩几乎没有哪一样儿不干，弄得家里鸡犬不宁。这对夫妇花了很多时间和精力在孩子身上，管完这个孩子，再去管另一个，事情接二连三地从不间断，把他们俩都快气疯了。这让我想起了"埃迪 · 萨利文秀"中表演转盘子的人。家长越是想一次管孩子太多的事情，越是管不过来，结果以失败告终。

“先挑出三个问题，”我告诉他们。

他们选出了顶嘴、争吵和尖叫这三个问题。两个孩子都不识字，于是他们就在纸上画些图给孩子看。孩子尖叫时，通常张开大嘴，伸出舌头；争吵时，两个孩子都张开大嘴；顶嘴时，孩子向家长吐着舌头，家长也开口与孩子较量。

家长把画好的图片贴在冰箱上，然后告诉孩子们每个图片是什么意思。家长找来一个定时器，放在孩子房间附近。孩子们一旦犯了他们选定的某个毛病(顶嘴)，在跟前的家长就说：“这是那些图片中的一个，代表着你必须回自己房间。”在一阵喋喋不休的争吵中，家长赶着孩子回自己房间了，不管到底是谁首先顶嘴的。

孩子们每次争吵时，家长都会把先惹事儿的孩子关进他自己的房间，并定好时间(3 岁的孩子关 10 分钟；5 岁的孩子关 20 分钟；如果他俩吵架，就都关 25 分钟)。家长就可以走开了。直到定时器的铃声响起，孩子们才可以从房间出来。

与家长聊天时，我强调要遵守“裁判的规则”：不吓唬、不给第二次机会或者以第一次为准。

“如果他们坏了其中一个规矩，”我接着说，“立即吹口哨、给他们判刑，不能犹豫，否则你们的计划就落空了。”

三周过后，我见到他们夫妇了。孩子的妈妈说，她先去体育用品店买了个口哨。

“等会儿，”我惊讶地问，“你真的去商店买了把口哨？”

“是啊！”她说，“我觉得是个好主意，回到家后，我把它挂在脖子上。我一吹口哨，孩子们就回到各自的房间。我就不用扯着嗓子喊他们进去了，而且，他们还自己定时。”

我问她，“你觉得制定的计划怎么样？”她告诉我，“在管教孩子方面，我觉得自己更加自信了。而且，孩子们的反应告诉我，他们更容易接受我的管教了。他们了解我所设定的底线。没制定计划之前，家里总是大呼小叫、乱糟糟的，实施计划之后，这个家变得更平静了。每个人都很快乐，一切显得井井有条。”

尽量让你的计划更加简洁有效！

奖励和激励

“孩子，我知道你不想把垃圾提出去，不过，你要是提出去的话，我就奖励你一角的硬币。怎么样？”这一招听起来很不错吧？

目前，很多家长普遍认为，孩子只要听大人的话，就该奖励他。不过，这种想法会导致一些不良后果。首先，大人跟孩子承诺有物质奖励（包括糖、玩具或者请客吃饭）时，孩子就表现好点儿。

这种做法不完全正确。如果你想让孩子做点儿什么，比如打扫房间，就得奖励他最喜欢吃的糖果、一个新玩具或者去家附近的冰激淋店买个冰点等等。下次你再让他干活儿时，你还得送他同样的东西。如果你幸运的话，孩子可能只是多要一点儿。如果赶上哪天不走运，孩子或许会要更昂贵的东西。昨天，你可能给他买了冰激淋甜筒；今天，你就得给他买超级豪华二百年经典纪念热药属葵蜜饯圣代。

孩子们对吃的喝的印象最为深刻。这就是“盒子里面到底有什么”综合征，如今很多家庭的妈妈们都买现成的冷冻苹果派给孩子吃。

孩子每次帮身边的人做点儿事情的时候，总是期待家长能给些奖励，这非常令人反感，不过这不是孩子的错。孩子只是对奖品上瘾了，大人才是真正的幕后推手。我们做家长的总想走捷径，以最快的方式达到目的。大人想让孩子变得更合作时，就给孩子尝点儿甜头，好快点见效。然而，在孩子看来，要想让他合作，帮大人干点活儿，家长就得施以小恩小惠。

这种情况很快会像旋转门那样，大人孩子都陷入其中。大人想让孩子把活儿干了，还不能提出任何借口。孩子想让家长给他奖励，他知道，家长僵持不了多久，就会拿着好吃的或者好玩儿的来哄他。

孩子们要想适应社会，就需要一些特定的武器。在众多武器中，尤为重要的是勤奋、主动和责任等美德。要想达到这三个标准，就得听家长的话，主动干活儿，尽管奖励也许是物质的，也许将来能不能得到还不一定。但助人为乐的荣誉感和成就感才是所有奖励中最为重要的。

“好吧，那我以后再也不通过给他奖品的方式，让他帮我干活儿了。可是以后孩子就不会听我的话了，甚至连手指头都懒得动一动。下一步我该怎么办呢？”

我很高兴听到你这么问。应该你来做，你越早行动，情况越好。你需要学一下兔子大哥，以智取胜，比狐狸抢先一步。

首先，你先列一下孩子现在享有哪些特权，以及他自以为拥有的特权。特权包括孩子们平时经常做的任何事情，但未必完全由孩子自己掌控。特权清单上或许要包括听音乐、和朋友在一起、骑自行车、晚饭后出去玩耍和晚上比规定的睡觉时间要晚会儿。

再列一个清单，写出孩子经常找借口逃避的家务和责任。该清单或许包括玩完玩具后将玩具收拾起来、洗澡、做家庭作业、倒垃圾桶、换衣服,以及遛狗。

下一步就是针对列出的每个条目,问自己一个问题:“什么时候?”例如,在第一个清单上,问自己:“他什么时候骑自行车?”在第二个清单上,问自己:“他应该什么时候洗澡?”

对比一下这两个清单,你就知道怎么回事儿了。把两张清单上的条目联系起来,你会得出这些规定:“晚上听音乐(清单一)之前,必须先洗澡(清单二);放学后要想骑自行车,得先换下衣服并遛狗。”从第一张清单中找出一个特权,你可以在第二张清单中挑出很多个与之搭配,只要合理可行即可。例如,儿子埃里克12岁时,我在家制定了一个规定,晚上回到家,他得先洗澡、做家庭作业、收拾好房间,渐渐养成习惯,不用他人督促。他何时做家务、先后顺序如何都不重要。我们不用提醒他,但我们会去检查一下,看看他是否照做了,有时还要仔细看看完成的质量如何,过关了才让他出去玩儿。这也是人们所熟知的“教父原则”,因为孩子不能拒绝,只能接受。

他能拒绝吗?他当然可以拒绝。每个孩子都会挑战你制定的每一个规定。就像化学家想找出一种物质在哪种溶液中溶解一样,孩子也会想尽办法来测试一下这个规定。但只有在一种溶液中,规定是不会溶解的,那就是“坚持贯彻执行”。

即使在最特殊的环境中,家长也要毫不动摇地坚持执行每个规定。并不是说每次都以同样的方式执行某个规定。如果一个规定有很多例外,如果孩子发现一个规定经不起压力测试,那么,这个规定不过是一个愿望而已。同时,建立起一种孩子对家长的信任感也很重要。如果家长制定了很多规定,却不去落实,那还有其他方面值得孩子信赖吗?

这种方法或许不能取得立竿见影的效果，不像给孩子小恩小惠见效那么快，但家长需要耐心，这也是家长需要具备的一个传统特质。不过取得的效果是绝对值得你为之付出的。

表现得多好才算好呢？

几乎每个人都知道“里程碑”这个概念，是关于孩子成长发育的阶段性标志。例如，孩子学会走路的平均年龄是 12 个月，如果一个小孩到了 15 个月大的时候仍旧不会走路，就得带他去看儿科医师或者成长发育健康专家。同样地，孩子会说话、用手抓东西，以及孩子到了某个年龄知道物体的永久存在性（有些东西即使看不见，仍旧存在），等等，也有“里程碑”式的时间点，不一而足。

近来，基本上每个孩子到了 3 岁都会被家长放到日托所，现在的孩子根本不可能在没人照看的环境下成长。例如，20 世纪 50 年代时，读一年级的小孩儿发音不清晰是很常见的事儿，而如今很多发音不清楚的孩子在读小学之前就被发现并纠正过来了。

人们所不太熟悉的是，伴随着成长发育的“里程碑”，孩子某些特定的社会行为也有各种“里程碑”式的时间点，与前者对孩子的整个生命的成长同样重要。例如，孩子长到 3 岁半的时候，就基本看不到他乱发脾气了。这并不是说，孩子不高兴的时候一哭就不正常。不过，如果没能满足一个 4 岁大的小孩儿的愿望，他就高声痛哭，躺在地上打滚，简直失去了控制，这就明显比正常的小孩晚了 6 个月，滞后于理论上的行为曲线。上述这些行为是孩子初学走路时的情景，家长应该及时地制止，只有这样，孩子的社会行为才能正常发展。

以下是补充一些社会行为形成的“里程碑”式的时间点,以及每个时间点的年龄:

- 独立上厕所(可能擦屁股时,需要家长帮助):24个月。
- 不用家长指导,就可以与其他小朋友分享玩具:36个月。
- 遵守家长的大多数要求:36个月。
- 不打断别人说话:4岁。
- 不用命令就能主动帮忙(比如,帮别人搬东西……):5岁。

这些总结并非来自于某些谚语式的丛书,而是经过考察不同文化和不同时代的历史得出的。今天大多数国家的孩子们,以及50年前的美国孩子,都能在正常的年龄达到各种要求。如今美国的孩子已经不能像过去那样了,问题不在孩子,而是在家长身上。现在的许多家长似乎认为,孩子的社会行为会自然而然地出现,就像走路一样,不需要教就会;同样地,不用大人教,孩子一样会与别人分享自己的东西。他们认为,孩子迟早会分享,该会的时候自然就会了。

例如,有个5岁孩子的妈妈向我抱怨说,她孩子老是改不了“插话”的毛病。我想了想,觉得唯一的问题在于家长没有跟孩子讲,插话是很没礼貌、很粗鲁、很让人讨厌的行为,他这个年龄不能再插话了。家长应该告诉孩子,对于他这么大的孩子来说,插话是绝对不允许的,必须杜绝,这对孩子的成长也是有益的。如果他能耐心点,沉住气,不插话,别人会非常感谢他,他会因此而感到自豪,家长也就不会总唠叨他了,孩子也会逐渐地成熟起来。

如何制止那些不好的行为呢？或许家长应该动真格的，给孩子们定下规则才行。

裁判的规则

要想让孩子变得听话，家长必须让孩子说到做到，严格遵守某些规定，只有这样，孩子才能预测到违规的后果。预测后果并及时调整做法，对于孩子学会自律来说至关重要。家长管教孩子的最终目的也是为了让孩子学会自律。如果不能坚持执行某些规定，那么规定也就不能称之为规定了，而是一片混乱。

家长制定了规定，孩子总会挑战这些规定。毕竟，挑战规定是孩子验证规定是否确实存在的唯一方法。光告诉孩子“这就是规定”不足以让他们信服。孩子们是不见棺材不掉泪。你必须把规则展示给他们看。

因此，一个孩子一旦坏了规矩，家长就有义务让孩子知道后果，告诉他：“看见了吗？我们没骗你吧！”家长说到做到，说明家长是值得信赖的。孩子越是觉得家长可以信赖，就越有安全感。如果孩子打破了一个定好的规则，家长没有按规则惩罚他，而只是吓唬他，气得脸色发青，就是不采取什么行动，那么孩子就会一犯再犯。孩子不断挑战规定而家长只是做了很多无用功。既浪费时间，也浪费精力，本来可以做些有创造性、建设性或者有成效的活动。家长说到做到，严格遵照规定，就能避免孩子反复犯错，还可以帮助孩子早日成才。

孩子能预测犯错后果的话，就能学会自律。他们知道某些行为的后果，就能很快地控制自己的行为，就像驾驶员一样恰当地避开路上的风险。如果不能严格执行规定，就像公路上的交通信号灯一样无法预测,从红灯变成绿灯,从右转变成左转,最终导致孩子出现“交通事故”。另外,前后一致的执行规定,能帮助孩子学会对自己的人生负责,学会自己掌控自己的生活。

如果家长意志不坚定,规定总在变化,孩子们也会不断地挑战不同的规定。因此,也就导致孩子总是不听大人的话。如果家长的言行不一致,孩子们就会觉得家长不可靠,没有能力掌控他们的生活。因此,为了减少这种不安全感,孩子们就会自己独立地控制自己的生活,在这个过程中,孩子们变得越来越自私(以自我为中心)、难缠、没大没小、制造麻烦。如果家长不给予帮助,孩子很难脱离这样一个恶性循环。家长对孩子的错误越是不按照规定惩罚,就越显示出他们缺乏控制力。于是,孩子们也就觉得越来越没有安全感,行为也就越来越气人,越不合乎规矩。行为越恶劣,家长越难按照以前的规定去做。这样下去的后果就是,家长终于体会到了仁慈专政的艺术。家长一旦不管孩子了,孩子就会感到非常放松,非常安全。要想管教好行为不端的孩子,首先得让他听话、服从。

为了更好地说明家长按照规定行事、说到做到的重要性,先看一下篮球裁判员的工作。篮球裁判员的职责就是执行篮球比赛的规则,并且要一贯地、不带个人感情色彩地去执行。为此,他必须遵守裁判员统一的规则:不威胁、没有第二次机会或者到此为止。想象一下,如果每次犯规的时候引起骚乱,裁判员都抱怨、威胁、给第二次机会、与选手交涉,甚至偶尔还把自己的沮丧之情发泄出来,气得脸红脖子粗,长篇大论地发表攻击性的演说。这样的比赛可真是有的瞧了。

红队的一个队员从队友那接到一个球,迅速运球直到带球上篮。就在快接近篮筐的瞬间,蓝队的一个队员猛地一伸腿,把他

绊倒在地，趴在地上可真是件不光彩的事。这时，裁判员立即吹哨停止比赛，并且用手指着犯规的队员，眼神中充满谴责。

“是意外还是你故意绊倒他的？”裁判员问道。

那个蓝队队员有些尴尬，回答说：“我不是故意的，的确是一场意外。”

“好吧，”裁判员接着说，“这次就不跟你理论了，下不为例！”

当蓝队队员在角落投球时，另一场事故发生了。他还没来得及把球抛出去，红队的队员从他身后跳起来，一把抓住了他的手，阻挡他投球。裁判员再次吹哨示意暂停，跑到犯规队员面前指责一番。

“我告诉过你多少次不要再犯规？”他气急败坏地说，“你这是逼我，我得告诉你，我的忍耐也是有限度的！你下次要是再这样干，我就不客气了！最好记住我说的话！”

没过多久，又犯规了，裁判员再次跑到犯规的队员面前，恳求道：“为什么那么做？”

他耸耸肩，低下头看着场地，回答道：“我也不知道。”

“我该怎么办？”裁判员尖叫着，双手抱着脑袋。

随着比赛的进行，犯规越来越频繁，行为也越来越明显。针对每个犯规的队员，裁判员几乎用同样的方式对待——责备、威胁和抱怨。他有时会施加一些惩罚，不过之前总得口头上攻击一番，并做出很夸张的肢体动作。

最后，整个比赛变成一团糟，毫无规则可言。队员们为了抢到球，推别人、绊倒别人，甚至还打起来，真是无所不用其极。自始至终，裁判员在球场上跑来跑去，热得满脸通红，大汗淋漓，变得越来越心烦意乱。这场混战式的比赛进行到最激烈的时候,他突然大声叫道:“我知道了!”眼睛很渴求地望着上天。我们就让裁判员去祈求上天帮他摆脱苦难吧!

这种情形听起来很熟悉,因为这也是很多美国家庭管教孩子时的场景和口吻。孩子们总是挑战家长设定的规则,家长们吓唬、严厉指责、恳求和抱怨孩子,变得越来越没信心。淤积的恼怒和沮丧一旦爆发,家长整个人都崩溃了。刚开始时风平浪静。伴随着孩子的成长,缺点逐渐暴露出来,就像从山上滚下来的雪球一样,越滚越大,问题越来越严重。

家长如果不能按照先前的规定惩罚孩子,那么孩子就会一错再错,就像没有自制力的赌徒,总想碰运气。他们不停地赌博,即使输了汗衫也要继续赌,就是因为他们不知道接下来会不会赢。越是抱着这种投机心理,就越想着下一局幸运女神会降临。与此类似,反复无常的家庭规则,会导致孩子们不停地犯错,就像丢色子赌博一样。上了瘾的赌徒和孩子唯一的区别就是,赌徒总有弹尽粮绝之日,而孩子们却有用不完的精力。

有个很重要的问题需要回答:“父母双方有必要统一管教孩子的方法吗?”

答案是“没有必要”。你或许会感到惊讶。父母双方需要统一管教的规则和要求,但他们没必要非得统一落实的方法。父母双方要是非得用一种方法,肯定会出问题。双方的想法不同,虽然结婚一起过,但对如何教育孩子都有着各自的观点,硬要双方使用一套管教孩子的方法,是很不现实的。

父母双方所用的方法不同,都有各自熟悉或者擅长的方法。例如,孩子一旦没大没小、不尊重长辈的时候,妈妈可能把他赶进他的房间;爸爸可能把他的玩具收起来,今天是别想再玩儿了。

不同又怎么样呢？完全没有冲突。家长没必要非得用同样的方法。爸妈落实的规则相同，只是方式不同而已，这只是表面的现象。

要想维护家庭的和谐，最根本的是，爸妈都得让孩子跟长辈说话时要有礼貌，一旦孩子不尊重大人，爸妈都得及时地做出反应。在落实某项规则时，虽然爸妈的方式不同，但都得坚持按原则办事。

承诺：不仅是尝试

不久前，有个年轻的妈妈对我说，她和 5 岁女儿之间的关系出了问题。这个问题很普通，但已经持续 2 年了，每个人都浪费了很多精力和时间。

听完她既恼怒又无奈的描述后，我问了她几个问题，并给她提了个可以一次性解决她们母女问题的建议。

我话音刚落，她就耸耸肩，说道："好吧，那我试试吧！"

"嗯，不过，"我回答说，"光试试并不起作用。"

"你什么意思？"她接着问，精神头又上来了。

"不好意思，我说得太直白，"我对她说，"如果你只是抱着试试的心态而已，恐怕最保险的方法也无济于事。"说罢我也耸了耸肩。

她不是特例，像她这样的家长有很多。许多家长刚试过就放弃了。这也是他们管不了孩子，甚至连自己都控制不了的原因。"我试试看"的另一种说法是"我不能"。这种说法就表明你失败、投降，说明你根本管不了孩子。

当你面对一个关于孩子的问题时，重要的是你该怎样解决这个问题，而不是你该做什么。

家长会问很多问题，大多数问题开头是“如果孩子……我该怎么做?”这种问问题的方式反映了家长普遍存在的一个根本性误区，即每一个问题都有一个最好的解决方案。事实并非如此。你选哪个方案并不重要——你甚至可以自己想一个方案——真正有效的解决方案与你使用的技巧或方法无关。

真正的解决方案是承诺、决心和毅力。方法和承诺的区别，就像概念和行动，是形式和内容的差别。方法只是载体，没有决心和承诺，载体也会停滞。没有承诺，方法就无法落实。

方法和承诺之间的差别如同“我试试看”和“道理就是这样”之间的差别。承诺是你做任何事情的重要基础。承诺也是变革的动力。相信我，你一说“试试看吧”，孩子就知道怎么回事儿了。孩子们就看出你意志不坚决，缺少决心，他们肯定不愿意跟你合作，因为你没有给他们一个很充分的理由。

如果一个孩子真想考验你，那你肯定会被考验得很彻底。抛开形式，抓住要领。你要有力地回应他，显示出你很强的目的性和决心，以及对孩子的承诺是真实的。只有当他觉得你的承诺可以让他信服时，他才乐意与你合作。

这一点是毫无疑问的。

决策

决定，决定——养育孩子的过程中肯定会做很多决定。从孩子一出世开始，到孩子 18 岁或者更成熟、更独立的时候，家长不断地做出各种决定。事情往往是这样的，你还没来得及做出一个

决定，就得为下一个决定犯愁，简直没完没了。

更麻烦的是，你不仅需要为自己的事做决定，有时你还必须帮孩子做出一些决定：穿什么衣服去上学，晚上邀请谁来一起过，怎么处理和其他孩子的矛盾，等等。

这些就足以让家长头疼了，事实上，我们总会偏离既定的方向。大多数人走了弯路后，会擦出一些小的伤痕，也有些人永远迷失了方向。有些家长容易陷入苦恼，就是因为他们太关注细节。每个决定都很重大，包括到底是早餐前还是早餐后刷牙；是否要留级(重新上三年级)。相信我，他们相信每一个错误的决定都有可能毁掉孩子的未来，而这些家长总是执着于找到一个正确的决定。

这就让我们联想起一个新的问题："什么才是正确的决定？"

很多家长错误地认为，在任何管教孩子的场景下，都只有一个正确的管教方式。这就如同你认为饭店菜单上 40 多道菜中，只有一个正合你口味。家长们做决策的方式远比做了什么决策更重要。

管理一个企业也是如此。优秀的职业经理人都很果断。他们从不过分为细枝末节浪费时间和精力。他们相信直觉和常识。对于一个优秀的经理人来说，一定是要意识到，激发员工的自信和动力要比自己总是做正确的决策更为重要。错误的决策方式远比错误的决定对一个企业的危害大。一个职业经理人如果过于吹毛求疵、犹犹豫豫，他或者她肯定会在企业内部无法赢得别人的信任，不能给人以安全感，反而冲突四起。犹犹豫豫的家长也会出现同样的问题。

你看一下自己是否符合以下的描述：

- 你投入过多的精力去做决策，而不相信甚至马上抛弃常识。沉迷于每个决策的细节，只会浪费你的时间，带来更多的争吵，而且孩子还以为他们仍旧可以再犯以前的错误，于是更加肆无忌惮。
- 你让孩子也参与到制定决策的过程中来。就某些问题征求孩子的意见当然有一定的道理，但如果你是征求他对规则的意见，而不是让他破例的意见，那么你和孩子之间的矛盾会逐渐加深。
- 如果你孩子不喜欢你做的决定，你肯定会妥协或者放弃。家长通常为了避免冲突，才选择放弃。不幸的是，你越是试图避免冲突，你将来会遇到越多的冲突。
- 你总是向孩子解释自己的用意。正如我刚才所说，孩子并非真的想听你的解释，他们想和你争论。孩子想听解释，不过是为了和你讨价还价而已。

如果你又拿不定主意了，就不要再让你自己和孩子的生活如此纷繁复杂了。要相信自己的直觉。即使做出了一个坏的决定，别认为那是让孩子吃苦头。“坏”决定并不会长期折磨他，只有“坏”人才会。

赞美的陷阱

一定要当心真理。真理通常会变成谬论，在亲子教育的伪科学领域尤为如此。

例如，大多数人认为孩子需要大量的赞美，所有的赞美对孩子都是有益的。事实上，孩子基本不需要赞美，赞美既能成就他，也会害了他。因此，赞美孩子要有个度，也就是我们熟知的参照点，即衡量好坏的标准。

一些研究者曾经把20名5岁的儿童分为2组，每组10人。每组都被带到一个较大的活动场地，每个场地由很多老师看管。每个场地的中间的桌子上都放着不同的手工制作用品：彩纸、黏土、蜡笔、颜料和剪刀。孩子们彼此间简短熟悉之后，老师就让他们坐下来，开始布置些任务给他们做。

第一组的老师围着桌子转了几圈，不断地赞美孩子，把每个孩子做的成果都举起来让大家看，兴奋地看着孩子们热火朝天地忙活着。

第二组的老师相对沉默一些，感情不像第一组的老师那么外露。他们不走来走去，而是待在孩子们背后，忙自己的事情。老师偶尔会问一下哪个孩子需要帮助或者手头的工具够不够用。如果孩子把作品举起来给老师看，很明显是想让老师夸奖几句，当然，老师也会视情况给孩子一些赞美之词。

第二天，老师又让两组小朋友回到各自的场地。这次允许他们自由活动。研究者记录下了每组孩子摆弄艺术作品的时间。

令人惊讶的是，第一组小朋友不愿意坐在桌子跟前，就像有什么脏东西一样，而第二组小朋友基本在桌子跟前，很少去其他地方。这就表明，过多的赞美会有副作用，导致孩子抵制先前赞美过的活动、与之相关的人和其他场景。

重要的是，要区分评价性和描述性的赞美。评价性赞美带有批判性和主观色彩。例如，当约翰拿给老师自己收集的树叶时，老师惊讶地说："噢，约翰，你真用功！真高兴有你这样的学生！如果不是看到你这么优秀的学生，今年又是个无聊透顶的一年。"

也就是说，评价性的赞美剥夺了孩子不完美的权利。因此，约翰开始觉得自己应该非常出色,给自己定位很高,最后反而无法达到先前定下的高标准了。总之,这种评价性赞美反而让他觉得自己没那么好,灰心丧气,没有达到预期的效果。

描述性赞美不会给孩子的内心带来压力。顾名思义,这种赞美仅仅是一种描述,承认孩子的成绩。约翰将自己收集的树叶给老师看时,老师可以说:“约翰,可以看得出,你为此花了很多的时间和精力。感谢你拿出来跟大家一起分享。”

像吃糖块一样,赞美也会让孩子形成一种习惯。给孩子过多的赞美或者正面的评价,会让他产生依赖性,离不开别人对他的赞美。对别人的赞美上瘾的孩子,就像慢撒气的轮胎,你必须经常给他充气,否则他就像瘪了的轮胎,毫无生气。

家长有时对孩子的赞扬简直没有必要。比如,他学会自己上厕所了,这是孩子成长过程中自然而然会做的事情,我们做家长的没有必要也不应该赞美他。家长说几句简洁的认可的话即可,没必要赞美,因为自身的成长就是他最好的收获。家长对孩子可以自理的行为大加赞赏,实际上占有了这件事情本身所带来的快乐——即抢走了本该属于孩子的成绩和快乐。

赞美往往会事与愿违,尤其是当孩子没有认清自己的时候。如果孩子觉得自己很差劲,赞美就会与他对自己的认识形成冲突,评价性的赞美更是如此。家长给出的评价与孩子对自己的印象不相符时,就会导致孩子异常焦虑,为了缓和这种焦躁不安的情绪,他通常会行为不端,乱找事儿,以此证明家长的判断有误。

换句话说,赞美不是家长随意脱口而出的,最好事先想清楚,把握好分寸。另外,赞美同惩罚一样,应该就事论事,不要针对孩子。

问答

问题：我第一个孩子是女儿，才 3 岁零 8 个月大。总体来说，她比较听话，只是有些坏习惯，比如尖叫，或者离开书店、图书馆等公共场所时从我们身边跑开。她似乎非常恼火，就是不想回家。有好几次，她要跑出去时，我都没拦住她。回到家后，我就打她屁股或者赶她回自己的房间闭门思过。我甚至让她亲眼见识一下一只家猫跑到大街上是什么样的惨状。每次惩罚她时，她都很懊悔，不过再同我去公共场所时，老毛病又犯了。近来，放学后我去接她时，再忍受不了她乱踢乱叫的样子，忍受不了总得把她拖到车里去的场景，因为她已经长大了，应该懂事儿了。我去逛街时，总让她一个人呆在家里，不能总跟孩子粘着，没有自己的时间。我该怎么处理这种情况呢？

回答：在我回答你的问题之前，觉得很有必要明确地告诉你，我坚决不同意你把小孩拉到大街上，看被汽车碾碎的家猫，以此来吓唬她，不让她随便跑出家门。家长只有在气得实在忍无可忍的情况下，才会想出这种办法。

在这种情况下，我建议是用一种叫"演习"的方法。在你刚才提到的例子中，当你走出图书馆或者杂货店时，手里满满当当，毫无空闲。此外，你可能还有其他地方要去，不能立即回家。于是，你不得不硬撑着挨过去，孩子一旦不听话，就更加让你火冒三丈，结果，你还没明确地告诉她你希望她怎样。

带女儿去她最喜欢的商店，即使你脑子里不知道去那干什么，而且要在去之前想好怎么约束她。到了商店之后，四处转转，买点儿她喜欢的东西。要注意的是，离开商店的时候，你只是给孩子买了商品。购物结束时，她开始不听话了，大声尖叫，给你惹麻烦，你只好放下给她买的东西——不管你是否已经付过款，价格不能太贵——把她抱起来，放到车里面，系好安全带，立即开车回家；然后把她关在自己的房间，直到晚饭前别想出门。晚饭后赶着她回房间早睡早起。像她这么大的孩子，这种惩罚不算太过分。一定要让她知道，以后再不听话，就这样惩罚她。次日，家长再来一次“演习”。到了商店之后，你提醒她：“还记得昨天发生的事儿吧？如果你再叫，我就立即带你回家，关在屋里。你闭门思过的时候，我就可以做很多自己的事情。反正我丑话都说了，你就尽情地尖叫吧，想乱跑就跑吧！”你装作漠不关心的样子，似乎她乱叫、乱跑都与你无关。

我猜想，她不会再叫了，如果她尖叫的话，就让她叫吧！无论如何，三到五次演习就应该能解决这个问题。然后，在接下来的3个月或者更长的时间内，去商店的时候，她要是再犯，就事先告诉她后果。

问题：当我们带着4岁小孩儿去逛商店或者去饭店吃饭的时候，刚一进门，他就淘气起来，这种事时常发生。在大庭广众之下，你怎么管教孩子呢？

回答：在公共场合，家长很难管住小孩子。不过，家长可以通过一个很简单的方法，即“卡片法”来解决这个问题。

比方说，你4岁大的儿子无法控制住自己兴奋的情绪。他可能会不打招呼就不见了；看见哪个商品都想碰一下；当你和另外一个成年人聊天时，他想都不想就插进来。下次再去商店或者购物中心之前，一定要准备好3张电影票大小的卡片纸板，每张卡片上画一个笑脸，孩子再捣乱的时候就能派上用场。进商场之前，再把规则给孩子说一遍。规则如下：①时时刻刻跟着你走，寸步不离；②碰任何商品之前，必须先征得你的同意；③大人谈话时，小孩儿不能插嘴。像这么大的小孩儿，3 条规则就足够了。你把卡片递给他，并告诉他："用这 3 张卡片时刻提醒你记住 3 条规则。犯规 1 次，我就会没收你 1 张卡片。回到家的时候，你必须至少有 1 张卡片在手上，否则不允许你出门。如果你 1 张卡片也没剩下，晚上睡觉前就不允许你看电视。"

预先设计一个管教计划，能帮你在孩子出现状况时保持头脑清醒，从容应对。以前逛商场时，你一看到他不吱一声就跑开了，或者到处乱摸昂贵的瓷器，就顿时觉得慌张不安。而现在，你只要提醒他先前的约定，并拿走一张卡片即可。这种方法能获得成功的关键在于严格执行先前的规则（而且不威慑、没有第二次机会或者到此为止），并给孩子适当的奖励或者激励。

"胡萝卜式"的激励措施可以是允许他回到家想干嘛就干嘛，但必须是一种特权。千万不能因为他在公共场合表现得好就奖励他。与大多数人的想法恰恰相反，奖励并不能有效地促动他。最好的奖励方式是给他惊喜，而不是用礼物来讨好他。例如，如果你儿子在商场里表现得超级好，保住了几乎所有的卡片，你就可以出其不意地送他一个冰激凌甜筒。切记，不要经常送他冰激凌甜筒，否则他会产生惯性，一表现好就想要，那你安排的"卡片法"岂不是白费心机。

"卡片法"有很多用处，可以帮助家长解决孩子的一系列问题。一个很好的例子就是解决孩子顶嘴的问题。如果你没有满足 6 岁的女儿的要求，她就跟你顶嘴，还给你起种种绰号。你可以每天早晨起来，都在冰箱上用磁铁夹固定三到五张卡片（数量并不重要）。警告小捣蛋鬼，她若是顶一次嘴，你就拿掉一个卡片。哪天闯祸太多、一张卡片也不剩的时候，就得回自己房间闭门思过，晚上还得早点上床睡觉。你给她解释完这一新规则的时候，她肯定会跟你顶嘴，而你恰好利用这次绝好的机会给她瞧瞧该规则是如何执行的。不听大人的话、戏弄小狗、哭着发牢骚等等你可以想出来的孩子的各种坏毛病，都可以用“卡片法”来解决。究竟用几张卡片、放在哪都可以灵活决定，不过，孩子们刚开始很容易打破这个规则。然后，你可以通过减少每次逛商场、每天或者其他情形下卡片的数量，来逐渐提高对孩子的要求，直到孩子的毛病彻底消除。

问题：最近，我头一次把 3 岁的女儿交给 16 岁的保姆照看。相处才 1 个小时，女儿就不老实了，不听保姆的话，保姆只要有一丁点儿不由着她，她就四处乱跑，大声尖叫。类似事情发生时，我就把她抱到她自己的房间，关起门来，直到她愿意听话或者安静下来后，才放她出来。那天我回到家，本打算惩罚她，不过该睡觉了，就没再折腾。女儿总担心我会离开她，所以我不想让女儿觉得跟着保姆是件多么可怕的事情。另一方面，我希望她能听保姆的话。如果孩子淘气时，我该让保姆使用什么方法来管教她呢？

回答：除非你提到的那个未成年保姆有丰富的经验和足够的自信，能像孩子的父母一样照看好孩子，否则我不建议你让她照看初学走路的小孩子。首先，对保姆的这种要求比看孩子的职责更重要。其次，大多数未成年的保姆不知道管教孩子的首要任务是什么。有些中学和社区服务机构提供保姆培训，经过培训的学员在管教孩子方面显得更加自信和从容。

我有两个比较成熟的建议，第一个是进行“演习”：某天傍晚，你可以找个保姆代替你看孩子，装作自己要出门办事。之前做好充分地准备，跟你保姆打个招呼，告诉她你的手机号码（或者其他能直接找到你的联系方式），如果孩子不听话，让她第一时间通知

你。一定要让她在孩子刚开始放肆的时候就给你打电话。去个离你家比较近的地方，在那里等着，不一会儿，电话肯定会打过来。接到电话后，立即赶回家，解雇保姆，让女儿立即上床睡觉。根据孩子那晚表现的恶劣程度，或许第二天接着采取其他一些惩罚措施（比如禁止她看电视）。第二天，你再雇保姆时，提醒孩子昨晚发生的事，让孩子知道你会随叫随到。你至少要经过一次演习，才能让孩子记住教训，虽然看起来会带给你一些麻烦，但从长远来看，还是值得的。

第二个建议其实是上一个问答中提到的“卡片法”。下一次再雇保姆时，让保姆和孩子跟着你去厨房。将两个长方形的彩色卡片贴在冰箱门上，警告你女儿，要是她淘气一次，就撕下一张卡片，等你回到家时，再收拾她。如果你回到家时，孩子已经睡下了，那就等第二天再惩罚她。像你女儿这个年龄，她肯定对昨晚的事情记忆犹新，前提是你跟她把规则解释清楚了。

你也可以把这些方法统筹起来使用。事先演习一到两次，当你确定保姆能控制整个局面时，再使用“卡片法”。无论如何，一定要让孩子知道，即使你不在家，定下的规矩也是变不了的。

问题：我女儿上幼儿园，她老师制订了一个奖励机制，以此来约束孩子们在班上的行为。哪个孩子在课堂上表现得好，就会奖励一个“笑脸”，每周结束时，可以换成奖品。另一方面，即使孩子表现不好，老师也不会惩罚他们。但我女儿要是在家不听话，我就会惩罚她。老师的做法会不会让孩子产生疑惑呢？孩子会不会以为，只要在家也表现得好，就得给她奖励呢？

回答：事实上，你应该告诉孩子，负责任的人都会按规则办事，因为这样做是合乎情理的，而不是为了获得奖励。像你女儿的老师使用的行为修正策略（在心理学领域被称为“象征性酬赏制”），只会让她产生误解。

研究没能确定“积极管教”的价值。首先，对于那些本来就听话，而且不给奖励也能继续听话的孩子们来说，奖励机制似乎可以奏效。但对于那些经常不听话的孩子们来说，奖励机制的积极作用并不能持续太长时间，反而会使她的问题比以前更严重。研究还表明，最听话、表现最突出的孩子们的家庭亲子关系比较和谐，家长虽然会在孩子不听话的时候惩罚他们，但都是出于关爱的目的，是为了孩子好，对孩子成长有利。

不幸的是，在课堂纪律上面，大多数学校的教育体制都落后于正常的标准，因为很多家长不支持老师们惩罚孩子，更不愿意承认孩子犯错。如果孩子在学校遭到惩罚，家长肯定会找到学校，大吵大闹一番。有些家长甚至要状告学校。因此，许多私立和公立学校往往采取一些“简单易行”而且不痛不痒的惩罚措施。从长远来看，校方的妥协态度势必会产生一系列新的问题，比如去看校外的心理医生的人数增多，大多被诊断为“行为失常”，或者加以行为控制方面的医药治疗。要想解决这一问题，家长必须支持学校采取有效的惩罚措施，不光惩罚别人家的孩子，而且也舍得校方惩罚自己的孩子。

别担心，你女儿不会受到伤害的。老师使用的惩罚措施既不会让孩子产生疑惑，也不会削弱学校纪律的效力。你应该让老师告诉你，孩子在学校是否遵守纪律，什么时候违反纪律，并且在家也应该用同样的惩罚措施。

最后，不管老师的惩罚措施多么有效，都没有家长的严格管教有用。

问题：儿子16岁，我是儿子的后妈，跟着我和丈夫一起住。因为他的生母很忙。不过，从第一天住在一起，儿子就没有消停过。

上学对他来说简直是折磨，而且他从很小的时候就学会撒谎。1年前我们才发现问题的严重性，当时他正跟一些小混混出去玩。他穿得就像阿飞党成员，开始写 rap 歌词，内容涉及性和暴力，还充斥着脏话。他去年几乎每门科目都不及格。去年春天，校方发现他携带着弹簧刀，随后把他逮捕并拘留了 7 天。到现在为止，我们已经监护他 2 年了。这期间，我们禁止他出门乱跑，不允许他考驾照。他反驳说，我们可以禁止他出门，但无法让他喜欢上学，也别想改变他目前的装束，小混混式的服装照穿不误。我丈夫觉得禁止他出门也没什么作用，渐渐地也就放松了对他的限制。我不同意丈夫的做法，知道他很仁慈，父母的犯罪感只会导致孩子变得更糟糕，我们该怎么办呢？

回答：如果你丈夫“禁止他出门根本没什么作用”的意思是孩子没有什么改观，我不得不承认的确如此。然而，正是因为这样，我才让他待在家里不出门。首先，按道理必须这样约束他。如果你的行为很不负责任，你的行为反社会，就不应该让你享受特权。这就是所谓的现实治疗法，尽管你知道或许这种方法没有什么疗效。从你的描述可以看出，你儿子长大成人后肯定会惹很多麻烦，而且错过了受父母管教的最佳年龄。这就是为什么我说一定要禁止他出门的第二个原因：起码能防止他的行为进一步恶化，至少暂时能起到作用。

如果孩子下一次再跟你说禁止出门的方法没什么效果，你就这样回复他：“不过，我们并非希望这种方法能让你变得更优秀。至少你和我们一起住的期间，能防止你的行为恶化。所以，才使用这种方法约束你。到你 18 岁脱离监护期的时候，你就可以从家里搬出去自己住，我们就不管你了。但在你离开家之前，我们当家长的责任就是将你调皮捣蛋的能力降到最低，尽量不对社会造成什么危害。”

换句话说，与其说禁止孩子出门是对他自己有益，还不如说是对社会更加有益。把它当作一种隔离方式，防止行为恶习似的“病毒”传染你儿子。他根本听不进去，不了解大人的用意，如果他在今后2年不深刻反省一下，他很可能会遭遇更长、更加痛苦的隔离。

你丈夫的初衷是好的，不过他就像一些教材上的经典案例，比如说爸爸离婚后，总是很袒护孩子，而且挺不直腰杆儿，仿佛亏欠孩子似的。之所以会这样，主要是因为人们普遍认为离婚会对孩子造成伤害。如果真以为离婚会伤害孩子，当爸爸的有罪过，那才是非常错误的观念。爸爸就因为这种负罪感而不敢理直气壮地管教孩子，常常被孩子气得够呛。当他们需要表现出作为父亲的恩威并施的特质时，他们反而不再跟孩子作对，向孩子投降，事事都袒护着孩子。

继续按照原来的方法做下去，不管有多困难，都得坚持。之所以这样做，不仅仅是为了挽救你的孩子，而且也算是尽了作父母的责任和一片心。

问题：我离过婚，正打算再婚。我儿子10岁，我未婚夫的亲生女儿才6岁。最近，儿子教女儿玩“转瓶游戏”（类似亲吻游戏中选择伙伴的方法，转动的瓶子停止时，瓶口所指向之人将被人亲吻）。我问儿子在哪儿学的这个游戏，他告诉我说，从电影中看到的。我跟他说，你不该这样做，你还缺乏辨别是非好坏的能力，在学校和电视上无意间看到的很多不健康的东西，都不应该教给比自己年龄小的孩子。其实，我儿子向来老实，这也是很长时间以来头一次见他犯错。我未婚夫认为我应该对儿子加强管教。您怎么看？

回答：请先安抚一下你未婚夫，小孩子之间闹着玩很正常，不要过分担心。10 岁的小孩儿教 6 岁的小孩子玩“转瓶游戏”，并不能说明他今后会性乱交。玩这种游戏是不太妥当，不过，家长的反应顶多也就像你们这样说几句即可，千万不要有过激行为。单从你的描述来看，你们对孩子的说教很到位，没有太过分。你们做得非常好！孩子犯错只是因为他缺乏辨别是非好坏的能力，而不是故意去犯的，像你儿子这样平时就比较听话的孩子，只要注意说教的措辞，稍加修正，就能逐渐改善他辨别事物好坏的能力。

问题：我有两个儿子，大的 7 岁，小的 4 岁。他们的堂兄弟姐妹到了我家后，一群小家伙经常跑去地下室玩耍。每次玩了还不到半小时，年龄最小的孩子就哭着上来了，原因是哥哥欺负他了，不让他参加游戏，合起伙来欺负他。于是，我发现自己成了拉架的，每隔半小时，就去地下室解决他们的问题，但我想一劳永逸地解决这种问题。您有什么好的建议吗？

回答：你说的没错。每次都去处理孩子之间的摩擦，并不代表从根本上解决了问题。你会发现，就算你处理了 1,358,495 场冲突，也无法根除这一问题。事实上，正是因为你乐意当纠纷调停者，这种问题才会愈演愈烈，更加难以解决。你每次去解救年龄最小的儿子时，只会使其他的孩子更烦他。因此，他们还要找机会还击。一旦再欺负他时，他又哭了，你又会来搭救他；救完他之后，其他孩子更加愤恨他。冲突再次发生是迟早的事儿。

有些亲子教育专家或许会劝你别管这事儿了。不过，这是很不现实的。我无法对这种事情睁一只眼，闭一只眼。事实上，我会同你一样烦躁不安，甚至失去耐心。还有专家会说：“让孩子们自己去解决吧。”我绝对不会这么说。估计孩子们怎么也得数年后才能解决这种问题。同时，这样下去，你早晚也会精神崩溃，入住精神病院。我的意思是，你得帮助孩子们解决问题。

秘诀就是将这一问题的精神负担转移到你孩子身上。先别管那些亲戚家的孩子，毕竟他们只是客人。

具体操作步骤如下：亲戚家的孩子再来你家玩的时候，先让你的一个儿子陪他们去地下室玩耍。抛硬币来决定到底谁下去玩儿。告诉孩子们："显然，你们要是都下去同堂兄弟姐妹们一起玩耍，肯定会打架。我厌倦了你们之间的争吵和冲突，也讨厌听见你们哭哭啼啼，所以今天只能一个人下去陪他们玩。今后一段时间里，你们就得照我说的去做。今天，我会抛硬币，以此来决定谁下去玩，谁待在上面。下一次，你们堂兄弟姐妹们再来我们家时，上次去过地下室的这次就不能去了，换另一个人去。你们准备好了吗？正面朝上是哥哥，背面朝上是弟弟。开始喽！"

问题就这样轻而易举地解决了。如果天气不错，就可以让你的一个儿子陪其他孩子去户外做游戏。这样做可以促使两个孩子都主动去解决问题，而且他们也乐意去解决。这种方法可以先使用 4 次。如果你的每个儿子都有 2 次不能参与游戏的经历之后，他们肯定比以前老实多了。亲戚家孩子再来的时候，你就当着大家的面问他俩："今天我还需要强迫一个人留在楼上吗？"问题不言自明。他们肯定都想下去做游戏。那就让他们去吧，一旦孩子们又起了冲突，你就把那天本来不应该下去的孩子单独叫上来，让其他孩子们玩儿。

这一方法可以迫使孩子们自己独立解决令你头疼的问题。只有他们认清了自身存在的问题并解决之后，才有可能解决这一集体的冲突问题。

问题：我丈夫是个体育迷，他教 2 岁的儿子击掌。儿子先把手掌摊开，往回稍微退一下准备好，再猛地与对方用力对掌。在我看

来，这分明是在教他怎么打人，但我丈夫觉得我的想法太荒谬了，尽管儿子曾经因击掌把另一个初学走路的小孩吓哭了。教男孩子学击掌的确很正常。我开始觉得自己是不是落伍了？您怎么认为？

回答：我提议，你和我一起成立一个“反对教孩子击掌的守旧派协会”，因为我也不赞成让孩子学击掌，看起来很傻，而且有一定的危险性，显得孩子不尊重大人。不过别误会，我并不反对成人之间击掌，尽管我很少跟别人击掌。我也不反对年龄稍大点儿的孩子们之间相互击掌。毕竟，击掌也是孩子们间的一种举动。

学龄前儿童学击掌的一个弊端是，他们还不会自我控制，尤其是我们所讨论的男孩子们。正如你所描述的那样，学龄前儿童通常先往后顿一下手掌，再重重地拍击到对方的手掌上。我曾愚蠢地拍过几次掌，之后特别疼，丝毫不亚于被蜜蜂蜇过的疼痛。

除了疼痛之外，击掌还暗示孩子与大人之间的距离太近，即使家长与孩子之间也得有长辈和晚辈之分。我比较传统，在我看来，击掌是 10 岁以上的同龄人之间的行为；小孩子跟成人击掌就如同直呼对方的名字。孩子们最好称呼大人们正式的头衔——先生，女士，夫人，小姐——并学会与大人们握手，而不是击掌。击掌说明当今的大人们很想得到孩子们的认同，让孩子们觉得他们很棒很酷。我个人认为，我不需要孩子们觉得我很酷，也就不会去想不击掌的后果。这倒是让我有了个新主意：如果你丈夫还在教他击掌，你正好跟他讲讲击掌的负面作用，尽早找机会教孩子如何插花。

我看到了：“儿子，你这束花插得真漂亮！来击一掌！”

问题：我是家庭主妇，有 4 个儿子，分别是 3 岁、5 岁、8 岁和 10

岁。他们都很听话(至少其他人都这么跟我说),但最近我觉得自己总在管教他们。我并不是指大声喊叫、尖叫或者把我气崩溃,我感觉自己只顾着管教他们,占用了很多与孩子们交流互动的时间,这是不是不太合适。跟他们分析道理的时间要比玩乐的时间多得多。孩子们要是变得听话了,我的生活会不会更容易一些呢?有4个孩子,是不是时间都花在了管教孩子身上?5岁的儿子前几天告诉我说,爸爸比妈妈有意思。怎样让孩子既尊重他人,又有责任心,而且觉得妈妈有意思呢?我该怎么办呢?

回答:听起来,你就像某公司纪律监督部门的主管。该主管通常先天下之忧而忧,防微杜渐,提前化解危机。从本质上讲,纪律主管很有挫败感,但他们自身没有意识到这一点。他们总是缠着别人、吹毛求疵,导致了一系列问题:冲突(家长与某个孩子之间或者孩子与孩子之间),频繁的误解和无效沟通,欺骗,不忠(反驳你的价值观),以及直接和你对抗,不听你的话。换句话说,这种纪律主管式的家长肯定会引起很多问题,不光没有解决问题,反而使问题复杂化。

先回答第一个问题:有4个孩子,并不需要你时时刻刻盯着孩子、管教他们。你之所以会让孩子感觉很烦,就是因为你过于关注孩子的每个细节。这不是管教,而是骚扰孩子。

列出孩子在上周犯的错,无论大错还是小错,一一记录下来。然后,按照问题的严重程度进行排序。例如,孩子们偷彼此的东西显然比说话无礼要恶劣得多,所以偷东西应该列在傲慢无礼之前。想清楚之后,把头三个最无礼的行为写在一张卡片上,分别在旁边写下可以替换这些的礼貌行为。这三个无礼行为也是你管教的主要对象。将这张卡片贴在冰箱上。

告诉你儿子们你的计划及其原因(你太能唠叨),跟他们说:

“以下就是我们将要完成的计划。你们的任务就是改变自己的习惯。我的任务就是不再唠叨。每周结束的时候，我会检查一下你们是否有进步，你们也可以随意对我品头论足。”如果你们再犯老毛病，我就会在当天惩罚你们，赶你们提前半个小时上床睡觉。这种方法并非允许他们犯那些没有列出的错误，而是让你将主要精力放在他们比较恶劣的行为上面，防止你为了芝麻大点儿的小事大动干戈，没完没了地唠叨。

你现在的管教方法杂乱无章，这也是为什么不见成效的原因。科学合理、有章可循的管教方式，可以很快见效，不过，前提是你必须一以贯之地去执行，适当的时候给予惩罚。如果他们改掉了你列出的三个行为中的一个，那你就划掉这个行为。一次不要超过三个行为。别贪多，循序渐进，日子久了，你才会看到效果。

问题：昨天，我在车上帮 7 岁的女儿复习拼写，5 岁的儿子就开始踢前座位的后背，发出令人讨厌的声音。女儿好声好气地劝他停下来，但他就是不听，于是，我把车停到路边，二话没说就把他制止住。然而，当我重新开车上路的时候，他又开始捣乱，比之前更夸张。我又一次把车停靠在路边，让他立即下车。然后，我又缓慢地把车开起来，从后视镜看他的一举一动。他开始追赶我们，我就停车让他上来。我警告他，我教他妹妹拼写时，他不能再弄出什么动静，他后来的确没敢再犯。当我把这件事情告诉我姐姐时，她说我不配当妈妈。您觉得我做错了吗？

回答：虽然我不会像你姐姐那样说你不配当孩子的妈妈，但我和她一样，不同意你对待你儿子的方式。开车行进的时候，你不该教小孩子拼写单词。很明显，你根本没意识到开车时应该为两个孩子的安全负责，你应该全神贯注地看路面交通情况，而不是认真教孩子拼写。如果我是交通警察，看到你这样驾驶，肯定拦住并拘留你，因为拼写影响到了你正常驾驶。如果你所在的州没有这项规定，那就惩罚你用羽毛笔写一千遍“不要实施暴政”。

除了开车时不能拼写以外，你首先不能帮女儿复习功课。学习拼写是她自己的事情，你不应该搅进来。我知道，大多数美国家长都帮孩子复习拼写功课，准备考试，不过，都这样做并不能说明这是一种好的亲子教育方式。但很多家长一遇到孩子的问题，就想掺和进去，分不清家长和孩子责任的界限，其实孩子的事情应该由他自己负责。当然，你不属于这种家长，从刚才你赶孩子下车、假装开车的事情中就可以看出来。

至于你女儿和拼写方面的问题，你最好买一个实用的录音机和磁带，告诉她按以下步骤操作：①按“录音”键，开始读一个单词；②从一默数到三十；③对着录音机拼出该单词；④按同样步骤拼出其他单词；⑤倒带子，按“播放”键，开始拼写测试。

问题：我生活在再婚家庭。丈夫的儿子查理跟着他前妻过。他儿子每周末来我家住，暑假期间来住两周。他在学校的主要问题就是不能按时完成作业。跟着我们住的时候很乖，不过，他妈妈即使看到他犯错也不怎么惩罚他。此外，她觉得不应该因为孩子在学校的表现不好就惩罚他，在家表现不好才会惩罚他（但她从来没在家管教过他）。我们不认同她的观点。我们计划着去迪斯尼乐园游玩，并且告诉查理，如果去之前他不能按时完成作业，到时就不给他零花钱。他只坚持做了一周的作业，就没再坚持做。现在，我们有点怀疑自己的做法是否正确。您怎么看呢？

回答：一般的原则是，离异夫妇双方对管教孩子的方法持不同意见时，孩子在监护人（CP）照看期间，不承担监护责任的一方（NCP）不能以孩子过失为由进行惩罚或严厉管教。其理论根据

是现实生活，而不是心理学理论。在这种情况下，非监护人实施的惩罚很可能不会起到长期的正面的效果，反而导致孩子不愿意来非监护人家里居住。那么监护人恰好可以借此机会奖励孩子，因为孩子有效地回击了另一方家长的管教方式。由此可见，这样只会使本来的问题更加严重。

假设，你严格按照原来的计划，去迪斯尼乐园玩的时候没给孩子零花钱。当他回到生母那边住的时候，他妈妈为了补偿他，就带他去商场疯狂购物。查理最终还是因为在学校表现不好而得到了家长的奖励。正是由于他妈妈这种隐性的鼓动方式，使得查理更抵制去爸爸那住。尽管你对查理是真心地关怀，却无意间发现，自己成了这场家庭闹剧中的反派角色。随着情节的演变，查理这孩子到底还是成了一个无用的人。

当你们全家到了迪斯尼乐园的时候，给查理一定数量的零花钱，让他想买点什么就买点什么。千万别说："我们改变主意了。"只管给他就好。尽你们所能让他感受到家庭的温暖，让他把这段回忆永远珍藏在心底。毕竟，迪斯尼乐园是个梦幻中的动画王国，而不是跟孩子争吵现实世界中问题的地方。

问题：约翰，照你这么说，离异后的家长如果对管教孩子的方法达成一致，就可以轮流来批评和管教孩子吗？

回答：这就是我要说的，不过家长轮流批评孩子的方法仅限于孩子出现的大问题和学校表现方面的问题，只有在各自家庭中出现问题时才能使用这种方法。当然，如果有一方家长不愿意管教孩子，却把管教孩子的责任推到另一方家长身上，这种做法是很不合适的。在上述例子中，如果查理的妈妈要求前夫在孩子没有完成作业的时候加以管教，这样做是合适的。同其他所有家庭中的孩子一样，查理需要父母能给出同样的管教标准。不过再补充一下，我肯定不会在迪斯尼乐园管教孩子。

问题：我儿子5岁，很难自己做决定。早上刚起来时，就不知道吃什么早餐好。我提供的建议越多，他就越迷惑。白天的时候，他总为找哪个小朋友来玩儿或者玩哪个玩具而苦恼。晚上睡觉前，他无法决定让我给他读哪本书。第二天早上，他又不知道该穿哪件衣服好。我和孩子他妈做决定时都很犹豫不决，所以我们在纳闷儿，孩子的毛病会不会是遗传？您怎么看呢？

回答：你儿子之所以不知所措，就是因为你们给了他太多的选择。一个问题并非会通过基因代代相传。犹犹豫豫的人通常让别人替他做决定。你还是孩子的时候，你妈妈犹豫的时候，或许会问你该做哪些决定，尽管你当时还没有能力做出各种决定。就这样，她给你的选择超出了你的能力范围，最终导致你也变得犹豫不决。如今，你也成了家长，也会给孩子各种选择，让他去做决定，即使超过了他的能力范围，这样你孩子也会变得愈加犹豫不决。这种恶性循环无止无休地进行下去，谁也不知道到哪一天才能结束。

解决该问题的方法并不难。你不能再让孩子替你做那么多决定了。不过，这也就意味着你必须自己做更多的决定。我们首先需要看看你是怎么变得犹豫不决的。

犹豫不决的家长一般害怕犯错。他们担心做出的错误决定会伤害到孩子，于是任何决定也不做了，这也是家长一生犯的最大的错误之一。事实上，哪怕家长每天犯一个错误也比总是犹豫不决要强得多。即使决定不妥当，大不了耸耸肩说："好像不合适啊"，或者干脆立即改正。不过，错误的决策方式造成的问题不是一天两天就能解决的。

孩子的安全感主要是建立在父爱母爱和威严的基础之上的。家长的犹豫不决往往使得孩子缺乏安全感，孩子的这种心态通常通过一些行为上的问题体现出来。你发现没有？你越是试图避免犯错、少出问题，孩子的问题反而越多。

所以，赶快变得果断点儿吧！不要再浪费时间！

今晚，你给孩子铺好被子，准备睡觉的时候，站在书架前闭上眼睛，随便抽出一本书。告诉孩子："今天就给你读这本了。"不要这样问："这本书喜欢吗？"因为这样问显得你很犹豫。如果他说他不喜欢你选的那本书，你就告诉他："不过，今天就读这本书了，赶快躺下听我读吧。"

读完这本书的时候，随便给孩子挑一件明天穿的衣服。告诉他："醒来得时候穿这件衣服。"别管他同不同意，如果他有疑问，你就说："因为这是我决定好了的。"然后，给他压好被子，说句晚安。

第二天早晨，他起床后，先把准备好的早餐放在他面前："这就是你的早餐。"提醒他没别的选择。如果他说不喜欢吃这些，就说你爱吃不吃。然后，坐下来，自己读报纸。这招很简单吧？

每当你看到他犹豫不决时，就走开（如果你有时间）或者替他做决定（如果没有时间多想）。如果你能给他看看你是怎么做决定的，那孩子们很快就会跟着你学，更好地掌控自己的人生。

问题：我是个单亲妈妈，带着个 14 岁大的孩子。他很少能见到他爸爸，因为他爸爸当年从越南战场回来后患上了精神病。显然，儿子对爸爸一直耿耿于怀，但到目前为止我都没听到他当面说过这件事。于是，他总是不尊重我，对我很反感，这也是他的一种发泄方式吧。我该怎么办呢？

回答：我先假定你所说的意思是，孩子一直对爸爸耿耿于怀。如果该假设成立，那么你的看法是错误的。其实，真正的问题是你儿子不尊重你，对你很反感。

首先，你把孩子粗鲁的行为归咎于他对爸爸的不满，说明你是个外行。你只是在猜测，这也是大多数心理学家的惯用伎俩，以此声称发现了孩子问题的症结所在。或许你的猜测是正确的。也有可能是错误的。如果你猜错了，儿子就会肆无忌惮地在你面前不守规矩。如果你猜对了，而且你儿子还生他爸爸的气，你或许会说"那又怎么样？"

从什么时候起，单亲家庭的情况容易导致孩子们行为不端呢？我父母离婚时，我才3岁。我9岁时，才真正意义上和爸爸接触，之后，每年只能见他一次，时间为2周。见不到他的时候，心情非常沮丧，就是不明白，为何不能经常去爸爸那住。然而，我非常尊重妈妈，因为她不能容忍我的任性和淘气。

你的问题是如今家长们的一个通病，媒体和心理健康专家也这样误导家长们。你试图了解儿子不尊重你的原因。正因为如此，他无礼时，你却没有管教他。你越不管他，他就越无礼。虽然你本意是好的，但你却成了自己解决问题时最大的敌人。

要是我不听妈妈的话，她肯定不去了解我的想法，她二话不说就会惩罚我。如果我解释说："妈妈，求你饶了我，其实都是你们离婚，而且我不能经常见到爸爸，才导致我这样做的。"那妈妈肯定会更加严厉地惩罚我，因为我在找借口，没有为自己的行为负责任。这是亲子教育心理学理论时代出现之前的管教方式，我敢说，无论是对孩子、家长，还是对社会来说，这种方式都是比较理想的。

当你对孩子的无礼忍无可忍时，当你不再把孩子看作离婚的

受害者、任由他发泄对你的不满时，当你的所作所为值得他尊重时，你儿子才开始尊重你。为此，你儿子下一次对你发火或者把你当作打不还手、骂不还口的受气包时，你就这样告诫他："哼，这有意思吗！我敢说，接下来 2 周，只让你去学校或者教堂，你就觉得有意思了。这期间，你不能见朋友，不能接电话，只能呆在家里。以后要是再敢对我无礼，接下来 2 周中，有 1 周放学后你将哪也不能去，只能待在家里。"

你必须得给他上一课，警告他女人不是男人发泄怨气的对象。只有女人才能让他记住这个道理。你是否够得上一个真正的女人呢？

问题：我儿子迈克尔才 4 岁。孩子的爷爷奶奶家离我们家很近，因此经常碰面。对于爷爷奶奶来说，孙子去住可是大事儿，况且这可是他们唯一的孙子。但每次过去的时候，无论我们在不在场，爷爷奶奶都由着孙子的性子来，他爱干嘛，就让他干嘛。结果，迈克尔回家后就变得更加难以管教，有时，好几天才能走向正规，变得老实点。您觉得该怎么解决这一问题呢？

回答：这次，我站在爷爷奶奶那一边。我家孩子小的时候，威丽的父母也会非常溺爱孩子，当时两家也经常见面。经过一番挣扎之后，我们终于意识到，无论我们怎么说、怎么做，两位老人都不会改变态度，坚持宠爱孩子。我们肯定都记得自己小时候，爷爷奶奶也很疼爱我们，几乎如出一辙，这也没有害了我们。等到我们当爷爷奶奶的时候，或许不得不承认，自己也会非常宠爱孙子孙女们。

改变一下态度，就会让我们明白，孩子从爷爷奶奶家回来后，很是难管，问题不在老人身上。把孩子不听话归咎于爷爷奶奶显然是推卸责任。如果我们想让爷爷奶奶宠爱孩子，我们就必须回去负起管教孩子的责任。

大胆地面对难题,和孩子坐下来,告诉他去爷爷奶奶家就像度假,只是暂时抛开那些规矩,一旦回到自己的家里,假期就结束了,规矩就得重新执行。

每次从爷爷奶奶那回来后,家长都得跟孩子攀谈一会,让他逐渐适应家里的规矩,告诉他父母的要求。如果孩子们控制不了自己的行为,就把他们关进房间,直到老实点儿之后再放他们出来。

不久之后,你会发现,去爷爷奶奶家的心情特别愉快,孩子也能很快地转变自己的角色。

问题:我们意识到自己太犹豫不决,不能一以贯之地对 6 岁的儿子加以管教。结果,他出现了很多行为方面的问题。如果我们家长不再像以前那样畏首畏尾、没有决心,而是突然变成了仁慈的专政者,孩子能受得了吗?

回答:你儿子或许不太喜欢看见家长的这种转变。毕竟,他在家里丧失了很多的恣意妄为的权利。会有一段时间比较难熬,因为他想回到过去的状态,于是脾气更加暴躁,行为更难以控制。常言道:“万事开头难。”只要你们坚持原则,孩子就会有所改观,亲子关系也会更加和谐。

如果不妥善解决管教孩子的问题,就会妨碍家长与孩子之间的感情的沟通与交流。解决这一问题就为改善亲子关系清除了障碍。只有当孩子觉得家长的权威值得信赖、值得依靠时,家长和孩子才会有可能进行有效的沟通。就像人们常说的,马就像你的权利,而马车就像一个具有开放性、充满爱的亲子关系。

教师与学生的之间的关系也是如此。善于驾驭课堂气氛的

老师都知道，只有把孩子们管住了，才能上好课。开学第一天，老师讲的第一件事就是，让孩子了解所有的课堂纪律。明智的教师肯定知道有些孩子会挑战定下的规则，于是仔细地给他们讲解犯规的后果。无论哪个同学犯规，负责的教师都会按规定惩罚学生。正因为如此，学生们才会觉得老师说到做到，值得信赖。学生们不仅不会怨恨老师。相反，还会对老师更加信任。

从长远来看，听话的孩子最快乐，仁慈专政的家长最幸福。显而易见，两者密不可分。所以，还等什么，为了大家的幸福，一起来行动吧！

第3堂课

责任的根源

“责任”用在不同场景,也有不同的含义。一般来讲,责任有两层意思:可以指承担的某项职责——工作或者任务,也可以指为自己的行为负责。“我负责把垃圾扔到马路边上”,就是套用了“责任”的第一层含义。“今天,我忘记把垃圾扔到马路边上了,我愿为此负责”,使用了“责任”的第二层意思。在本章节中,我主要讲以下两个命题的原因和操作方法:首先,孩子需要做家务活儿;其次,孩子需要为自己的行为负责任。我会依次来谈这两个命题。

责任(第一部分)

每年,我都会花 8 个月的时间去美国各地演说,举行专题研讨会,与家长和亲子教育界的专家们进行面对面的交流。我经常请现场的观众参与互动调查,头一个问题就是:“实话实说,诸位中有多少人希望孩子定期干家务活儿,而且不给孩子任何零花钱或者报酬呢?请举手。”现场 500 人中,举手的观众仅有 25 人。

我接着又问:“听到这个问题后,你们的父母举手的会有多少?”现场几乎每个人都举起手来,大家都不禁笑了起来。

这实在是没有什么好笑的。这种现象说明,仅仅一代人的时间,传统亲子教育观的灵魂——孩子也需要为家庭出一份力,就这样被人们舍弃了。毫无疑问,孩子为家庭尽自己一份力的最有效的方式,就是定期帮家里做家务活儿。为何家务活儿对童年时期的孩子那么重要呢？原因如下：

- 正如我在第1堂课所说的那样，养育孩子的目的是让孩子学会脱离家人的襁褓，自己独立生活，走向社会。因此，家长有义务教会孩子基本的生存技能，成年后可以自己独立生活，做家务在这些技能中也算是同等重要的。18岁之前，所有的孩子都必须学会干各种家务活儿。具体说来，他们得学会洗衣服，并自己熨烫衣服；做些家常便饭；会使用吸尘器；给洗手间消毒；清洗更换过滤网；割草坪；清除后院花园的杂草。到十五六岁的时候，孩子应该学会自己挣些零用钱，自己负责理财，知道哪些该花，哪些不该花。家长不仅有意识地培养了孩子的自理和自立能力，还让他们了解到家长操持家务的辛劳，而且家务也不是家长理所应当要做的。

- 孩子干家务活儿可以拉近与家庭的距离，增加其归属感和安全感。不干家务活儿的孩子没有真正地融入这个家庭。那么，他在家里的地位和作用正在逐渐削弱，就像一个不怎么参与比赛的棒球队员，逐渐被边缘化。无论是对于孩子还是棒球队员，参与活动都能让他明显感到自己属于集体的一部分。

- 经常干家务活儿能增强孩子的成就感。干完家务活儿后，家长对他付出的时间和精力表示肯定，这让他有一种成就感，觉得自己很有用，也是个值得信赖的人。

- 如果家长能对孩子的劳动成果加以考核，提高要求，就有助于孩子形成正确的职业道德观。

- 家务活儿可以帮助孩子成为一个合格的公民。美国总统约翰·肯尼迪在他著名的就职演说中提到:"先别问国家能为你做什么,问自己能为你的国家做什么。"换句话说,一个负责任的公民需要时刻找机会为社会做贡献,回馈社会,而不是总想从社会中索取自己想要的。这也是民主国家所倡导的为社会服务精神的核心。正像老人经常说的那样,好公民必须从娃娃抓起,从家里抓起。亲子教育也应该体现这一精神和原则。家长应该告诉孩子,要想从家庭中获得回报,你为家庭付出的一定要比从中获得的要多。如果你把这条原则搞颠倒了,让孩子从家庭中获得的比他为家庭奉献的多,那孩子就成了家里的寄生虫。之所以会出现这种情况,主要是孩子缺乏主动性,认为是理所当然的,而且总以自我为中心,养成了一个错误的观点,即有些东西可以不劳而获。

- 让孩子做家务活儿,可以帮助他逐渐接受家长的价值观。做家务是孩子给家里做切实贡献的唯一方式,任何形式的贡献在本质上都是由价值观做指导的。好好思考一下这个问题。当你为了政治、宗教、教育和慈善等组织的活动,而付出时间、金钱和精力等个人资源的时候,你肯定会同意以下两点:第一,你与该组织的价值观是相同的;第二,你想主动采取行动支持并维护这些价值观。同理,孩子花时间和精力帮家人做家务也是如此。经常帮家人做家务的孩子们,就更能理解父母的价值观。此外,他们长大后,也会用这些价值观指导自己的生活,不仅为他们自己,也为他们的孩子带来成功和幸福。

只有先尝试过我刚才提到的新方法，才知道它是否有用。不过有幸的是，在美国历史上，采用这种方法的例证屡见不鲜。这些家庭的传统和价值观在美国的哪些地区代代相传、经久不衰呢？回答是：美国农村，或者是乡村的农场。农村家庭的孩子与城市的孩子最明显的一大区别是什么呢？答案是是否做家务活儿。

在乡下，孩子有能力干活的时候，家长就让他们负责家务。如果年龄太小，干不了重活儿，就让他们干些力所能及的，比如提牛奶桶。如果他能开拖拉机了，就让他去开拖拉机下地干活儿。农村的家长从不为让孩子做家务，而恳求、讨好孩子或者跟他们讨价还价；也不会因为哪些家务该做、该由谁做而天天争吵不休。农村的小孩儿不会发脾气，也不会大声抱怨“不公平”。家长不会浪费时间和精力向孩子重复解释做某些家务的原因。孩子们很自觉地去做各种家务。对于农村的孩子来说，家庭及其价值观是很重要的，孩子能形成这种态度，不仅仅是因为家长教育孩子的方式不同，而且是因为孩子为家庭尽了自己的一份力量。换句话说，大人给孩子机会为家庭作贡献。一个人在不断为某些事情投入、贡献的时候，他就会备加珍惜并保护自己的劳动成果。

直到埃里克和艾美分别在 10 岁和 7 岁时，我妻子威丽和我才开始让他们帮着做家务活儿。在此之前，我只要求他们保持好自己房间的卫生，保证整整齐齐即可。他们渐渐地变得很懒惰，什么事情都不想做，于是，我们最终决定必须得让他们每天都做家务活儿。

首先，我们先列出所有家务活的清单，然后用横线标出他们能胜任得了的。看来看去，我们发现，没有他们不能做的，但有三种家务——洗衣服、熨衣服和做饭——最好先不让他们做，起码暂时先别做。我们把干每种家务所需的用具和具体步骤分别写在不同的卡片上，并分装在两个文件夹里，两个孩子人手一份。目的是尽量让他们全面了解各种家务的流程。最后，我们安排了为期两周的值日表，贴在冰箱上。估计从周一到周五白天，每个孩子每天大概作 45 分钟的家务活儿；周六干 1 个小时，周日干大约半小时，每周共做大约 5 个小时。

经过精心准备之后，我们把计划告诉孩子们，他们必须服从，不能有任何抱怨。给他们解释清楚这个计划后，埃里克望了望我们，问："那你们大人干什么啊？看我们干活儿吗？"孩子的问题总是让人哭笑不得。

在接下来的头几个星期，我们不得不提醒他们，甚至偶尔给他们施加一些压力。我们对家务活儿完成的质量要求得很严格。如果哪个孩子做的不好或者没干完活，就让他或者她返工。谁要是忘记干家务活儿，就取消他的一些特权，比如罚他们一天或两天不能出门玩耍。没多长时间，孩子就发现老老实实地干活儿花不了多少时间，而且比受惩罚的代价要低。他们最终还是为自己能为家庭尽自己的力量而感到骄傲。另外，他们还掌握了料理家务的第一手经验，这也是帮助他们今后独立生活的第一步。

从此以后，埃里克和艾美很少再抱怨自己认识的小朋友都不做家务，只有他们自己做。通常，我们只是耸耸肩。孩子们大学毕业后，都回家来看过我们，感谢我们曾经的教育方式和养育之恩。尽管他们小时候都抱怨过不能像其他同龄人那么轻松和自由，但如今，他们都觉得当时的锻炼受益终生。

万事预则立，不预则废。（好事只降临到有准备的人身上。）

问答

问题：家长在孩子多大的时候给他家务活儿干比较合适呢？

回答：3岁可能是最佳年龄。3岁的孩子很想和家长一起参与一些活动，比如经常在家里跟着父母转，加入父母的活动，或者如果不能参与进去，就模仿他们。如果爸爸在修漏的水管，孩子就愿意跑来帮忙。如果妈妈做饭时，孩子就会自己找出一些盆盆罐罐，在地板上模仿妈妈做饭。家长正好趁着3岁的孩子有兴趣模仿大人做事，教给孩子干一些简单的家务活儿。要想让孩子形成干家务活儿的好习惯，就让他每天定点做家务。3岁的孩子早晨起来后可以自己叠被子，晚饭前摆餐桌，晚上睡觉听故事前把玩具收拾好放起来。

3岁的小孩儿很好哄，家长很容易就能让孩子听家长的话。让这个年龄的孩子学着做点儿家务，有助于他今后逐渐承担起其他的责任。3岁后的孩子通常很抗拒家长吩咐给他们的任务。另外，如果家长在孩子4岁时或者年龄更大的时候交给他做家务，告诉他这是家庭生活中重要的一部分，他肯定没兴致听这些，也不想干家务活儿。

问题：家长怎样培养3岁以下的小孩子，好让他们长大后在家庭里负起责任呢？

回答：家长可以先教孩子自己吃饭、自己穿衣服，以及自己上厕所，这样逐渐培养他负责任的观念。独立做好每件小事，才能真正独立生活。学会每件小事情，都让他觉得自己的能力在提高，很有成就感，渐渐地也乐意接受新的任务和责任。孩子们刚刚向独立迈出第一步时，家长应该多鼓励、支持，而不是总以命令的口

吻对待孩子。首先,太多的指令仿佛告诉他们:“你没有掌握要领或者你学得太慢,根本不符合我们的要求。”一听这话,孩子们很可能再也不去做你让他做的事情了。家长过多地干涉孩子们的活动,往往会使孩子们丧失成就感。要想让孩子们真正获得学会做某事的成就感,就必须放开手让他们去做。家长越是缠在孩子身边,孩子们就越害怕犯错误,越没有耐心,导致学东西的效率越低。只鼓励不干涉的方法也可以应用于孩子生活的其他方面,例如自己学着上厕所、自己喂自己吃饭、自己穿衣服、自己系鞋带、起床后自己叠被子,甚至自己读书。

问题:孩子干家务活儿,家长是否就该给孩子报酬呢?在这一问题上,我和丈夫出现了分歧。我丈夫认为,我们大人干活都有工资,所以孩子们干活,家长也应该给他们报酬。我反驳说,孩子干家务活儿是他们的义务,不应该给报酬,就像我们家长做饭也没有报酬一样,孩子们喂狗等杂事也不应该得到报酬。我们俩谁的看法正确呢?

回答:我赞同你说的家庭成员应该按照年龄和能力的大小来分担家务。把孩子的“干活”与家长的在外“干活”等同起来是非常错误的想法。当然,两者的区别是,家长的责任是为了给孩子的生活提供保障。于是,孩子也需要承担相应的义务,即免费干家务活儿。正如你所说,家长在家干家务活儿都是免费的。照此说来,孩子干家务活儿能得到报酬,这说明孩子可以不用承担家庭里的责任,在家里享受特殊的地位。

有人或许认为,给孩子报酬能激励孩子多干家务活儿。大错特错。事实上,给报酬适得其反。给孩子报酬反而让他们误以为,如果他们在某段时间不缺钱花,就没必要靠干家务活儿来挣钱。因此,我发现给孩子报酬的家长往往得不停地催促孩子去做家务，否则孩子不会主动去做。

因为做家务而给孩子报酬，更加模糊了做家务是责任的概念。如果给孩子报酬，就意味着，孩子做家务不是为了给家庭作贡献，而是为了自己谋取钱财。孩子把钱放在自己口袋里，但脑袋里却不知道价值的真正含义。这或许能培养孩子的商业头脑，但无法告诉他作为家庭的一个成员所肩负的责任。

另一方面，如果孩子干的活儿不属于家长平日里给他们安排的范畴，家长给他们报酬也是无可厚非的。例如，埃里克上中学的时候，每当夏天来临，他就会免费为家里修剪草坪，但如果他额外帮我修剪树枝，砍下来放在壁炉，我就会偶尔付给他一些报酬。但他知道付给他酬劳并不代表这些活儿想干就干，想不干就不干。

虽然家庭不能是也不应该是民主式的，但家长让孩子干家务活儿就等于告诉他，要想让家里长期存在民主，每个人都必须牺牲个人的利益，为全家服务。这种为全家、为集体服务的意识不是与生俱来的，而是后天习得的。

不幸的是，如今大多数的父母很少安排孩子定期做家务，而是不定时地分配给他一些很零散的活儿。家长这样做，只会误导孩子，让他们以为只有父母需要承担家里的责任，而且，他们可以不劳而获。

我一般建议 3 岁多点儿的孩子就应该开始学着做家务了，家务应该成为他日常生活的一部分，需要形成规律，就像每天晚上睡觉前冲个热水澡一样。先让孩子做他熟悉的一些杂活儿，比如每天按时收拾起来他的玩具。渐渐地给他增加些一般的家务活儿，建立起他的自信心，让他产生一种成就感。5 岁的孩子每天干半个小时的家务活儿，一点儿也不为过。如果有谁猛地一惊，

那我就告诉他，半个小时只相当于孩子每天看电视时间的五分之一。对于普通的孩子来说，他有时间做家务吗？当然有啦！同任何其他事情一样，看你怎么安排了。

问题：家长给孩子分配多少家务活儿才算合适呢？

回答：对于 4 岁至 5 岁的小孩子来说，他们至少应该学会自己整理、打扫卧室和洗手间。6 岁的孩子学会用吸尘器清洁自己的房间。7 岁至 8 岁的孩子不仅要打扫自己的卧室、清理洗手间，还要打扫和保持整个家里的卫生。像这么大的孩子，每周必须对卧室和洗手间进行一次大扫除：用吸尘器吸地板、拖地、除尘、换洗浴巾和床单，清洗澡盆、洗手间和坐便器。9 岁至 10 岁的孩子每天应该做 45 分钟的家务活儿。最好把 45 分钟分为 3 个大致相等的时间段。第一个时间段安排在起床后，孩子必须整理床铺，自己冲澡，然后喂狗；第二个时间段安排在放学后，孩子把餐具从刷碗机里取出来后，再各归各位；第三个时间段在饭后，孩子清理餐桌，刷盘子，刷锅，打开洗碗机，还要出门倒垃圾。

另外，随便说一下，这些家务活儿不分男女，都可以干。如果你是“人”，你就可以干这些家务活儿。

问题：您反对给孩子零花钱吗？

回答：只要给的零花钱与干家务活儿无关，我当然不反对。让孩子干家务活儿是为了让他学会负起责任，学会自律，还能帮他们学会管理好自己的时间以及其他重要的基本生活常识和技能。孩子有了零花钱，不自觉地就学会自己理财。以下两点千万不能混淆：家长不能用零花钱激励孩子干家务活儿，也不能因为孩子不干活儿了，就突然收回零花钱以示惩罚。家长用钱来诱惑孩子听话、干活儿，只会在不知不觉间教给孩子用金钱来利用和控制别人。

问题：如果家里有两个孩子，让他俩每周或者每天轮流做家务，是否公平合理呢？

回答：不管你怎么安排，即使听起来很公平，但仍很难奏效。实际上，我发现很多家长费尽心思公平分配家务，结果往往适得其反。

轮流做家务势必会导致一些问题。两个孩子肯定会为到底是谁做家务而发生争执。由于没有特地安排谁负责哪个家务活儿，他们的责任感也没那么强烈，觉得做得差不多就行。每当家长抱怨孩子们哪个家务活儿没做好时，孩子们就开始互相指责。经常轮流做家务的另一个缺点是，孩子们需要花更长的时间来熟练完成家务。因此，家长不得不经常提醒甚至没完没了地催促孩子做各种家务活儿。简而言之，家长公平分配家务的计划势必会屡屡受挫，还会导致孩子之间的冲突不断。

家庭也算是一个组织或公司，每个成员都有各自的职责。职责不同，各自的作用也不同。职责的描述越具体，其作用也就越明显。如果在一个组织中，各自的职责没有清晰地界定，成员之间就容易发生矛盾和不愉快，整个组织就不能顺利地运转。

问题：我的儿子 20 岁，女儿 9 岁。每天傍晚，他俩都一起干家务活儿。不过，我总得提醒他们去干活儿，而且他俩经常先争执一番，才能把活儿干完。当然，孩子们干的活儿肯定不能太重，我和丈夫都认为，只要他们学会负起责任即可。我们所要做的就是确保他们完成各自的家务活儿，而且不用总是提醒他们，也听不到他们大声尖叫、争执。孩子们知道自己每天晚上都需要做家务，不过，宁愿浪费时间、吊儿郎当也不干活儿。于是我和丈夫开始

朝孩子们唠叨，他们实在不耐烦就顶起嘴来。我们已经厌倦这一切了，该怎么办呢？

回答：你们的孩子患上了“对家长唠叨的强烈抗拒征”(ERPP)和“家务活注意力失调征”(ATCHOO)。孩子们的这两种症状逐渐恶化，最终导致家长管不了他们，甚至真希望没有生这样的孩子。

以下是具体的治疗方法：首先，停止对孩子唠唠叨叨。这样告诉你的孩子们：“我们永远也不会再告诉你们是哪些家务活儿了。你们很清楚是哪些活儿，希望你们最晚在 7 点以前开始干。如果你们到点了还没开始干，我们就去代你们干。怎么样？”就说这些即可！孩子们有任何问题，都这样回答：“我们该说的都说了。”然后，坐下来等着孩子们的动静。如果下一次孩子们到点还没开工，你们就站起身来，自己干家务。完工时，立即赶着他们上床睡觉。要看起来高兴点儿！如果孩子们反驳说至少 2 小时之后才能睡觉，你们就告诉他们：“不记得我们刚才说的话了吗？到了 7 点钟，如果你们还没干家务活儿，我们就代你们干。然后，我们干完家务活儿之后，你们就得立即上床睡觉。补充一下，从周日到周五，如果代你们干了超过一个晚上的家务活儿，那你们周末的任何特权都被取消了。听明白了吗？”跟孩子讲这些话时，要不动声色，面无表情，其间时常耸耸肩，仿佛告诉他们：“孩子们，真的不好意思，你们必须得遵守。”

这样做就等于启动了一个新的原则，我称之为“苦恼原则”：如果孩子们能为自己做没做某事感到苦恼，那么家长就没必要再为孩子的事感到苦恼了。苦恼之人自会想办法解决自己面临的问题。就这个例子来说，孩子的问题只有孩子自己能解决，你们做家长的反而想替他们解决，结果只能自寻烦恼。你不断催促他们去做时，他们实在受不了了，就自然而然地去做了。

现在,你可以坐下来放松一下,让孩子们去承担不负责任的后果吧!

问题:我儿子 14 岁,总是没完没了地跟我们要零花钱。他想要钱去买最新款的衣服、鞋子和 CD,去看电影、打电子游戏、吃快餐,以及去游乐园,等等。他要钱,就是为了花钱。我们家都快破产了!每周只给他 10 美元的零花钱。这些钱怎么花的,大家都心知肚明。儿子还埋怨给的钱不够花。不过,我们承诺过,只要他多干点儿家务活,就多给他一些零花钱。然而,他不买我们的账。您有什么办法吗?

回答:对于 13 到 19 岁青少年的家庭来说,我可以提供一个有效的方案,让大人孩子都能和谐相处。不过,首先,我觉得你的孩子没有错。你们是没有给他足够的零花钱。同样地,你们也没有让孩子承担足够的责任。你们犯的错误也是青少年家长的通病:家长们管得太细。

我的另一本书《青春之路》中提到,孩子到了 13 至 19 岁这个年龄段的时候,家长就需要改变教育方式了。大多数家长不能意识到这一点,或者不愿意承认这一点。于是,孩子十三四岁时,家长往往还是用老一套方法管教孩子。不但没有改变,他们反而还试图在各方面控制孩子。事实上,孩子到了这个年龄段的时候,家长也很不安,不知道怎么管教才合适,于是,更加严厉地控制孩子生活的方方面面。一般来讲,来自家长的强加控制对于 8 岁的小孩子或许管用,但对 13 岁以上的孩子就没什么作用了。家长越是想控制 13 岁以上孩子的生活,就越难以教导他,让他尽快独立。家长的教导是孩子成功的秘诀。

涉及钱方面的问题,家长的责任就是交给孩子分清主次,学会理财,不该花的不要乱花。孩子只有亲自去尝试,走过一些弯

路之后才能明白该怎么做。如果你无节制地给孩子零花钱,他肯定学不会怎样理财。你可以暂时多给他一些零花钱。注意:是多给一点儿而已。计划如下:

1. 接下来的一两个月,每个月都算一下随时(与规定好的相对)给他的零花钱数目,这些钱用来买衣服、CD、快餐、电影票、电子游戏和其他你所列出的条目。
2. 收集好所有的数据后,建立一个活期存款户头,签上你们三口人的名字。头一个月,将每个月零花钱的 80% 打到这个账户上。
3. 给你儿子一个支票簿,告诉他,从今天开始,由他自己决定每月(之前是每周)的零花钱该怎么花。并对他说:"像你这么大的孩子,再来跟爸妈伸手要钱是很没面子的事情。所以,不要再来找我们要钱了。"
4. 告诉他,你们家长以后不再过问他们何时花钱、怎么花的了,也决不会提前预支给他们零花钱。换句话说,一旦他没钱了,这个月每天放学后就自觉地待在家里,不能再往外跑。
5. 明确告诉他,如果他账户透支,你们会提前用下个月的零花钱替他偿还欠下的款项,剩下的钱就是他下个月的零花钱。

现在,允许孩子犯错,不过要吃一堑长一智。这样一来,孩子不仅变得负责任了,而且锻炼了自理能力。或许最令你庆幸的是,你们家终于不会破产了。

责任(第二部分)

还在不久之前,家长让孩子自己面对生活中的挑战,自己划独木舟,睡前自己铺好床被,自己为自己的过失感到不安、承担后果。这些旧时的亲子教育格言反映了当时一个普遍的观念:孩子们要为自己的行为负责任。例如,有个孩子在学校闯了祸,就必须自己面对老师以及校长,并独自承担后果。总的来说,如今的家长们替孩子面对困难和挑战,帮孩子划船桨,替孩子铺好床被,代替孩子承受过失带来的烦恼和折磨。犯了错的孩子回学校上学的时候,总喜欢家长伴随左右,替他跟老师和校长说情并讨价还价,就该不该惩罚孩子跟学校理论一番。

家长们想尽一切办法保护孩子不受惩罚,我怎么也想不通为何家长能如此费尽心思。家长们通常对孩子的错误装作不知道,威逼利诱老师,含糊其辞,强加干涉学校采取措施,或者对事实全然否决,将责任转移到他人甚至是自己身上,就为了不让孩子受到惩罚。在这个世界上,人们通常采用"帮助戒烟、戒酒、戒毒等不良嗜好的一套方法",这就是所谓的袒护,尽管家长动机是好的,但一味的袒护只会让孩子在错误的深渊里越陷越深,难以自拔。

孩子行为不端是会上瘾的。孩子不听话只会让孩子成为家长关注的焦点,给孩子一种虚幻的权利,看起来没什么大碍。对孩子的放纵只会让他暂时很痛快,就像吸毒上瘾一样,暂时会有很强的满足感。袒护孩子,对他的行为过度放纵,就像让他学会酗酒一样,对他造成非常大的伤害。

1950 年以前出生的人都很清楚,如今越来越多的孩子们对家长的袒护上了瘾,比四五十年前的情况要严重得多。我小的时候,孩子们也很顽皮。在过去,一旦大人在身边时,孩子们会稍稍收敛,几乎没有哪个孩子敢当面跟大人顶嘴、不按照大人的要求去做。现在不听话的孩子比比皆是,即使不用举例大家也都明白。

有个学前班的老师向我咨询，因为她有个学生总是不服管教。这个学生游手好闲，除非老师给家长写违纪报告，他才暂时收敛。很显然，家长看到这个报告后，肯定会惩罚他。他一想到回家要挨揍，就大哭起来，很是可怜。见这情形，老师给他报告时对他约法三章：如果你的手能收回去，老实半个小时，我就把这个报告撕毁。不过，她刚撕毁还没一会儿，这孩子又手舞足蹈起来，一会儿碰碰这儿，一会儿戳戳那儿。然后，老师又写了违纪报告。他按规定又老实了半小时，老师重新撕毁报告。写报告、撕报告的游戏就这样不断往复下去。这老师实在忍受不了了，于是问我该怎么办。

我告诉她，你该问问孩子的家长究竟该怎么办。孩子的家长肯定知道答案。老师的初衷是好的，不想孩子回家受罚，不过，这反而更加袒护、纵容了孩子。孩子的家长并不纵容他，告诉他要为自己的过失负责任。显然，孩子希望受到袒护，不愿意承担责任，于是，算计着通过老师来当他的保护伞，使他回家后免受家长的惩罚。谁从中受益？任何人都不受益，当然包括孩子在内。不过，可惜的是，如今像这样的家长已经是凤毛麟角了。

现在情况恰恰相反，孩子们犯错，家长往往挺身而出，承担责任。家长们不仅情感上受到影响，比如生气、恼火、提心吊胆、尴尬万分，还有沉重的负罪感（家长替孩子承受过失带来的烦恼和折磨）。此外，家长还替孩子承担实际的责任，比如为孩子过失造成的不便负责（替孩子面对困难和挑战，帮孩子划船桨，替孩子铺好床被）。例如，家长得不止一次地告诫孩子，因为头一次说的时候，他根本听不进去。由于经常被老师或者校长叫到学校见面，许多家长会耽误很多上班的时间。有些孩子早上起来不听话，不迅速穿衣服,不光自己迟到,也耽误家长不能准时到单位。家长晚上很少有自己的时间,就是因为孩子睡觉前总闹个不停,甚至耽误好几个小时。

责任的大小一般是通过对孩子惩罚措施的轻重来衡量。如果家长替孩子承担了感情上和实际中的大部分责任,那么他们无形之中就为孩子的过失负责了。因此,家长不得不面对并解决这些问题。家长越是努力尝试去解决问题,就越有挫败感,因为真正能解决问题的只有一个人,那就是孩子自己。

在这种情况下,就需要使用“苦恼原则”,曾在上一章节的问答环节中提及过。“苦恼原则”的定义是:如果孩子们能为自己做没做某事感到苦恼,那么家长就没必要再为孩子的事感到苦恼了。换句话说,如果孩子又闯祸了,家长不仅要让他在思想上知道自己错了,而且也给他实际的惩罚。没有对他落实惩罚之前,他是不知道悔改的。只有真正惩罚他之后,他才会主动改正错误。

为了把家长承担的责任转嫁给孩子,家长就必须使用“教父原则”。该原则由来自西西里岛的著名哲学家维托·唐·科莱昂提出,旨在告诉家长,要想让孩子为自己的过失负责,家长就必须强制孩子按照规定去做。

海边旅行

下面这个真实的故事,就很好地解释了“苦恼原则”和“教父原则”是怎么应用的。

1976 年,罗斯蒙德刚把家搬到北卡罗莱纳州的加斯托尼亚市不久,全家就经常去南卡罗莱纳州的默特尔海滩度过暑假。对孩子们来说，去海边度假可是年度大事儿，但我和威丽很担心。一个孩子 7 岁，一个 5 岁，我们要在车上一起度过 5 个小时。他们都非常兴奋，这对获取更多关于 POWs 的信息很有价值，但如果这样，我们将根本无法安心度假。

刚把车驶出私用车道还不到 2 分钟，孩子们就开始争吵起来了，在到达目的地之后才停止下来。典型的争吵是：

“让埃里克别再看我！”

“他把脚伸到我座位旁边了。”

“我偏不！别推我！啊……”

“艾美，安静点儿！我不会伤害你的。你这么可爱！”

“不准再叫我的名字！啊……”

争吵就这样进行着，直到车开至汽车旅馆。这时候做家长的不要恳求他们，也别对他们凶或者讨好他们，直接把车头调回来，开回家。没有任何商量的余地。

有过几次这样的头疼经历之后，我们不想再受这份罪，于是我就和威丽想了个办法，彻底杜绝这种事情的发生。我们的办法就是之前讨论过的“卡片法”(详细操作细则见第 2 堂课)，制作十张彩色的长方形卡片。

到了计划好出行的那一天，我们把行李装上车，然后坐下来给孩子们看一下手里的卡片。

“孩子们，”我们说，“这就是卡片，你们每个人分别拿五张。一定要保存好，因为它们很重要，与你们坐车时的纪律有关。规则一：不要发生口角。规则二：不要大声喊叫或弄出其他噪音。规则三：爸妈说话时，你们不准插嘴。”

“每犯一次规，”我告诉他们，“就得拿走一张卡片。只要发生口角，也得拿走一张卡片，不管是谁先挑起的。你们一到海边，立刻就想跑到水里，对吧？你们要是立即下水，就得拿走一张卡片。如果到达旅馆之前，你们没有卡片了，今天就不允许你们下水。相反，你们只能打着伞坐在沙滩上，看其他人在海上冲浪。”

我俩把卡片给他们之后，就涌进车里，开车上路。车还没走多远，孩子们就吵起来，于是第一次每人罚一张卡片。没过多久，罚埃里克一张卡片，因为他动静太大。一会儿，艾美被罚走一张卡片，因为大人说话时，她插话。车开出有1小时的时候，每个人手里只剩一张卡片。

之后的4个小时是我们一家在旅行中度过的最安静的一段时光。他们没跟我们说一句话，他俩之间也没敢说什么。他们把手里的最后一张卡片都紧紧握在自己胸前。这也是我们全家头一次这么安安静静地度假。

我在一次亲子教育讲座上提到过这件事，几个月后，有个那天的观众给我打电话，告诉我，她试过这个办法，但没有作用。

“出去旅行简直就像噩梦，”她接着说，“所以返程时，才决定试一试您那个卡片法。按照你说的要求，我们给每个孩子发五张卡片，并承诺，只要他们手里还有一张卡片，我们就带他们去吃冰淇淋。”

“带他们去吃冰淇淋？”我问道。

“是啊。他们总想让家长带他们去吃冰淇淋，因为这是他们最喜欢做的事情之一。不过，”她接着说，“他们刚开始还很老实，没多久老毛病又犯了，没到15分钟，所有的卡片都被没收了。于是，他们觉得我们没什么东西可以约束他们了，就变得更加

放肆。”

难怪会这样！这些家长不知不觉中违反了“教父规则”，因为家长给孩子提出了一个他们可以拒绝的条件。孩子表现好，就承诺给他们买冰淇淋吃，否则，就不给他们买。这一条件的缺点就是，有没有冰淇淋对孩子没有实际的影响。如果你给他们提出的条件对他们影响很大，他们就会变得老实点儿。例如，如果他们不听话，回到家后就不能跟其他小朋友玩耍，这样成功的机率就会大大提高。

在本章末尾的问答环节，我们将会看到一些具体事例，说明“苦恼原则”和“教父原则”是怎么让孩子学会负起责任的。

追赶公交车

很多年以前，我给堪萨斯市的企业家们做演讲。那天，我在节目单上看到参加演讲的还有《追求卓越》的作者汤姆·皮特和罗伯特·沃特曼，该书曾是企业管理方面的畅销书。他们正好排在我之前出场，于是，我有幸聆听了他们的大部分专题演讲。

他们在演讲的过程中，在屏幕上放了个缩写词 MBWA。这不是他们首创的某个研究生学位，它代表了一种管理概念，即“走动式管理”。他们话音刚落，便引起哄堂大笑。汤姆·皮特和罗伯特·沃特曼说，走动式管理可能是最有效、最能激励员工的管理方式，现场观众为之一惊。使用这一管理方式的经理人擅长把任务交给下属，同时又不干涉下属独立完成任务。经理人只是负责把必要知识和技能提供给下属，并非天天盯着下属，监督下属的一举一动。

运用走动式管理的经理人相信下属能够漂亮地完成任务，他们不过分干涉的管理方式让下属感受到了经理对下属的信任。这样的经理人在赋予下属职权的同时,也让下属有机会体会到独立完成工作的成就感,下属也会因此干劲儿十足。经理人不天天催促下属和员工,而是给他们自由发挥的空间,就会创造一个更宽松、更人性化的工作环境,身处其中的员工也能自由发挥自己的创造力,为公司做出更多的贡献。经理人不是传统意义上的压榨员工的资本家,而是给员工一定空间,并且在员工需要时给予建议和帮助。此类经理人一般采取不干涉的管理方式,除非万不得已才破例干涉。他们还必须时刻为员工树立榜样,是员工的良师益友。

我一边听着汤姆·皮特和罗伯特·沃特曼关于新式经理人管理方式的讲解,一边思考,"走动式管理"同样适用于管教孩子。大多数善于管教孩子的家长,决不会天天围在孩子身边忙得团团转,而是相对给孩子更多属于自己的空间,这样的家长当得也没那么累。而且,孩子在这种宽松、自由的空间里更能发掘出自己的潜能。家长不能事事都对孩子盯得特别紧,要学会跟孩子沟通,成为孩子的良师益友。

这样的家长同样威严,而且能对孩子循循善诱,给孩子做榜样,而不是强迫命令孩子。家长这样做的目的不是让孩子变得百依百顺、依赖大人,而是让他们学会独立,并负起责任。为此,家长给孩子的成长创造了很多机会,同时给孩子很多自由,让孩子自己选择是否接受这些机会。

孩子们表现得好或坏都不会让这些家长得意或自责,因为家长把责任全权交给孩子,让他们自己为自己的行为负责任。最重要的是,他们允许孩子犯错,因为他们意识到了孩子只有在自己不断犯错、不断吸取教训的过程中才能逐渐成长,这对孩子是非

常有益的。家长以各种方式让孩子了解到家长对他们的信任以及个人价值的承认。孩子也逐渐学会自己去爱，去创造。实际上，现如今，这些家长使用的“走动式管教”方式已经鲜有人用。

可惜的是，很少有家长这样做。尤其是那些执意要干涉孩子们生活的家长们，尽管他们的初衷是好的。他们时时刻刻盯着孩子，为孩子的每次成功而骄傲，为孩子的每次失败而沮丧。所以说，他们过多地干涉孩子的生活，过度保护和溺爱孩子。本应该由孩子们自己承担的责任，家长却主动抢过去承担，结果只会让孩子错过自己成长的机会。

数年前，我偶尔看到《哈特福德报》上的一篇文章，作者是南希·戴维斯，她在康涅狄格州的一所学校教新闻专业。她曾写道：

> 有人建议，家长需要让孩子自己犯错并从中吸取教训，只能在孩子身边支持、鼓励他。不过，家长很难按照此建议去做。原因很简单，我们做家长的不想让孩子犯我们犯过的错误，尽量帮孩子避免走我们自己走过的弯路。从错误中吸取教训，这句话我们似乎听了不下一百遍，但我们之所以不想让孩子犯错，就是怕他们受到伤害。

一句话概括南希·戴维斯的意思就是：不要费力追赶公交车——耐心等待，下一辆总会来的。这句话抓住了如何当好父母的精髓，比我上述的 5 点建议还要有价值，很长时间没听到这种真谛了。

跌倒后脸碰到地面的声音

有位妈妈曾经问过我，“该怎样教我 5 岁的儿子学会系紧鞋带,不散在地上呢?我知道这问题问得有些愚蠢,"她接着说,"但我每次看到他时,他的鞋带都耷拉在地上。简直快把我气疯了!"

"你为何不想让他的鞋带散开?"我问道。

"哦,"她回答说,"散开后不仅看起来很邋遢,而且,他迟早会被绊倒。"

"如果他被鞋带绊倒了,最坏的结果是什么呢?"

她思考了片刻,说,"他会跌倒,甚至会摔伤。"

"情况很糟糕吗?"

"可能没有那么糟糕,"她回答说。

"不过,下次再没系紧的时候,恐怕会摔得更严重。"我接着回答说。

她停顿了一下,想了想,对我说:"或许吧。"

"那么,我建议你什么也别做,就让他的鞋带松散着。让他自己学着系鞋带。等他吃过亏就知道怎么系了。"

我父亲常说,有过教训或犯过错才知道怎么做。"有些东西我没法教你,"他曾这样告诉我,"像其他人一样,你也得自己去尝试,从错误中吸取教训,才能知道怎么去做。"

回首过去,我发现父亲的话的确很有道理。人一生中,往往自己亲自碰壁或者受挫之后,才有最深刻、最有价值的体会和发现。

总的来说,如今的家长认为,如果家长本来可以避免孩子犯某些错误却没有帮他制止,而是看着孩子碰壁或走弯路,这是非常不负责任的,也是很残忍的。家长们普遍的态度是,如果看到

孩子要歪倒，却没有扶稳他，这就是家长的责任，而不是孩子的责任。

塞德里克不愿意做家庭作业，所以他家长每天晚上都得看着他做作业。每当安杰拉跟邻居家小朋友吵架的时候，她妈妈都会过来拉架，还喊来对方小朋友的家长，公平合理地解决问题。为了避免罗杰跟其他孩子学坏，他父母对他的择友加以限制。周一到周五，每天放学后，英格伯的家长就会带着他去参加各种活动，就连周六早晨也要他早起。

我把这种过度干涉的管教方式称为“直升机盘旋式管教”，正是由于如今的很多家长很好地替孩子承担了责任，孩子就永远也学不会自己承担责任。缺乏责任感仅仅是今天孩子们所面临的问题之一。

几乎所有的知识和技能都是通过自己不断尝试，并从错误中吸取教训而学到的。越是避免犯错，就越学不到真东西。犯错之后，你就可以知道什么行得通，什么行不通。经过一段时间的尝试，你会不断调整自己处理问题的方法，最终得心应手地应付各种问题。

孩子犯错时，家长不要急着冲上去，应该站在旁边支持、鼓励他，而不是干涉他，只有这样才能培养孩子的主动性，锻炼他的反应能力和独立解决问题的能力。同时，孩子还能锻炼自己的抗打击能力，从容地面对生活中遇到的方方面面的挫折，包括人际交往、学习上的，以及感情等方面的挫折和不快。因此，孩子才能变得百折不挠，学会坚强——只有自己不断经历坎坷才能磨炼出坚强的意志——是每个成功者的重要品质。

总而言之，如果我们做家长的想让孩子学会自食其力，就必须忍心让他们犯错，让他们自己学会自理。所以，就不要再帮他们系鞋带了。

修正自己的行为

家长们普遍认为，小孩子不听话，家长就应该惩罚他。一般来说，孩子不守规矩，是应该受到惩罚，不过很多惩罚是不得要领的。例如，如果孩子的过失对他人造成了伤害，那么孩子首先需要修正自己的行为，这才是当务之急。

许多年以前，有个气冲冲的邻居找到我，说我 8 岁大的女儿艾美一点儿也不尊重她。她很恼火，说孩子不懂事，都是家长管教无方，还说家长也好不到哪里去。

她发泄完怨气之后，我安抚她说："先听我解释。首先，我相信您说的都是真的。其次，艾美肯定是冒犯您了，这是不可争辩的事实。再次，感谢您很坦诚地告诉我她的无礼。然后，艾美会改正自己的错误。最后，但也是很重要的就是，您要是下次再看到我家哪个孩子做得不对，麻烦您随时打电话告诉我。"

她在电话那头沉默了很长时间，我也没有吱声。她最终还是开口了，语气中透出对自己过于鲁莽的歉意："其实啊，艾美这孩子平时很听话，人见人爱。这也是她头一次对我无礼。"

"谢谢您这么说，"我接着说，"但她不能把这个当借口，错已经犯下了，事实无法改变。"

谈话结束后，我就把电话挂了。我走到艾美跟前，告诉她邻居打电话告状的事。"我对你的无礼很生气，"我跟她说，"无论在什么情况下，无论是谁，只要是你的长辈，你就必须尊重他。"

话音刚落，她就要哭起来。我觉得这是好现象，不过光哭解决不了问题，她不会因此改正错误。

“我决定，你必须马上去跟邻居阿姨道歉。”

艾美立即变得烦躁不安，央求我说：“妈妈，求您了……别让我去道歉。您可以罚我闭门思过，可以罚我不跟其他小朋友玩耍，可以拿走我的玩具，但千万别让我去跟她道歉。求您了！”

“孩子，对不起，这由不得你。”

“我可以从电话里跟她道歉吗？”

“不行，你必须当面道歉。”

“您能和我一起去吗？”

“不行，艾美，你必须自己去。我没教你对别人无礼过，所以不会陪你一起去道歉。我该说的都说了，你自己看着办吧。”

她一听这话，就知道我肯定不会改变立场。于是，她稍稍平静了一下自己的情绪，走到街对面的阿姨家，按了一下门铃。阿姨走出来后，她就跟阿姨道歉。我从起居室的窗户往外看，看到邻居阿姨笑了笑，握着艾美的手，点点头，仿佛在说没关系。

艾美道歉之后，就从街对面返回家，脸上流着几行眼泪。见状，我就没有再说教她，也没有惩罚她。事实上，我们从来没再提过这件事。

有时，我把这个故事或者其他类似的事情讲给别人听，有些人听了这个事例，会认为我赞成让孩子“有犯罪感”。从某种程度上来讲，我赞成这样做。孩子们犯错的时候，必须让他们为自己的过失感到自责。换句话说，只告诉孩子他做错了是远远不够的。你的措辞必须到位，让孩子的确感到犯罪感，或者不好意思，或者歉意等等。

让孩子“有犯罪感”往往有言外之意，带有负面色彩，“罪”通常用来羞辱别人，怀有恶意。也有人恰恰相反，不习惯有犯罪感。那些从来体会不到犯罪感的人被称为反社会分子。他们从不顾及别人的感受，恣意妄为，也不为自己行为造成的伤害而感到懊悔和自责。另一方面，犯罪感过于严重的人会出现精神问题。因为他们总是觉得自己哪地方做得不对。犯罪感也是一种逐渐适应的情绪。如果没有犯罪感，人类的文明就不复存在。人们只有产生犯罪感的时候，才会为自己的罪行负责。人们内心滋生出的犯罪感，告诉自己哪样做是错误的。二十世纪六七十年代，出现一种“走自己的路让别人说去吧”的哲学，由此派生出另一种思想，即所有的犯罪感都是不好的。不过，我们应该清醒一下了，用正常的心态去看待亲子教育问题。

我们当家长的就是要让孩子多参加社交活动。你必须得先教会孩子怎么思考，怎么体会，再教他们如何去做。只有先让孩子懂得在何种情况下可以有犯罪感，他们才会为自己的过失自责。在你教会他一些关于犯罪感的基础知识后，你才能放心地让孩子们自己去处理这方面的问题。尽管如此，就像刚才举的艾美和邻居的例子那样，家长有时候也需要把道理给孩子讲清楚。

移情 VS 同情

我经常鼓励家长们不要同情孩子，不要为他们的过失感到抱歉，要尝试着“移情”，即了解孩子的想法和问题所在。很多家长分不清“同情”和“移情”的区别，不过区别的确存在，而且区别很大。移情就是了解孩子的想法，等于对他说：“你打算怎么处理这件事?”而同情就是纵容孩子，等于告诉他：“噢，可怜的孩子！你没必要这么伤心……”同情就像乳酪蛋糕，搅动的时间越长，它就

变得越粘。同情孩子，最终只会妨碍他纠正错误，帮不了他反而害了他。

一个孩子犯错的时候，偶尔表示一下同情可以增进沟通，不过同情的效果持续时间很短。如果你过多地牵扯到孩子的问题中，不仅不会解决问题，反而导致更多的问题。

为什么呢？原因很简单，同情就像吗啡一样，少量可以缓解疼痛，过量则会导致上瘾。一旦上瘾，孩子就不去想办法解决问题，而是试图从家长那得到越来越多的同情。如果孩子的问题总是引起家长的同情，那问题就会越积越多，孩子虽然暂时感觉良好，但不知不觉地变成了受害者。

埃里克刚上初中的时候，无法与同龄的孩子融洽相处。刚开始时，他抱怨别人总对他指手画脚，后来抱怨别的孩子老麻烦他，最后演变成抱怨没有朋友和他一起玩儿。起初，我们对他的抱怨还将信将疑，还以为他只是暂时不适应新环境。然而，随着时间的推移，孩子的问题越来严重。我们发现，很少有人给他打电话，周末晚上待在家里，从他的表情和举止上可以看出，他变得越来越压抑。偶尔会听到他在房间里哭泣。这让我们很惊讶，于是问他到底怎么了。结果，他把痛苦的经历告诉了我们，令我们很震惊。

他说，学校里有一群坏孩子不仅取笑他，还散播谣言——说他很“怪异”。其他男同学都故意排斥他，女同学也不理会他。有一群男孩子特别过分，给一个女生写了封猥亵的信，还署了他的名字。为了这个事儿，校长还把他叫过去拷问了一番，最后水落石出，这事不是埃里克干的。然而，这件事情却在埃里克幼小的心灵上留下了阴影，损害了他的自信心。

我们当时知道，初中生喜欢以对别人施虐取乐，不过，他们对埃里克所做的简直令人难以置信。所以,我们很同情埃里克,于是陪他说话,替他开解,不时地安慰他。为了帮他重新建立起信心,我们告诉埃里克,他一直很出色,那些小混混长大以后连你的一半都不如。我们想尽办法让他知道,这一切对他很不公平。不过,情况越来越糟糕。他总是闷闷不乐,也不出门,日子过得越来越抑郁。我们终于觉察到,我们对他过于同情,使他产生了依赖性。本来初衷是好的,不想却导致问题越来越严重。

最终,我们坐下来跟埃里克说了这样一席话:"孩子,听我说,我们的确为你难过,不过,我们看出,你没有采取任何行动来解决自己的问题啊。所以,决定以后不再跟你谈人际交往方面的话题。我们该说的都已经说了。现在,轮到你开动脑筋,主动解决自己的问题了。限你在 3 周内找到一个朋友,和朋友一起交往。如果 3 周内你没有找到任何朋友,我们就负责这事儿,跟其他家长商量一下,看看能否帮你安排一些社交活动。换句话说,你不行动,我们就行动。"

才过 2 周,他就交了一个朋友。不到 1 年时间,他的朋友越来越多。

这就是"同情"和"移情"的区别。方式不同,结果也就不同。

现在还不算晚,一切都还来得及

要想让孩子学会读、写和算术这三项基本技能,家长就必须先教孩子学会尊重他人、负起责任和机智并独自应对碰到的问题。

有一次,我把这个概念讲给一些教育界的专家听。讲完后,席间一位教师走近我,问道:"如果有个 14 岁孩子的家长至今没

能教会孩子这三个技能，那该怎么办呢？”

“现在做还不算晚。”我回答说，“这么长时间了，孩子肯定一时难以学会，不过要想扭转局面，家长就需要抛开 14 年来的顾忌，放开手去做一件重要的事。”

“什么事？”她询问着。

“让孩子不高兴，”我回答说。

大家有个误解，总以为孩子的性格在 6 岁或者 16 岁的时候就定型了。其实不然，孩子在成年之前，性格是会变的，而且可以塑造。每个成年人都会发现，人生中的一些重大事件或者某些人际关系的经历都会影响人的性格，只要这个人愿意接受改变，性格总是会变的。最后补充一下，性格的变化与否，关键在于孩子的选择，并非随时间推移就一定能发生变化。问题在于，有些青少年需要“调整态度”，不过他们通常意识不到这一点。因此，他们就无法决定去“调整态度”，这时就需要家长来帮他们调整。

一旦决定帮孩子调整态度，第一步就要引起孩子的注意。唯一的办法就是，直接告诉他要为自己的行为负责任。既然责任是由后果的严重性决定的，家长就不能事事庇护孩子，应该让他自己承担责任。

实际上，我在建议家长迅速行动起来。这需要家长能够兑现自己的承诺，严格按照要求和规定执行，如果孩子突然间陷入困境，也不要急于表示出同情。此外，家长应该放下思想包袱和犯罪感，不要去想过去自己犯过的错误，无论是真实的还是想象的错误。其实，犯罪感和同情心是密切相关的。“如果我这个家长当得好一点儿，孩子或许比现在强”就属于犯罪感的范畴，它容易引起家长对孩子的同情。越是同情孩子，越愿意为孩子的行为负责,以此来补偿孩子。

家长要想有效地跟孩子当面沟通,就必须停止自责(沉浸在对过去的自责中),而是不顾一切地直奔目标(要往前看)。如果你让不负责任的孩子面对现实,他肯定感觉不痛快。

不过,不痛快不仅是最好的一剂药方,恐怕也是唯一的药方。

有疗效的方法

有时,一听到那些家长意志坚定、愿意直面挑战并解决孩子的问题,我就觉得很高兴。这些家长通常乐意让孩子面对现实,尽管孩子很不情愿。有一对夫妇发现16岁的儿子吸大麻,因为在他的房间和车上都能找到证据。这对夫妇把看见的证据告诉了儿子。儿子承诺再也不吸大麻了。数周后,孩子的父母发现了更多的吸食大麻的证据。于是,他们把汽车没收了,并且拆除了重要的打火设备。如果打算要回汽车,就必须与那三个狐朋狗友断交,把学习成绩提高到吸大麻之前的水平,并且每周体检一次,测试是否吸食大麻。如果他能1个月不吸大麻,家长就把车归还给他,但必须不定期进行体检,在班上还要保持优异的成绩。1个月后,他表现很好,父母就把车归还给了他。又过了1周,他回到家的时候,身上有股大麻的味道。夫妇俩没有说什么。第二天,他们向学校咨询,校方反映他们的儿子还是跟那几个小混混一起吃饭。他俩立即赶到学校,把他的车从停车场开到二手车交易商那边,随即卖掉。

夫妇俩告诉儿子,以后不会再给他买车了。如果他能连着3个月遵守规定,并及时参加体检,就允许他开父母的车。如果刚允许他开车还没几天又犯了,那下一次只能自己挣钱买车开,不

能开家长的车了。他改过自新,第二个月也没再犯规,一切看起来都很顺利。谁知道未来会怎样呢? 无论如何,儿子总算知道他父母不是在跟他开玩笑。父母不会再因为拿他没办法而长吁短叹,束手无策。他们意志坚定,说到做到,直到他改掉坏习惯为止。

如果这世上有"善教家长国会奖章",这对夫妇肯定能获此殊荣。

最后的箴言

有位读者看了我在辛迪加专栏发表的文章后表示异议,于是给《夏洛特观察家报》写了封信,信的末尾这样写道:"毕竟,家长得花 18 到 20 年的时间把孩子养大。"

是的,他的确指出了问题的要害。现如今,许多美国家长花了 18 到 20 年的时间把孩子拉扯大,之后还得继续养着孩子。更糟糕的是,孩子 20 岁之后,家长仍旧不舍得放手,那么孩子从少年向成年过渡(如果真有这个过渡的话)的时候,肯定会产生一些不必要的阵痛。

我在美国各地巡回演讲的时候,经常接触到商业界的人士。他们经常向我反映,如今刚踏入职场的青年人总希望公司能像他们的父母一样对他们宽容,他们习惯懒散,不尊重上级,目无法纪,不愿意为自己的工作负全部责任。我几乎没听到过某位经理或者老板赞美某位年轻员工是多么的优秀。很少有年轻人具备传统的职业道德。相反,他们到了公司还自以为是。他们以为自己为所欲为,是理所当然的,一旦公司不满足他,就是对他"不公"。

公司要求员工按照规定,尽职负责,不能迟到早退,对每一位客户都要谦逊有礼。年轻员工平时能遵守这些细则,不过一旦妨碍到他们或者与他们目前的感受不一致时,他们就不愿再受规定的束缚。因为在他们小时候,家长经常纵容他们,把他们的感受放在第一位。

近来,一些大学的教授也发现,孩子们真正变为心智成熟的成年人的年龄有些延后。他们告诉我,很多家长抱怨老师给学生分数打得偏低,这种现象已经司空见惯。东部某著名大学的教授跟我提起过一件事例,有位大三学生的父母从加州坐飞机去学校,就为了孩子的学期成绩跟老师讨个说法。这位教授说,当时家长火冒三丈,气冲冲地说,这个分数很可能导致他孩子被某医学院拒之门外。他们怎么也想不通,分数只是反映孩子是否积极地完成功课。于是,他们认为孩子考不上医学院,是老师的过错,而不是孩子自己的错。至少有十多位教授跟我提起类似的事例。还有个教授甚至告诉我,有位学生抄袭了亨利·大卫·梭罗的作品,该学生的家长甚至让他别在乎学生抄袭,只管给学生的论文打个高分,这其实是给已故的亨利·大卫·梭罗评个优秀而已。

从俄克拉荷马大学妇女联谊会的一位家庭主妇的话中,就可以看出孩子们成为真正意义上的成年人的年龄已经延后。她告诉我,由她负责的大多数年轻女孩子毕业后都回家跟父母住,直到结婚才离开家。另两位来自北卡罗莱纳州和加州大学妇女联谊会的家庭主妇也有过同样的反映。40 年前,女生 20 岁之前就基本离开家自己住,实现经济上的独立了。如今,孩子经济独立的年龄已经达到 26 岁,而且还在不断上升。

最近,我妻子看到现在的年轻人以穿着宽松肥大的衣服为时尚,就打趣说,难不成孩子们又回到了初学走路那会儿?“正合

适。”我对她说。她一听这话语意双关，就笑了起来。不过，这可是件严肃的事情。孩子们进入成人期的年龄普遍延后，这对于孩子、家长、学校、企业、工业、经济、国防和文化事业等方面都是不利的。

的确，似乎新一代的美国家长只是培养孩子，没有让孩子真正长大成人。但问题是，这些孩子居然可以参与投票。不过，我们很高兴地看到，他们中的大多数并没有行使这一特权。

问答

问题：我儿子 4 岁，非常任性，从来不自己老老实实去睡觉。他总和我们夫妇俩睡。白天，他也不愿意独自待在自己的房间。事实上，他不愿意独自待在家里的任何一个角落。如果他想回自己房间取东西，就叫上我或者丈夫陪着他去。我们带着他看了家里的安全防护设施，告诉他家里根本没有怪物，但他就是不相信。如果我们让他单独去房间的某个角落，他就哭起来，吓得发抖。我们知道他是真的害怕。他甚至坚持要躺在我和丈夫之间睡觉，绝不同意只靠在一个人身边。我和丈夫都很困惑。到底该怎么办呢？

回答：首先，你们应该立即停止跟儿子提他为何害怕的事。这一点，很多家长都难以理解。不过，家长越是给孩子解释、分析，让他放心，或者哄骗他不要害怕，他就会越害怕。改变孩子的逻辑，并不会让他变得理智。此外，就这个问题，我猜想你们夫妻俩肯定是把该说的都说了。根本没有必要再跟孩子谈这个。从现在开始，如果你丈夫再提起这个，无论是何时，怎么提起来的，都告诉他：“我们已经谈过这个问题了，以后不允许再提起这个话题。”

其次，白天孩子再要求你陪他去他房间拿东西的时候，一定不要陪他去。就解释说："对不起，我们以后不再陪你去了，以后不允许再央求我们做这种事儿。"然后，你们转身就走，让他一个人去恐惧吧！顺便说一下，他是真的害怕。在他内心里，的确有很多恐惧。然而，这些内心的恐惧是没有外部事实根据的，要想让他明白这一点，就得停止对他过分保护。

再次，你们先不留情面地拒绝陪护他的请求，过一周后，你必须把他从你们床上赶下去。就像拒绝陪护一样，让他单独睡必须得当机立断，令行禁止，不能拖延，尽管实施起来并不容易。拖延的时间越长，大人越难推行新政，孩子也越难适应新规定。

要让孩子真正离开父母、单独睡觉，恐怕得先下四五天的决心。从周三晚上开始启动让他恢复独睡习惯的计划。不要酝酿太长时间。在你挑准的那个周三的晚上，睡前10分钟坐下来跟孩子说："我今天去问你的医生了，他说你不能再跟着爸妈睡了，一晚上都不行。所以，今晚你必须回自己房间睡。他还说，你可以把灯全打开，让卧室的门开着，但就是不能让爸妈进去陪你。他说，如果你想往我们屋里跑，我们就必须把门锁上，你要睡只能睡在门外的走廊。无论你怎么大吵大闹、哭天抢地，我们都不能允许你进来睡，你还有什么疑问吗？"

切记，谈话的结尾不能是"听明白了吧？"或者"好了吧？"而应该说："有什么疑问吗？"另外，只回答他的疑问，在任何情况下，都不要接其他话茬，不要跟他解释或者没完没了地谈下去。当然，你也不能在睡觉时间在他卧室里走来走去，即使他突然气急败坏起来。

先提醒一句：他可能整个晚上都大喊大叫。这也是为什么在周末前几天开始执行计划的原因。度过了这辈子最难熬的夜晚，

第二天早晨醒来后，去他房间看看，对他说："宝贝，你还活着！今天晚上还得让你一个人睡哦！"然后，抓住他的手说："快起床，吃早餐了，一起讨论一下今天怎么安排吧！"

问题：我儿子 13 岁，直到火烧眉毛了才开始做作业。他晚上睡觉没有固定时间，但一般晚上 9 点钟就去卧室了。不管老师布置了多少家庭作业，不管明天是否有考试，他只有回到自己房间才开始看书复习功课。我反复跟他强调，一定要考高分，不能到自己疲惫不堪的时候再去做作业，因为那时状态不佳，但他反驳说自己的成绩已经够好了（多数科目考 B，极个别是 A）。我还要继续让他这样下去吗？他简直快把我气疯了！我该怎么样让他早点儿做作业呢？

回答：很显然，没什么办法。我现在帮不了你。当然，我以后也帮不了你。我同意你儿子的观点。你应该让他自己做决定。因此，我建议你还是别难为自己，趁早放弃这个念头，以后也永远别动这个念头。很明显，你这分明是在给自己找气生，没有必要这样，这样反而让孩子更烦你。

我在《青春之路》一书中提到，许多负责的青少年的家长初衷是好的，不过他们犯的最常见、最严重的错误就是，对孩子管得太多、太具体。对于婴幼儿来说，家长可以事事插手；至于学龄前儿童和上小学的儿童，家长或许也可以什么都管；不过对于青少年，家长管得越细，越容易惹来更多的问题。事实上，更进一步来说，青少年的家长对孩子管得越细，越难以解决已经存在的问题，反而会滋生出一连串新的问题。

你总想让孩子在某个时间开始做作业，这种想法相当可怕。就算孩子按照你规定的时间去做作业，他就一定能考高分吗？如果你像只老鹰似的在下午或傍晚监督他做功课，他很可能会敷衍了事地写完作业，照此下去，他的成绩只会倒退。为什么呢？因为他正好借此来证明你的安排是错误的。

不要让孩子在你指定的某个时间做作业，让他自己安排，自己摸索着如何有效利用时间。你不应该替他管理自己的时间，让他知道，不同的时间安排，效果也不同。合理安排时间，也会取得好的效果(学习成绩提高，玩儿的时间更多)；时间安排得不好，往往效果也不理想(学习成绩下滑，总觉得时间不够用)。暂时来看，学习成绩对他不成问题，不过进入高中之后，课业负担更加繁重，情况就不同了。这时，家长就需要发挥其作用。同时，卸下你的思想包袱，科学地对孩子实施管教。

问题：我女儿今年 14 岁，当她公然违反我所定的规范时，我会惩罚她，但这些惩罚却让她变得更反叛。例如，我最近把她房间的电话、立体音响、最喜欢穿的衣服、电子游戏机等一一没收，作为对她的惩罚，结果她却对我抱怨说，我不是她的老板，无权把她塑造成我想要的那种人。或许真的是我做错了。早知如此我就该让她独自处理自己的事情，我这样强制她只会让她变得更加叛逆。另一方面，我和女儿关系很紧密，平日里聊得很多，我还教给她怎样处理好人际关系。我承认，管教孩子方面我做得不到位。但我怎么才能判断出哪些惩罚措施能起到积极作用，哪些会适得其反呢？

回答：你女儿说的很对，你不能把她塑造成你想要的那种样子，这一点你必须了解并接受。此外，你不能让她把你当成老板，只要她一直对此很反对，你就不能把想法强加给她。道理其实很简单。孩子必须配合，家长管教孩子才会有效果，你女儿显然没有准备好与你配合。不过，好在她愿意与你交往，希望你做她的导师。她不希望看到自己做的决定反而招来家长的惩罚。

显然，与很多家长一样，你也陷入一个误区，即适当的惩罚能改变孩子错误的行为。所以，每当你的惩罚措施不仅没奏效、反而使她行为恶化的时候，你就认定惩罚措施不得当，需要换个别的方式。事实上，对于其他动物的行为来说，比如狗、老鼠或者鸽子等，人们可以长期适当调教，改变它们的行为；但对于人的行为来说，不管你采取多么得当的方法，都很难改变他们的行为习惯。与狗、老鼠或者鸽子等其他动物不同的是，人类有自主选择的权利，众所周知，人类自己也要为其选择付出代价。

换句话说，如果某项调教措施没有改变狗的行为，那么狗的主人就得换个其他的调教方式。但是，如果某项管教措施没有更正孩子的恶习，就算家长再换个别的管教方式，也未必奏效。与小狗不同的是，不管家长的管教和惩罚有多严厉，小孩子都可以选择不听家长的，恶习依旧。这并非意味着，孩子或者惩罚有什么错误，只是说明孩子不是小狗之类的动物，孩子有自己的意志和选择。

就你女儿现阶段来看，更重要的是你应该让她知道你不是她的老板，然后再劝她不要享受特权，不要由着自己的性子来。你就这样去做。如果她再犯错，你就取消她的特权。这样做的目的就是告诉她现实世界的运行法则。跟她解释清楚。告诉她，你并不愿意惩罚她，只是需要负起做家长的责任，要让她亲自体会到错误决定的后果。她很珍视与你的母女关系，从这一点可以看出，她慢慢地会了解你的用意，开始做正确的决定。随着孩子的成长，她逐渐会更正自己的做法，不需要你额外花很多时间教她。同时，你的责任就是关爱她，一有困难时能帮助她，同时能在她犯错的时候管教她。只要耐心等待，总会发现奇迹。

问题：我儿子 16 岁。他的房间永远像猪圈一样又脏又乱。衣服、CD、电子产品、杂志和各式各样的私人用品随处摆放，弄得房间里满满当当。如果你看到他床上很整齐，那一定是我收拾的。衣服没有乱扔，也是我整理好的。我一跟他唠叨，他就顶嘴说："这是我的房间，我想怎么摆放是我自己的事情，与别人无关。"他还指出，为何他的房间门总是关闭着的，是不是表示他不是家里的一员？每次看见他时，他不是在打电脑游戏，就是在跟朋友打电话聊天。我该怎么办呢？

回答："这是我的房间……"等解释纯属废话。虽然他住那儿，但房间根本不是他的。这房间是你的财产，你必须为此负责，因为你不仅付了房贷和保险，还置办了家具等设施。如果哪位客人在他房间里滑倒并受伤，你还要负责赔偿，而你那天真、任性和自私的儿子是不会负责的。

他吃饭时坐的椅子也不是"他的"，他想怎么摆弄就怎么摆弄吗？即使他发火，抱怨资本主义社会没让他过上奢华的生活，对他不公，也绝对不允许他随意将椅子摔得粉碎。借用他们这代人的话来说：不行！我还有无数其他类似的例子，不过，我确定你明白我说的大体意思。

他不享受特权，相反，他还得负起责任。他首先要把"他的"房间收拾得卫生、整齐，完全符合你在家定下的标准。他同不同意这个标准并不重要。

你或许会这样告诉我："不过，约翰，我已经想尽办法让他把自己的房间收拾得整洁有序，但他就是不听我的。"那你肯定没给他定规矩，约束他脏乱差的行为。如果你约束他了，肯定不会问我这个问题，因为该问题或许已经解决了。

你可以这样规定："在我们允许你住的房间里，不允许再看到乱七八糟的景象。从现在开始，每天早晨自己叠被子，把衣服收拾起来摆放整齐，地板上不允许有杂物，一句话，必须要维持室内环境卫生和保持整洁。如果你能按照规定去做，我们就支持你以前的生活习惯，作为奖励。如果你不服从规定，你的特权就到此结束。”

严格约束：“下次来你房间，如果有一点儿乱糟糟，我们就拔掉网线，没收调制解调器，让你至少一周内无法开车和上网。要想恢复这些特权，你必须保持室内整洁，把衣服收拾好，每天早晨把被子叠整齐。下次再弄乱，就罚你接连两周不能上网和开车。下下次再犯，就罚你一个月不能享受特权。以后就依此类推。有什么疑问吗？”

先告诉他规定，再严格约束他，等于给他敲响警钟，时刻提醒他改掉恶习。我敢肯定，你每天早晨至少敲两下锤子，才能把你的宝贝儿子叫醒，睡眼惺忪地闻到咖啡的香味。

问题：我们的儿子才 6 岁，却总是很健忘。他就是记不住告诉他的任何事情。此外，他总忘记做家务活儿，忘记给别人留言等等。我们不得不开始叫他“糊涂虫”，因为他似乎什么也记不清楚。不过，老师说他在学校可不是这样子，但他在家却很健忘。我丈夫说他自己小时候也是像儿子一样健忘，所以，我们猜测可能是种遗传病症。不管怎样，健忘症可以治好吗？我们不得不忍受这种病症带来的麻烦吗？

回答：不，健忘症绝对不是遗传病。大多数情况下，这种病是家长娇惯孩子造成的。具体说来，容易健忘的孩子的家长通常怨天尤人，恳求上帝救救孩子，自己却很少真正采取行动，对孩子施加压力，让孩子改掉不服从家长命令的坏毛病。

“不服从家长命令？”有人惊讶道，“约翰，你怎么用这么强烈的字眼？健忘与服从命令有什么关系？根本就是两码事儿。”

事实恰恰相反。你会注意到，孩子健忘的是一些责任或者家务活儿。我敢打赌，他决不会忘记冰箱里的冰淇淋，或者你们家长曾对他许下的承诺。而且，他记住了自己想要记住的，对于自己不想去做的事情比如家务活儿，他会忘得一干二净。这并不是某种特殊才能最初的症状，而是一种被动(因此不太明显)的不服从家长命令的方式。的确，“极个别”孩子的健忘症或许是由于先天学习能力缺失引起的。另外，我并不是说，3 岁的孩子健忘是不听话；如果一个发育正常的 6 岁儿童还总是忘事的话，那肯定是故意违反家长的命令了，这时就需要家长给以惩戒。

解决方案：列出你儿子平时享受的特权，比如骑自行车、与小朋友玩耍、看电视、打电子游戏和正常就寝时间。把这个列表贴在电冰箱上，每次健忘的时候，就从列表上划去一个特权，而且先划他最喜欢的。如果划掉了就寝时间这一条目，就让他提前一个小时上床睡觉。划掉的特权直到下周一才能恢复使用。每周日晚上，你让孩子上床并给他压好被子之后，把上周的列表撕下来，在原处贴一张新的列表。

按照行为修正学方面的说法，这就是一个“回应—成本”系统。换句话说，你儿子一旦健忘，就会取消他所重视的某些特权。(顺便说一下，如果某种管教方法也称为行为修正，并且很管用，那这种方法肯定不是心理学家发明的，而是孩子的奶奶发明的。)

这种方法所用的催化剂被我称为“裁判员规则”：不恐吓、没有第二次机会、到此为止。如果你儿子忘记某事，就取消他的某项特权。这样，问题很容易就可以解决。我之所以将这种方法称为“裁判员规则”，就是因为裁判员不给选手第二次机会。如果裁判员给了第二次机会，那么顷刻间，整个比赛就会陷入混乱状态。

如果你能严格公正地按照规定执行，铁面无私地去落实这一规则，我敢保证，不出几个月，你会发现你儿子的记性变得越来越好了！

问题：我女儿 16 岁。按照驾照上的明确规定，她必须戴眼镜驾驶。最近，我们发现她总把眼镜放车上，就是不戴，因为她觉得看起来很“丑”。你或许能想象出，如果车上还坐着其他孩子，她就更不怎么戴眼镜了。我们需要没收掉她的汽车吗？得没收多久才合适呢？

回答：假设你某一次发现她开车时没戴眼镜，就认为她开车时并非总是戴着眼镜。进一步假设，你看见她不戴眼镜开车的几率很小。如果假设成立，那她就会抱有侥幸心理，觉得下次不戴眼镜的时候也未必被你抓到。不过，她也是在拿自己和车上其他人的生命开玩笑。这就是青少年的内心想法。

我的意思是，你不能没收汽车。这个方法并不可靠。你每次逮到她开车时没戴眼镜，只是她频繁不戴眼镜的其中一次而已。所以，就算你暂时把车没收了又有什么用呢？她还是会抱侥幸心理。唯一有效的方法是，永远不让她开车。别再交车险，把车没收起来，然后找机会把车卖掉。

“对不起，孩子，”你就这样告诉她，“如果你打算屡教不改，我们是不会助纣为虐的。此外，如果你不戴眼镜就开车上路，你就会成为马路杀手，我们肯定不愿意让一个会给她自己、路上行人和社区内其他邻里带来生命危险的人开车。”

不过，我不建议未满 18 岁的青少年开车，这也是欧洲各国的法律规定，只有高中毕业后才允许开车。现行的驾驶人的最低年龄限制是很久之前制定的，当时的 16 岁的孩子肯定比现在的同龄人要成熟得多。此外,当时的交通也没现在那么拥堵,交通工具也没现在的行驶速度快。16 岁至 18 岁的青少年驾驶所引起的交通事故,对他们自己和他人造成的伤害是难以想象的。这就像"美国式的轮盘赌"。

要是我是你的话,会借此机会收回这个本来就不该给她的特权。如果这一措施太过严酷,那就换另一个方案:暂停女儿开车 1 个月,在这期间,你需要确保她总是戴着眼睛。然后,把车还给她,不过有两个要求:首先,如果她没交过车险,就让她以后付一部分车险;其次,下次你再看到她没戴眼镜就开车紧随别人的车后面时,立即没收汽车。这时,你又动用了第一个比较严酷的方案。一定要事先让她记住第一个方案的要求,另外加上"只要你还在这个家里住,这就是最后一次让你开车"。

虽然我不知道你如何确保她能按照规定去做,但要是你女儿不是个叛逆的人,第二个方案应该会起作用。孩子都 16 岁了,如果家长还通过掷骰子的方法决定是否允许她开车,肯定行不通了,至少现在我不会用这种方式了。

问题:我儿子 19 岁,目前读大学。暑假回家,他和朋友出去喝酒,然后开车回家。我们跟他说过很多次,喝酒前先选出一个人不能喝酒,酒后让这个人开车载他们回家,或者等儿子自己酒醒后再开车回家,或者直接给我们打电话去接他。但他总觉得自己还没醉到影响驾驶的地步。我们对此并不认同。该怎么办呢?

回答:这是我见过的来自家长的最简单的问题。首先,谢谢你让我大脑稍微放松一下。其次,我觉得你的大脑已经放松过了,因为这个问题真的很简单,希望我这样说不会冒犯你。

假设你儿子开的车是你们交的车险。你自然会想到,如果他

驾驶时把车撞坏或者受损，或造成交通事故，你们家长会负责任。别人不会起诉他。你的保险公司也会受到起诉，如果你没交够保险费，也会受到起诉。无论如何，你的保险公司很可能打算以后停止受理你的保险。比如，保险公司会把你下一次的保险费提得非常高，这还不算最过分的。

显然，你儿子很聪明，不过他患上了青春无敌综合征(AID)。像其他大多数青少年一样，他认为自己不会有什么灾祸，不会受到伤害，坚不可摧、长命百岁、不可战胜。因此，跟他理论不会有什么效果，只会气得你脸红脖子粗。你说他态度不理性，他肯定不接受。他认为你的担心是家长过度保护孩子的表现。无论你怎么跟他解释，他就是不相信自己的行为有很大隐患。他总认为你神经过敏。此时，你不能相信他。如果他背靠着墙，很可能让你别再说了，让他一个人静一会儿。所以，你最好不要浪费口舌，应该采取一些行动。你可以参考以下方案：

1. 不要替他交车险，让他自己付。不难看出，你孩子(你儿子还不算太大)肯定会自己打工挣钱来付车险。他还没有工作？那太难办了。或许他需要知道目前什么对他是最重要的。

2. 如果他开的车是你们买的，就立即把车卖掉，不要跟他事先商量或者警告他。

3. 给他充分的自由。这样就意味着，你也能取得第一种方案的效果。

4. 他下一次再跟朋友出去喝酒的时候，让警察在家附近等着。警察会用酒精测试计测试，如果他的测试显示阳性，就立即以酒后驾驶的罪名将他逮捕。如果他问原因，就告诉他，你们不会支持他的犯罪行为，不会助纣为虐。

如果以上建议你都不喜欢，换句话说，如果你还是不能狠下心来严加管教他，那你就另想办法，求上天保佑吧。

问题：我儿子史蒂夫才 7 岁。每天一大早，他起床和穿衣服的时候故意拖拖拉拉，耽搁时间。我和丈夫都得去上班，最晚早晨 7:45 就得出门。早晨 6:40，我们就把他叫醒，让他有充分的时间准备好去上学。他每天早晨都拖拖拉拉。我们得叫他六七次，他才能爬起来。必须一直在他身后催促着，他才准备好出门。真是受够了。怎么办呢？

回答：首先，解铃还须系铃人，只有你儿子史蒂夫能解决这个问题。其次，你们只有让他为后果负责的时候，他才能改正早起拖拉的坏习惯。最后，只要你们早上总主动去催促他，而不让他自己起床，他肯定不愿意自己承担迟到的责任。只有当他拖拖拉拉以致迟到并影响自己的生活，而不是影响你们俩的生活的时候，他才会意识到要改变自己的坏习惯。

实际的解决办法很简单，可以分为“三步走”：

第一步，制定好计划。在第 2 堂课中，我称之为“趁冷打铁”。头一天晚上，你们就得列出史蒂夫次日早晨需要做的事情。

第二步，让他了解这个计划的内容。告诉他：“史蒂夫，我们已经决定，以后早晨不再冲你大喊大叫、赶着你起床了，省得被气得满脸通红。从现在开始，我们只在早晨 6:30 叫你一次，然后去厨房做饭，并定好 7:15 的闹铃。也就是说，给你 45 分钟的时间完成这个表上列出的所有事项，我们一会儿就会把该表贴在你房门的后面。铃声响的时候，我们会过来检查。如果你完成了表上的所有事项，早晨出门之前，你就可以自由支配自己的时间。如果你没能按时完成，或者没能按要求做好哪件事情，那你当天放

学进家之后就不能再出去玩儿了。此外，晚上要提前一小时睡觉。有什么疑问吗？”

第三步，实施计划。史蒂夫要是再拖拖拉拉地浪费时间，你们什么也别说，什么也别做。每天早晨 6:30 至 7:15，你们只管做好自己的事情，别管他是否在按要求做他的事。我保证，实施计划的头两三天，他肯定不能按时完成任务。闹铃响起的时候，他甚至可能还在睡觉。如果真出现上述情况，直接不慌不忙地把他叫起来(记住要在计划中预留出 30 分钟的缓冲时间)。下午放学回来，如果他想出门玩，就告诉他必须为犯规负责任，可惜他真的不能出门了。如果他恳求再给他一次机会，你就说：“对不起，史蒂夫，规定都跟你讲清楚了。”当他意识到自己的问题只有自己能解决时，他就只能老老实实地解决。他或许会很固执，但他并不傻。

问题：我女儿快 7 岁了。她不爱与人打交道，平时只和三四个朋友一起玩。她只想邀请喜欢的 4 个朋友参加生日派对，而不是以前经常一起玩的我朋友们的那 3 个孩子。我坚持认为，她应该邀请那 3 个孩子参加派对。如果那 3 个孩子听说女儿开生日派对却没接到邀请，她们以及她们的母亲肯定会很伤心。我跟她解释，她却当耳旁风，说什么都不邀请那 3 个孩子。所以，我让她做出一个选择：要么让那 3 个孩子参加派对，要么就别想举行派对。她很快就作出了决定：“那就不举行生日派对了，谢谢！”我这样做对吗？我是不是应该让她自己决定要邀请谁，而不去干涉她呢？

回答：是的，你做对了。为此，我给你颁发“罗斯蒙德限量颁发的吝啬奖”。孩子在搞生日派对时，不能允许她那么自私、小气和自恋。不幸的是，许多家长很纵容孩子，孩子由着性子来，有些表现甚至很让人讨厌。孩子过生日时，需要对他人心存感激，要慷慨大度，不能自私自利。你鼓励孩子包容大度，避免狭隘、排斥他人；要心胸开阔，不能自我封闭。你做得的确很正确，你女儿做得不对。你把自己的观点给她讲清楚。如果你女儿坚持自己的想法，你就想办法说服她。但你越是想说服她，她就越固执己见。不过你毕竟给她定下了规矩，这一点值得赞许。如果你女儿还是不服从，那你就立即坚持自己的原则吧！

问题：我有个很头疼的问题，简直快让我疯掉。我有两个儿子，大的 10 岁，小的 8 岁，他们经常吵架。更糟糕的是，几乎每次吵完架，他俩都会争先恐后地跑到我那，装出委屈的样子，可怜巴巴地说："看我多惨啊！"我知道我不应该当他们的裁判，但不管他们，以后恐怕会闹得更凶。如果您想不出什么好点子，至少帮我推荐一个可以订做橡皮屋的承销商吧？我目前急需一个。

回答：事实上，与其说你像个裁判员，不如说你更像个主持"谁是受害者"游戏的司仪。不幸的是，虽然你的初衷是好的，动机也可以理解，但如果你说一个孩子是"坏人"，另一个是"受害者"，他们肯定还会产生新的冲突和矛盾。他们来找你并非因为打架，他们打架就是因为你会让他们去你那。

你一旦卷入他们的口角，就会说其中一个是"坏人"，另外一个是"受害者"。在这种混乱的情形下，受害者"胜出"，因为妈妈站在他那一边。所以，两个孩子都争着想当受害者。事实上，你把自己卷入他们的口角，是在无形中告诉他们，成为被蹂躏的受害者或许是件很有益的事情。要想停止这种危险的游戏，你必须让孩子自己去承担责任。

你可以使用"闭门思过倒计时"的方法。把孩子们叫过来，当面告诉他们："知道吗？妈妈想出来一个办法，你们俩想怎么打就怎么打，也不会妨碍到我。这个办法就是'问题，问题，你有问

题’。从现在开始，你们每次口角、打架、跟我打小报告或者对彼此无礼的时候，我就会让你们回到各自的房间闭门思过半小时。不管是谁挑起的事端，不管谁受委屈了，都得受罚进房间待半个小时。我不会再问你俩‘是谁干的？’现在仔细听好了，第三次再出现类似问题，就罚你们闭门思过更长的时间，很可能当天都别想出门。只允许你们来饭厅与家人一起吃饭，另外，还可以去洗手间，其他地方都不能去。”

“对了，还需要补充一点。以前我警告过你们几次，但还没动过真格的。我保证你们很快就会知道这次我可不是吓唬你们。”于是，孩子们以后再打架就不会把你拉进来调解了，相反，他们俩儿必须学会相互合作，想办法不让你参与进来。这样你不就比孩子们更聪明吗？

问题：我儿子 12 岁，一向很老实，也很负责任。今年，他刚上初中一年级就开始与一些小混混出去玩。我们一发现他这样，就立即让他与坏孩子们停止来往。他说，我们干涉他自由选择朋友，坚决不听我们的话。其实，这也是我们之间第一次产生这么大的矛盾，想起来就有点儿后怕。我们该怎么做呢？

回答：你们什么也不用做。这实际上是个很好的机会，你和你儿子都可以借此机会吸取教训。你可以学着让孩子自己去处理，不要过分干涉和保护孩子。而孩子也会学会怎么为自己的决定负责任。除非你让他自己犯些错误，否则他什么也学不到。

只有自己不断尝试，从错误中吸取教训，才能有所收获。换言之，要想真正掌握某种技能，必须勇于尝试，不怕犯错。学问就是通过犯错误，然后不断吸取教训而慢慢积累起来的。无论是学打篮球、学开车，还是学习做决定，都是如此。

我们都还记得，自己做的决定很可能导致跌倒在地，脸摔在地面上。但我们并没有沉迷在自怜的情绪中，而是站起来，拍拍身上的灰尘，继续前行。或许身上会留下一些伤痕，但吃一堑长一智。回首过往，我们发现，即使有人提醒过我们，前方有可能会跌倒，我们最后还是跌倒了。这些惨痛的教训对我们自身的成长和学会为自己的决定——无论是好的还是坏的后果——负责任。

你不仅可以让他和那些小混混鬼混，还可以等着看他们惹出麻烦。走着瞧吧，再说他这个年龄的孩子即使惹出什么天大的麻烦，也不至于会毁了他一生。让你儿子自己体会一下犯错的滋味，然后学会慎重交友。

告诉他："你说的对。我们一直以来总干涉你择友。我们真希望你不再和那些小混混出去玩，但现在我们不再干涉你了。你把他们带好，还是他们把你带坏，都与我们无关。不过，要记住：只要你跟他们一起惹出麻烦来，就不再允许你跟他们来往，也不允许你跟其他任何人来往。我们可以给你自由，不过你要慎重行事，自由越多意味着责任越大。"

清楚得告诉他，如果他惹出麻烦来，他就得为自己的行为负责。到时候，不管他有什么样的借口，比如"这不是我出的主意"，或者"我只是站在旁边看"，或者"我要是不帮忙，他们就会打我"，等等，你们都不会听。

如果他想带那些孩子到你家里来，就欢迎他们。谁知道呢？或许你这样教导孩子，能让他们耳濡目染、改过自新。

问题：今年，我儿子安德鲁开始上六年级。他总是不能按时完成作业。因此，我和他爸爸总得督促他做作业。当我跟老师提及孩子的情况时，她建议我不用管这件事情。她说她能处理好。我答应了，尽管心里很不安。不幸的是，安德鲁反而因为我不管他变

得更过分。我发现他的大多数作业都是草草了事。我把这事告诉了老师,她却很平静地告诉我,她会跟安德鲁一起把问题解决。她还让我不要担心。是啊!看着儿子的成绩直线下滑,我能不担心吗?

回答:“万事开头难”,我想你肯定体会出了这句箴言的道理。事实上,我相信,情况不仅会变坏,而且必须变坏。

当家长替孩子承担问题的责任时,家长采取了弥补措施,而最后孩子自己却没有改正。家长的这些弥补措施反而会导致孩子不负责任。就你的情况而言,你为安德鲁做了太多事情,他本来可以自己去管好自己的。你总是查看他是否把课本带回家;更形象地说,你总站在他旁边看着他做作业,检查他的作业完成得是否符合你的要求。

你就像高尔夫球手练斜击球那样,纠正自己手臂摆动的幅度,以免幅度过大导致球向右偏,因此,需要采取补救措施,将球瞄准目标偏左的方向,来减少偏差。这样一来,虽然问题并未解决,但至少负面影响不那么明显了。事实上,补救措施只会让问题更恶化,因为高尔夫球手会习惯性地抽时间调整。他采取补救措施的时间越长,问题就越难以解决。

像高尔夫球手一样,你在向更左的方向偏。结果,安德鲁对你产生了依赖性,学习方面就懈怠了。此外,你采取的补救措施只是让安德鲁的问题不那么明显而已。他还是不会自己负责,而且成绩也没有提高。

倘若高尔夫球手不将球瞄准目标偏左的方向,接下来的十个球很可能都打到树林子里去。换句话说,如果他停止采取补救措施,球会偏的更加厉害。因此,问题越明显,越容易发现并纠正。

所以,安德鲁的老师意识到,要想让孩子自己承担责任,家长必须先停止替他负责任。按照老师说的去做,你或许会惊慌失措,因为孩子的问题更加凸现,你过去的努力就这样付之东流。就是要让你明白这一点:都是你付出的努力,而不是你儿子的付出。是时候让安德鲁自己走路了,哪怕会跌到,甚至可能整个人趴在地面上。没关系。有老师在,你大可放心,她会观察孩子的进展情况,而且知道该如何去解决孩子的问题。相信她。她的话就仿佛是祈祷者听到的来自上帝的建议。

问题:我女儿在有一定特长和天赋的磁力学校(课程特别设计,以便从广大社区吸引学生的公立学校)读八年级。她在那读书的三年,成绩一落千丈,从 A 下滑到 C、D,还考过几次 F。我们对她严格要求,但就是不见起色。谈及学习成绩的问题时,她也不知道为什么会是这样。我们应该更加苛刻地对待她吗?让她返回到当地的学校?给她做测试?我们亟需求助!该怎么办呢?

回答:我曾在《青春之路》一书中提到,家长需要知道:即使你能够很好地处理亲子问题——孩子通常是这一问题的内因——孩子不当的行为还是没有改变。换句话说,你女儿有自己的想法。她可以控制自己的问题,因为内因是她自己。该做的你都做了,但她的问题依旧存在。事实上,她的问题更加严重了。因此,你不得不承认,在这个问题上,你也无能为力。

如果你女儿在智力上存在问题,她肯定也不会被选拔为特长生。因此,给她做测试很可能只是浪费钱财之举,不过,如果测试能让你感觉好点儿的话,或者让你更放心的话,那你就给她做吧。

是的,我会让她返回当地的学校上课,省得她占用磁力学校的资源,或许能让别的孩子来这学习。我也会更加严格地限制她。在这种情况下,我不觉得限制就是惩罚。我反而觉得限制能

让她了解现实世界的运行法则：如果你不负责任，你就会受到限制。我会告诉你女儿，如果她不喜欢被限制，那就不要强迫她，否则对她不公平。不要再就这个问题给她提供建议。如果她想跟你交流，你就跟她谈谈；否则，就不要浪费口舌和时间。这些年的经验告诉我，家长如果不再为孩子的问题苦恼，承认自己对此无能为力，孩子的问题反而变得容易解决。这个结论并非在任何情况下都准确，不过，已经足够说服你尝试一番。

问题：我的女儿 7 岁，超级害怕电闪雷鸣。每当暴风雨来临的时候，她就变得狂躁不安。我们跟她反复解释，抚慰她，让她不要害怕，还想出其他各种办法，可就是没有用。您有什么好的建议吗？

回答：首先，我建议你先看一下上个问题的回答。同众多父母一样，你该做的也都做了，但问题并没有解决。现在，就该轮到你女儿自己来解决问题了。

我女儿艾美像你女儿这么大时，她也超级害怕电闪雷鸣。每当暴风雨来临的时候，她也会变得狂躁不安。最后，我们告诉她，爸妈知道你害怕，但暴风雨来临的时候，不要过于关注，问题就这样解决了。我们告诉她，暴风雨来时，如果她再感到害怕，可以躲到衣橱里或者床底下，直到暴风雨过去之后再出来。5 岁以下的孩子遇到这种情况时，家长可以把他抱在怀里，抚慰他，但 6 岁以后，家长就该给孩子一些指导性的建议，让他学会自己解决问题。

第4堂课

挫折的果实

从 20 世纪 70 年代开始，众多亲子教育专家认为，挫折不利于孩子的成长。挫折不仅会导致孩子变得焦虑，丧失安全感，缺乏自信，甚至会因为过度尖叫导致声带肿瘤。由于相信这个童话式的理论，家长们想尽一切办法，保护孩子不受伤害。在这个过程中，许多家长在短期内给予孩子过多的关注，却对孩子要求的甚少甚迟。结果，孩子们都被宠坏了，越来越任性，不知道感恩，家长也越来越为孩子的事头疼。真是一波未平，一波又起。

好消息！那些亲子教育专家的看法是错误的。挫折对孩子并非百分之百不利。事实上，一定量的挫折对于孩子健康性格的形成和情商的发展是至关重要的。想知道原因吗？具体如下。

1. 正如我在第 1 堂课中提出的那样，养育孩子的目的是帮助他们走出父母的襁褓，离开家自己独立生活。因此，家长教育孩子的时候，要按照现实世界中的标准去要求他们，这样他们成年后踏上社会才能更加适应。

2. 众所周知，成年人的世界里充满了大量的挫折和不如意。我们不仅要忍受挑战自身极限所带来的挫败感，同时还要忍受其他人和环境挑战我们极限时所产生的挫败感。

3. 经历过挫折，我们最终锻炼了自己的忍耐力。勇于面对挫折，并顽强战胜挫折。形成抗挫折的忍耐力的同时，我们也变得更加足智多谋，更灵活地应对各种挫折。

4. 学会忍耐挫折的人，能将逆境转化为迎接挑战的动力，百折不挠。

5. 坚持不懈,就是要保持"第一次没有成功,就不断尝试"的人生态度。这也是每个成功者必备的首要素质。无论遇到哪种职业方面的挫折,抑或是来自社会、个人、婚姻或者亲子教育等方面的挫折,只要你坚持不懈,就很有可能获得成功。

6. 尽管"挫折"这个词很令人生畏,但上述所有方面的成长,都是由挫折引起的,并非因为人们抗拒挫折才成长的。

结论

如果你想让孩子长大成人后获得成功——事业、娱乐、人际关系和对自己的认知——你就需要让孩子体验挫折。

家长要想负起责任,必须给孩子每天都补充适量的"维生素 N"。该维生素是一种重要的营养元素,由英文中的一个对孩子性格形成最为重要的双字母单词构成:NO。

"维生素 N"与维生素 A、B 和 C 对孩子的成长和发育同样重要。不幸的是,如今很多孩子都缺乏"维生素 N"。他们被家长宠坏了,因为仁慈的家长总是过度地满足孩子的欲望,尽管有些他们并非真正需要。

自我测试

检验一下你是否给了孩子足够的"维生素 N"。在一张纸上面,列出你曾经梦想得到的所有物品。你可以尽情发挥想象,千万不要害臊。不要顾忌这些物品是否实用或者目前是否能买得

起。如果你曾经妄想过什么东西，就把它记在纸上。比如说你一直很想拥有一辆意大利式的越野车，一座新房子，不要犹豫不决，只管记下来。想要新家具？记下来吧！新衣橱？船？珠宝首饰？想去欧洲旅行？成为乡村俱乐部的会员？浴缸？全都写下来吧！

等疯狂想象结束后，稍微冷静一下，回到现实。回过头来看看你列下的梦想得到的东西，圈出你觉得5年后有可能得到的物品。我让参与研讨会的观众做同样的游戏时，他们圈出的物品的个数会比原先列出的总个数减少10%～20%。如果你圈出的个数是总数的25%，可见你相当富有或者你没那么多贪欲。换句话说，我们所幻想得到的物品中只有10%～20%在未来5年内才能得到。同样记住，我们只有不断努力付出、牺牲一些东西或者尽全力去做才能得到我们梦想得到的。在努力付出和牺牲的过程中，我们肯定要忍受——什么？没错，就是——挫折。现在明白我的意思了吧。

然后，再在另一张列表上，列出你的孩子在未来1年内想要的所有的东西。不是他们所必须的，而是他们随口就想要的：额外想要的东西。孩子的年龄不同，他们想要的玩具、电子产品、时尚的交通工具、最新款的服装的样式大有不同，电影票、体育比赛、游乐场和摇滚音乐会的门票价格也有很大差异。

把孩子想要的物品一一列出后，回过头来看看这份列表，圈出孩子在未来1年内肯定能得到的。千万别忘记圈出那些很可能爷爷奶奶和其他疼孩子的亲友会送的礼物。是不是很惊讶？如果你属于典型的美国家长，你肯定会圈出总数的75%，甚至更多。

上述事例的意思就是，我们大多数家长满足孩子物欲的标准甚至超出了孩子成年后所能得到的。此外，并非所有的孩子是通过努力工作、做出很多牺牲才获得物质上的丰裕,而是通过哭嚎、任性和左右家长的意志来获得的。孩子的物欲不断膨胀的同时,家长也培养了孩子错误的观念,让他以为有些东西是不费吹灰之力就能得到的。这种观念和态度不仅错误,而且很危险,对于任何人的成长都是有害的。

如果孩子们在成长过程中认为有些事物是不费吹灰之力就能得到的,那他们永远不可能意识到,生命中真正重要的东西是通过自己努力获得的,而不是通过外力的作用。孩子们成年后,很可能感情比较脆弱,思想也不成熟,总是很贪婪地去占有,并且以自我为中心。他们至少会将给予、得到与更有意义的分享、信任两者的概念混淆起来。当这样的孩子为人父母时,他们很可能以同样的方式——过度地满足孩子的物欲——混淆孩子的价值体系。从这个意义上讲,物欲就像遗传病和不良嗜好一样,代代相传。与其说物欲是对物品的贪恋,还不如说是一种占有欲。这也是物质主义者为何永远也不会满足的原因。他们刚得到一件东西,又想着要另一件。这也解释了孩子们为什么获得了如此多的东西,却从不懂得珍惜。他们为何要珍惜呢?毕竟,他们的经验告诉他们,更多的物质会源源不断地到来。

家长为孩子们做的还远不止这些。家长们应该尽职尽责地关爱孩子、保护孩子,并给予孩子悉心教导。除此之外,家长应该对孩子说“不行”,其次数要多于孩子突发奇想要这要那时家长所说的“行”。家长应该让孩子知道要想得到什么,必须先付出同样的代价。他们不仅从“施与要比获得好”的字面意思去领会,还要领会更深层的意思。他们需要自己真正体会到积极争取和勇于尝试的意义,而不是一味地由着性子哭闹、在地上打滚儿或者让一个家长为了维护他而与另一个家长相互争吵。要让孩子知道,要想得到生命中任何东西,必须付出代价;付出的越多,往往收获

也越大。

家长拼命保护孩子不受挫折打击的同时，恰好用错误的方式教育了孩子。结果，孩子长大以后走向社会，并没有真正掌握独立生存的技能。

当幸福敲开门

高中毕业 4 年后，1972 级的学生中有 25%仍旧住在父母家里。1980 年，该比例达到 42%。如今，这个数字已经超过 75%。

你可能会以为，这些年轻人没有结婚，所以才住在父母家，实际情况并不是这样。研究表明，这些孩子比以往任何一代人消费的都要多，但储蓄却相对减少了。家长满足了孩子们过多的物质要求，却很少让孩子回馈什么。在这样过早的充裕的物质环境下，孩子们独立时哪怕有一丁点儿的挫折都忍受不了。他们跟着父母住的时候，家长肯定舍得花钱，满足他们接二连三的要求，比如买辆新车、高档音响设备，或者去滑雪。换句话说，年少时的经历让他们误以为世界就是这样围着他们转，因而无法适应独立生活。他们不习惯从小事做起，从点滴做起，不愿意克服困境、坚持不懈，为自己想要得到的东西作出牺牲。

总而言之，无论是物质上还是情感上，今天的孩子们从家长那里得到的都太多。家长们给予孩子过分的关注、赞美和奖励。简而言之，如今的家长都普遍陷入了一个误区：让孩子的生活过于安逸，以致于让孩子误以为现实世界的运行法则就是这样。有位家庭问题研究专家曾言简意赅地概括了这种情形。他说："如今的家长给孩子提供了很优越的生活条件，但没有培养孩子今后独立过上优越生活的能力。"

换个略微不同的角度来谈,如今的家长绞尽脑汁让孩子过得幸福快乐。结果,孩子长大后总以为需要别人为自己的欲望和要求买单。孩子从来不会自己承担养活自己的责任,他们这辈子总是指望其他人给他们带来幸福,犯了错也会埋怨别人。不幸的是,众所周知,如果一个人不能给自己带来幸福和快乐,那这个人永远也不会真正快乐。家长为孩子创造的快乐越多,孩子今后就越不快乐。

在《独立宣言》的第二段中,有这样一句话:“众生平等,每个人都被上帝赋予了不可剥夺的权利:生存权、自由权和追求幸福的权利。”

仔细体会一下。托马斯·杰弗逊并没有提出“幸福权”,而只是确信人们有追求幸福的权利,这就是问题的症结所在。当家长们忙着替孩子追求幸福的时候,孩子自己却没有学会追求幸福。的确,追求幸福的过程充满挫折和艰辛,正如健美者所说:“没有付出,就没有收获。”孩子遇到挫折的时候,我们需要支持他们,但不应该替他们规避挫折。对于孩子来讲,自己学会追求幸福,可以提高自信心。如果家长经常代替孩子追求幸福,孩子就很难建立起凭自己能力走出逆境的信心。因此,家长在家里一定要准备充足的“维生素 N”。

发脾气

按照常识,“维生素 N”是孩子健康成长所必需的元素。那为什么家长不仅给孩子提供过量的物质,还超过了孩子成年后所能得到的物质呢?毫无疑问,部分原因是来自于家长们的一种普遍想法——孩子一定要比我们那代人过得好,因为家长们饱受过 30 年代的大萧条时期和二战之苦。同时,也是因为家长不想看

到不满足孩子的“下场”。我的意思是说，孩子们肯定会突然发起脾气，2 岁的孩子在地板上打滚、大喊大叫、口吐泡沫；16 岁的孩子拼命跺脚、啪嗒一声用力把门关上，还不时地破口大骂。很多家长都很惧怕这种场面，孩子一发脾气，家长就投降了。有些家长甚至在孩子发脾气之前就已经投降。当问及为何投降时，家长们通常的回答是：“投降当然要比口角来得容易。”

的确，短期内是这样。投降立即解决了问题，省得听到孩子大喊大叫、拼命跺脚。如此说来，投降当然更加容易。但不幸的是，家长向孩子投降的次数越多，情况越糟糕。孩子每次发脾气时，家长若是都投降，孩子以后肯定至少再发 50 次脾气。

是通过自己努力得到某物，还是轻易从别人那里得到某物，如果你让孩子在这两者之间做出选择，孩子肯定会选后者。对于孩子来说，不断努力、等待成功，也就是独立去实现自己的愿望，往往看起来比较费劲。孩子们大喊大叫、拼命跺脚和破口大骂，能轻而易举地就把家长的反抗和耐心给消磨干净了。孩子不懂得，以及许多家长没有意识到的是，因孩子发脾气而投降只会阻碍孩子主动性、意志力和变通能力的形成。没有这些基本的生存能力，孩子成年后注定不会那么功成名就，也不会那么幸福。

家长向孩子的暴脾气投降的另一个原因是犯罪感。有些家长误以为家长当的好不好，关键看孩子快不快乐。在他们看来，孩子发脾气就说明：“你这个家长没当好。”这些家长似乎认为，好家长才能养育出幸福快乐的孩子；孩子发脾气就说明孩子不快乐，家长没有当好。因此，孩子一发脾气，家长就以为自己哪儿做错了。这种想法虽然是完全错误的，但普遍存在。例如，一个 5 岁男孩儿在晚餐前半小时居然要果仁儿巧克力。他妈妈一说“不行”，他就大叫起来，在地板上拼命跺脚，满嘴说些不讲理的话，

“每次我觉得饿的时候，你都不给我吃的。”他妈妈认为孩子发脾气说明她做出了错误的决定，容易导致儿子丧失安全感或者母爱，甚至憎恨妈妈——这是天理不容的。于是，妈妈把果仁儿巧克力递给儿子，心里很清楚，儿子吃了这个就不会再吃晚餐了。孩子果真不吃饭，妈妈就说饭前吃巧克力影响食欲，仿佛能让孩子今后变得理智一点儿。这位妈妈还有很多东西要学。

孩子们发脾气的种类也千奇百怪。一方面，孩子天生就没有忍受挫折的能力。另一方面，孩子的想法都是以自我为中心的。在他们看来，无论自己想要什么，都是理所应当的。家长务必要帮助孩子逐渐地放弃自我为中心的立场，而是学着负起社会责任——就是要牺牲个人利益，顾全家庭、朋友和社会的整体利益。从某种程度上来说，这也是家长最重要的职责。这是一个让孩子学着融入社会、承担起社会责任的过程，起初肯定会有些阵痛。一个年少并且未接触过社会的孩子对阵痛和理想幻灭的第一反应就是发脾气。从这个角度来看，孩子发脾气，正说明他开始感受到放弃自我为中心的不适，并且开始更深刻地了解到现实社会的运行法则。因此，家长要学会对孩子说“不”，并且要斩钉截铁地说“不”，这一点对于家长教育孩子的问题来说是至关重要的。

每当听到家长抱怨孩子“不能听到他说不”时，我就会内心暗自笑一笑。之所以好笑，是因为这句话恰恰深刻地说明了家长存在的问题，而不是孩子的问题。家长说“不”的时候意志不坚定，才导致孩子们不接受家长的反对。不是孩子不接受，而是家长没有给孩子充分的理由去接受。

如今的家长没有给孩子们提供充足的“维生素 N”，即说的“不”太少。这不仅不利于孩子形成坚强的性格，还有可能虚弱美国这个民主社会的根基。毕竟，正是每个美国公民的智慧、锲而

不舍和面对挫折时的忍耐力，才铸就了美国——这个当今世界上最强大的国家。

处方

如果你还没有行动，那么就可以通过以下的方式开始给孩子补充“维生素 N”了：

- 纠正过去错误的方式，给孩子真正需要的东西。给的数量不要超过孩子想要得到的东西总数的 25%。我称之为“良性剥夺原则”。
- 如果是孩子能够独立处理的事情，家长就没必要抢着替他做。告诉孩子：“你能独立完成”。这样会促使孩子的毅力和自立能力的快速形成。如果孩子回答说：“我不能。”先别反驳他。你就说：“不过，我也不能。”如果条件合适，孩子们肯定会开动脑筋，尽情地发挥创造力，你肯定会为之一震。
- 孩子失败或者灰心丧气时，你不要轻易去解救他们。要始终记住，孩子正面朝下跌倒、脸贴在地面上时，他们才能更好地铭记教训(见第 3 堂课)。
- 孩子不喜欢哪些事情，不意味着这些事情不能发生。例如，孩子不想跟着保姆，并非指你不能让保姆看孩子。要想让孩子真正长大，家长就必须舍得让孩子摆脱对家长的依赖性，尽管他会暂时觉得不适。
- 别担心是否公平对待孩子。要知道，对于孩子来说，“公平”就意味着“我优先”，选择任何东西时，总想要最大的或者最好的。

- 还要记住,不能因为你的生活过得富足了,就让孩子也无忧无虑。必要时给孩子一些“维生素 N”,让他也有生活的目标,有盼头,以及学会实现目标所必需的各种技能。

- 在感情方面,家长不要给予孩子过多的关注和赞扬(详见第 1、2 堂课)。如果你过度关注孩子,那孩子很可能就不关注你的言行。

失败不代表结束

有位妈妈问我有关她 16 岁儿子学习方面的问题。儿子晚上做作业时,多少需要妈妈的帮助,她也自愿成为儿子晚上的陪读。自从孩子在家做作业的第一天起,就是这种情况。10 年来,她觉得身心俱疲,但又不敢停下来,怕孩子考试不及格。

“我就是不想看到他不及格,”她很激动地说,话语中饱含对孩子的关爱。

“一次也不能不及格?”我问她。

“只要我能帮他,就不允许他不及格。”

我给她指出来,考试不及格也是一种必要的经历。一个人总得反复尝试、犯错误,才有可能取得成功。在任何情形下,知道哪些不该做与知道哪些该做是同等重要的。哪些该做,哪些不该做,都是通过经验得出的,经验是最好的老师。家长试图避免孩子失败,往往事与愿违,因为永远不失败几乎不太可能。家长迟早保护不了孩子,孩子还是会遭受失败。不幸的是,当孩子真正失败时,曾经受家长保护的孩子就会不知所措。家长对孩子的这种保护心理往往后患无穷。

“你只是延缓他失败的时间而已,”我说,“他真正遭遇失败时,就不知道该如何面对了。”

“我知道,”她回答我,深深地叹了口气说,“不过,我就是没办法眼睁睁看着他失败,看着他伤心。”

这位妈妈的初衷的确是好的。她不想儿子有痛苦的经历,但她对儿子的爱冲昏了她的头脑,致使她变得不那么理智——心智失衡。她明明知道自己这样做没什么用,但就是无法理智地按照正确的想法去做。

家长有效管教孩子(养育孩子的任何一个方面都属于管教孩子的范畴)的一大秘诀,就是要保持自己的心智平衡。遗憾的是,家长心智不平衡的现象普遍存在。或许有人说我大男子主义,不过,我还是要实话实说:父亲是头脑说了算,母亲是心情说了算(父亲往往理智,母亲往往感情用事)。这或许是上帝安排父母一起管教孩子的一个原因吧。

事例中的这位妈妈就属于感情用事型。她对孩子的爱无微不至,但这些爱没有经过理智地思考。有位家长认为应该拒绝帮助孩子,因为“孩子需要在现实世界中体会,成功与否全靠自己,与他人无关”,这位家长想法倒是不错,但动机有些偏差。他的话倒是无可争议。事实虽然是如此,但并不意味着他的决定是行得通的。

那么,这位妈妈该怎样理智地去处理孩子的家庭作业问题呢?例如,她可以这样告诉儿子,她每天晚上只帮助他处理 3 个问题(不是老师布置的题目,而是他个人碰到的障碍),每个问题不能超过 10 分钟。

“所以,你要慎重选择问题,”她说,“这样我的帮助才能有效果。”

因此，孩子肯定会遇到失败，不过他必须经历失败，尽量减轻对自信心的打击。

此外，按照这种方法去做，孩子不再动不动就问妈妈问题了，起码问之前得苦思冥想筛选一番，经历过这一过程之后，他肯定会发现自己的能力比以前提高了。

相信故事的结局是皆大欢喜。

问答

问题：我们女儿 3 岁，一不顺着她，她就大发脾气。我们该怎么办呢？

回答：在回答你的问题之前，我先讲讲一个关于我女儿艾美的故事吧。在她 2 岁到 3 岁之间，非常容易和别人相处。那时，与大多数 2 岁的孩子相比，她更能保持好室内环境整洁，几乎不用大人帮着维持。我们让她收拾房间，她很听话地照做。有时，不用我们提醒，她也能自觉地收拾好。如果她要什么东西，我们没有答应，她就会耸耸肩表示接受，从不哭鼻子。她几乎不用我们照看着，自己能单独玩儿很长时间。

我和威丽刚准备要长吁一口气、感谢她能暂时老实一会儿时，艾美就开始发起脾气来，跟平时一样。仿佛要补上刚才没发的脾气似的，她到处找借口，发泄怨气。每当我们阻止她做想做的事情或者没有满足她的要求（多得数不清）时，她总会大声尖叫。每当我们给她布置一个不管有多小的任务时，她都会尖叫起来。有时，她会毫无缘由地大喊大叫。艾美尖叫的时候，先是身

体变得僵直，然后踩着脚底下的球上下弹跳，边跳边发出“啊，啊”的声音，随着蹦跳的节奏，“啊”的声音越来越响，拉得也越来越长，直到嚎啕大哭起来。边哭边拍打着手臂，围着圆圈转来转去，就像个狂舞者。没多会儿，她就累得瘫在地板上，半坐在那儿，然后，又开始剧烈摆动着四肢。

由于早已习惯了艾美哥哥埃里克的尖叫——比起妹妹来有过之而无不及——我和威丽坐在一旁看报纸，或者做些其他类似的事情，直到她不大喊大叫为止。几个月后，我们发现，虽然我们对艾美的尖叫声置若罔闻，但情况反而变得更加严重。于是，我们打算换种方法。

某个平静的下午，我坐下来跟艾美说：“艾美，你最近大喊大叫的次数增多了，我和你妈妈简直受不了了，于是想给你安排一间专供你喊叫的地方。家里有很多专供某些用途的地方。比如，我们有专门睡觉的地方，有专门吃饭的地方，还有专门大小便和洗澡的地方。现在，我们给你找个专门供你尖叫的地方。跟我来，我告诉你在哪里。”

我领着她去了楼下的洗手间，推开门，带她进去。“就是这儿了，艾美，这就是专门供你尖叫的地方，这儿环境很适合尖叫吧！快看！墙壁靠的很近，可以让你的尖叫声回音更大；你还可以站在这块软地毯上转圈圈。如果你喊叫的声音太大，想去洗手间，也很方便。如果你嗓子干了，洗手间里还有水龙头和杯子，想喝水就喝吧。”

“从现在开始，你每次想尖叫的时候，就来这儿，想怎么尖叫都没关系。如果你尖叫的时候忘记来这儿，爸妈会带你来这儿。”

在我跟她讲的过程中，艾美默默地站在那儿，脸上露出“你疯了吧！”的表情。别指望她轻易改掉这个坏习惯，还没 15 分钟，她又开始尖叫起来,手臂随意摆动着,双脚也不闲着。我立即告诉她:“你叫得还不错,艾美,不过,你得去专供你尖叫的地方。”二话没说,我就拖着她去洗手间了,尽管她挣扎着反抗。

跟她讲完规定后,她头几次大声尖叫时,只要把她拉到洗手间,就会停止尖叫;从洗手间出来后,她又开始叫了起来。我或者威丽就会立即推她的后背。一旦艾美意识到这已经成了规矩,洗手间的门一关,尖叫声就嘎然而止。然而,她会一直待在洗手间里不出来,噘着嘴,脑子里不知想着什么鬼点子,就这样一直待几分钟。然后,她从洗手间走出来,不敢正视我们,悄悄地走进自己的房间。

两三个月后,她终于控制住了自己的坏脾气。一天早晨,我经过她房间的时候,仿佛听到她的哭声。我推开门。

“你没事儿吧?”我问她。

“没事,”她说,哭过的眼泪刚变干。

“你哭了?”

“没有,Bumpo 哭了。”Bumpo 是她的玩具小熊。

“噢,Bumpo 在哪儿? 我没看见它啊。”

艾美走到她房间角落的储藏柜旁边,拉开柜门。只见 Bumpo 孤零零地坐在里面。

“这是专供它尖叫的地方。”艾美告诉我。

问题:给孩子指定一个专门喊叫的地方似乎只能在家里使用。一旦出门,比如去百货商店或者其他公共场合,我们该怎么办呢?

回答:首先,不要试图说服她。其次,不要装作看不见,因为她就在身边。再次,你可以把她带到众人看不见的地方。尽快把她带

到商店的某个不易觉察的角落，或者去商店外面，等她发泄完之后再回来。如果她还不停止，就立即回家，让她去指定的地方任其吵闹。从长远来看，尽管麻烦，还是很有效的。就我的个人和职业方面的经验而言，办法只有一个，分三步：迅速离开公共场合、回家和把他关在指定的地方。

问题：如果孩子总说他的朋友有这有那，但他没有，我们该怎么跟他说呢？

回答：我的孩子们年龄还小的时候，有个孩子反复念叨："除了我，所有的朋友都有这个！"我和威丽不跟他理论。相反，我们告诉他："我们知道啊。我们能理解你的心情。不过，你的朋友们会和你有福同享啊，就像你跟他们分享他们所没有的东西。这就是交朋友的意义所在。不管怎样，你会活得好好的。"

不过，有时我们真没心情给他说教。我们只是告诉他："那你就是同伴中最特别的一个。"虽然他不喜欢其中任何一个回答，但至少他不会长期为此感到苦闷。

问题：我女儿快 6 岁了。她很聪明，性格外向，比较健谈，非常敏感。有一天，她告诉我她最好的朋友不跟她一起玩了，而是找了一个新的朋友，这件事让她很伤心。我该怎么跟她说呢？您可以提一些建议吗？如果不帮她的话，她肯定会更伤心。所以，我想跟她说一些富于思想性并且切题的话。

回答：遇到这种情况，我可能会问她一些问题，而不是一味地给她建议。例如：

"你只有一个朋友吗？"

"你想想，还有其他朋友可以跟你一起玩儿吗？"

“你是不是做了什么对不起你朋友的事情呢?”

“你是不是需要对朋友说声抱歉?”

“那你和她以及她的新朋友可以一起玩耍吗?”

“你可以和她的新朋友成为朋友吗?”

家长就像导师一样,提出问题来启发孩子思考。在这种情况下,我敢肯定,她会自己想出问题的解决办法。你肯定不能代替她去解决问题。

问题:我儿子9岁,上了很多年的武术培训班,目前有资格参加一些大型的武术比赛。最近就有一场。他相信自己必胜,尽管班上其他许多学生都有过大赛经验。我不想挫败他的斗志,但另一方面,我又想让他有失败的心理准备,到时候不至于过度沮丧。我该怎么跟他说或者怎么做呢?

回答:我强烈建议你不要表现出对他不能赢得比赛的担忧,也不要谈及这件事情。你要鼓励他,说些积极向上的话。另一方面,你也不能完全表现得像他那样盲目乐观。如果你过分乐观,他最后一旦没能如愿,就会觉得让你失望。他对自己感到失望就足够他应付一段时间。

如果你儿子说他能赢得了班上的所有对手,你就这样对他说:“我相信你不会让教练失望的。”点到为止即可。

你或许会进一步跟他讲:“要知道,在任何体育竞技中,甚至最优秀的运动员也有失利的时候。”千万别这么跟他说。如果最后他比赛真的失败时,再这样跟他说。他或许会给你一个惊喜,万一他要是赢得比赛了呢?事实上,倘若最优秀的运动员也会输,那么排名不那么靠前的运动员也有可能成为黑马。

如果任何一个参加体育竞赛的运动员都没有信心能赢，那还何必参加呢？我在高中时参加过高尔夫球比赛，我敢说对自己球技的自信是赢得比赛的关键。事实上，自信并不能保证你一定能赢，但缺乏自信肯定会输。我非常赞赏你儿子的自信心，也鼓励你能同样对他有信心。这是一种多么重要的精神啊！

与今天的大多数妈妈一样，你不想让孩子承受失败的痛苦及其他情感上负面的影响。如今的家长认为，倘若不能替孩子规避风险或者帮孩子们应对挫折，就是做家长的没负好责任。有这种想法的家长初衷是好的，但生活中迟早会遇到挫折，越早让孩子经历，对孩子的成长越有益。家长保护孩子不面对失意，那孩子在遭受挫折时就不会处理失意的情况。总而言之，让孩子亲自体验现实世界对其成长是有益的，同时，孩子在独立应对生活中的挫折和不如意时，家长应该给予支持和帮助。

失败并不是世界末日。我相信，你儿子意识到了这一点。事实上，一个人只有失败过才能真正驾驭某种体育技能，最终赢得比赛。或许是时候让你儿子认识到失败一次并不意味着就会永远都是失败者。这正是你需要告诉他的。

问题：有一次，我对女儿说了“不”，结果后悔了，应该说“是”的。我是该改变主意，让她为所欲为呢？还是该坚持原来的立场呢？

回答：这要视情况而定。如果她能很好地接受你说“不”，而且拒绝她只是因为你最近压力大，跟她没任何关系，那只管改变主意好了。另一方面，如果她乱发脾气或者需要补充“维生素 N”，那你就坚持原则，坚决说“不”。要相信，家长偶尔做出不理智的决定并不会杀了她，也不会对她造成心理上的伤害。生活不就总是不理智、充满意外的吗？

问题：为了方便起见，我让4岁的儿子转学了，换了一家幼儿园。新学校同样非常知名，师资力量也很强。儿子一向天不怕地不怕，不过，早晨我开车把他送到学校，他下车时犹豫了一阵子。校门口的人行横道上通常站着一位（或者两到三位）老师，等着迎接学生。去以前那所学校上学的时候，车一到达，他立即下车跑进校门。如今，我不得不陪他一起进去。进去之后，他还不愿意让我走。以前我离开时，他都会很乖。我是不是做了个错误的决定，不该给他换学校啊？

回答：首先，就你所说的错误的决定，我想谈一谈自己的看法。如今的妈妈看到孩子对自己的决定做出负面反应时，往往认为自己的决定是错误的，甚至会引起孩子的心理问题。这也就是说，家长相信，孩子情感上的好恶正是家长决定对错的指示剂。然而，事实上，孩子的情感变化就像他们的行为一样难以预料。

我想大声并且清楚地告诉你：孩子们根本不知道什么对他们最有益。他或许能意识到自己口渴，但他不知道到底应该喝水还是喝碳酸饮料。如果你给他水喝，但他哭着要喝碳酸饮料，这不能说明你做错了，他也不会因此患上与水相关的心理问题。就你的事例而言，你儿子或许心里有些不安，但他不知道克服不安的办法只有一个，就是独自下车走进校园。事实上，只有你不再陪他走进校园，他才能真正克服心理上的障碍。

现在，你就可以看出（或许不愿意承认），你不可能说服儿子自己推开车门，让他自己下车并走进学校。家长没有办法消除孩子的焦虑和不安的心理。年龄大一点儿的孩子们还相对容易劝说，让他们通过亲自尝试来克服不安的心理（例如，骑马）；但对于年龄偏小的孩子，家长只能采取两种办法：要么忘记它，要么强制孩子去做。

忘记它就意味着这个问题并不是那么重要(例如,骑马),忘记它反而对家长孩子都有好处。等孩子年龄大一点儿的时候,再让他尝试曾经害怕的事情。如果是重要的事情(例如,独自下车并走进学校),就强迫他去执行。在你这个事例中,强制他去做,也就是让儿子推开车门,自己下车并走进学校。如果你继续陪着他走进学校,你想离开的时候,他肯定会拉着你的手不放,大哭起来。长此以往,你肯定也成了儿子每天 24 小时的贴身保镖。

换个角度来看这个问题。家长有时需要使用一些巧妙的手法来强制孩子改正行为,而又不会显得太过苛刻。告诉你儿子,医生说早晨上学的时候不愿意下车说明他晚上睡眠不足。因此,你第一次催促他下车的时候,如果他没动静(比如有些犹豫,需要你再催促一次),你晚上就需要让他提前睡觉,晚餐后立即赶着他去睡觉。一定要告诉他,这是医生要求他这样做的。

第二天,你开车送他去学校的时候,如果他还是不想自动下车,你就告诉他:“累了吧。快点儿下车,我陪你进去。”这没什么大不了的,不过,晚餐后立即叫他去睡觉。很多使用我这种方法的家长都向我反映孩子还是不听话。此外,我还没见过哪位小儿科医师不同意这种很有创意的方法。事实上,大多数小儿科医师都认为这种方法很有趣。

问题:我儿子 7 岁,他做家庭作业的时候经常有挫败感。一旦碰到一个难题,就大喊大叫,将拳头重重地砸在饭厅的餐桌上,甚至突然哭起来。我们夫妇俩得有一个人坐下来陪他,让他平静下来,并帮助他解决碰到的难题。这种办法通常很有效,不过,他每天晚上几乎都会这样崩溃四到五次。他的老师告诉我,儿子在学校非常聪明,能自己解答出上述难题。此外,她没有见到儿子不耐烦过,大多数作业都能独立按时完成,基本不用老师辅导。她还把课堂练习邮寄到家里给我看，说明他在课堂上已经做过同样的题目。一般来讲，儿子很少因为困难而失去耐心；在其他方面，儿子总是随遇而安，是个乐天派。到底是什么导致他失去耐心呢？我该怎么办呢？

回答：就你的例子而言，你儿子做作业的环境或许是他出问题的原因。在详细阐述之前，我先帮你确定一下问题的症结所在。其症结到底是什么呢？从老师的话来看，不是他的能力问题，也不是他受挫时缺乏耐心，因为他在课堂上做类似难题的时候，他从来没有不耐烦过，而且总能保质保量地按时完成。事实上，不难发现，你儿子只是在饭厅的餐桌上做家庭作业时才会不耐烦。症结就在于此，餐桌这个场景导致你儿子遇到难题时彻底失去控制。

你或许认为我是在开玩笑，其实我没有开玩笑。允许孩子在饭厅的餐桌上做作业，就等于他能立刻引起你们的注意，让他逐渐养成了一碰到难题就来找家长的坏习惯。哪怕是一丁点儿的难题，他都会灰心丧气，向家长求助。不要让他在饭厅的餐桌上做家庭作业了！你需要给他特地安排一个学习的场所，比如在他房间的书桌上做作业，这样他就会拥有一个安静的属于个人的空间，静下心来学习。的确，现在你儿子班上大多数同学的家长都紧紧盯着他们做作业，其实这些家长也在犯同样的错误。

先问问自己：他在课堂上是不是能独立完成作业？显然，答案是肯定的。因此，他有能力独立地完成家庭作业。饭厅成了他受挫时寻求家长帮助的一个诱因。总而言之，给孩子换个学习环境，就可以根除掉这个诱因。

我的意思并不是说，他做作业时是故意恼火失常，让家长围着他转。而且，我敢肯定，他绝对不会坐在餐桌前时刻计划着下

次的情绪失控。这就体现了罗斯蒙德亲子教育第三法则：当孩子遭受挫折时，家长越是随叫随到，孩子今后再遇到类似情况时就越是不知所措。相反，家长如果能与孩子保持一定的距离，孩子遇到困难时，就能独自应付。

如果你儿子房间里没有书桌，就赶紧置办一个，并在上面摆放好孩子做作业所需的各种文具等物品。告诉他只能趴在书桌上写作业，碰到问题时不能大声喊叫，就算他喊，家长也不会过来。如果他需要帮助，就带着问题去你那请教。跟他定一个规矩：每天晚上顶多问家长三个问题。这样一来，他再遇到问题，就会慎重考量该选择哪个去问你们。要想了解这一方法的更多内容，建议你参考我写的另一本书《停止为做作业的事争吵》。

问题：我最近读到一篇文章，内容是关于晚上是否让孩子和家长一起睡。该文章的作者认为，与家长一起睡的孩子更加自立、快乐、更有安全感。我有两个孩子，大的 7 岁，小的 4 岁。我应该让他们和我们夫妻俩一起睡吗？

回答：当然不用让他们和你们一起睡，除非你们想让他们因此变得不那么自立、快乐，还缺乏安全感。这种“让孩子和家长一起睡”的说法纯属无稽之谈。没有任何科学根据可以证明这个论点，反而可以找到很多证据驳倒它。

给孩子指定一个固定的就寝时间，并让他们在自己的卧室睡觉有双重意义。首先，夫妻可以有更多单独相处的时间。其次，晚上让孩子单独睡觉有助于培养他们的自立能力。孩子单独就寝是锻炼他们各种自立能力的第一步，因此，家长如何对待这一问题对以后培养孩子有着重要而深远的影响。

分开睡既让家长觉得不妥，也让孩子尤其是年龄很小的孩子觉得不安。不过，分开睡会让孩子逐渐摆脱对家长的依赖，逐渐学会自立，才能真正成长起来。

精神病学家摩根·斯科特·佩克在他最畅销的作品《人迹罕至的路》中写道，很多人永远也无法学会自己去面对生活中不可避免的挫折。一遇到困难，要么就不耐烦地去找别人帮忙，要么撇在一边，视而不见。那些因为孩子在睡觉时间哭鼻子就打他们屁股的家长属于前面一类；让孩子跟着家长一起睡得就属于后面一类。这两类家长都没有真正解决孩子的问题。

30 多年来，我跟不同家庭接触，当面问过很多晚上与孩子一起睡觉的家长，几乎没有家长喜欢这样的安排。这些孩子为何不能自己睡觉呢？家长普遍反映，每当把孩子送回他自己的房间，他就大喊大叫。这些家长还没意识到，这个问题拖得时间越长，孩子对分开睡的提议越抵触，让他回自己房间睡的时候，他也就叫得越响。

在佩克看来，家长和孩子一起睡是避免孩子大喊大叫的一种方式，寄希望于孩子的问题在某一天能奇迹般地自动化解。不幸的是，现实生活往往与预想的相差很大。

如果家长总是避免面对跟孩子分开睡的问题，那么孩子一听到家长含蓄地说要分开睡时，他肯定就不乐意了。如果数年后，家长还是不能下决心解决孩子的问题，那么这肯定会妨碍孩子的健康成长。就我和其他临床医生的经验来看，这样的孩子往往对家长过度依赖，胆小，不守规矩，在社会交往中显得很不成熟。

有的时候，几乎所有年龄偏小的孩子在睡前都又哭又闹，弄得家长们想凑上去抚慰他。家长这样保护孩子对孩子的成长并不利。孩子必须习惯跟家长分开睡。睡觉前恰好是家长培养孩子这种习惯的最佳时机。听起来可能很困难，但实际操作没那么难。给孩子制定一个作息时间表，每天都严格执行。孩子哭的时候，不要——按照许多精神病医师和儿童心理咨询师建议的那样——任由孩子大哭大闹。定时去孩子房间看看，宽慰他你就在身边，不要害怕。如果孩子听了你的话之后能老老实实地睡觉，那他很快就会习惯这种方式。

问题：我女儿 8 岁，害怕尝试新事物。如果她第一次尝试失败，就会很容易变得灰心丧气。例如，如果我让他在泳池里游三圈而不是两圈，她肯定会说，“我不行”。不管我怎么鼓励她，增强她的自信心，她就是不愿意去尝试。倘若她的钢琴教师布置了一支难弹的曲子，她几乎还没尝试就放弃了。女儿能力很强，但自信心不足，这一点一直令我费解。我该怎么帮助女儿呢？

回答：你女儿的问题与她缺乏自信心关系不大，恐怕与你在她泄气时的反映有很大关系。无论是孩子在游泳，还是弹钢琴等方面表现不好的时候，你总是过多地将自己卷入其中，过于关注孩子的内心世界。

在学习任何一项新技能的时候，肯定会遇到一些挫折。你女儿一遇到挫折，你就立即去解救她。虽然你的初衷是好的，但事实上你让孩子错过了独自解决问题的机会，她原本可以慢慢地学着用自己的方式来解决。她执意拒绝听你鼓励的话就等于告诉你：“妈妈，走开。”由此可见，当你卷入这些事情的时候，你女儿不仅要克服自己的心理障碍，还要应付你提出的要求。在她看来，你的鼓励无形中给她带来了压力。因此，你越是鼓励她，她就越是反抗。

让你女儿独自去解决自己的问题。如果她想跟你谈谈学这支钢琴曲或多游一圈过程中遇到的问题，你就洗耳恭听，尽量少发言，多让她说。轮到你说的时候，就告诉她：“学会某些新技能往往需要付出很多努力，同时也需要耐心。万一失去了耐心，那你就需要暂时停下来，做点别的事情，过会儿再回来继续学习。”换句话说，要让你孩子经受挫折，甚至允许她暂时放弃。

如果她坚持说自己“不行”，你就耸耸肩说：“那好吧，不行就不行吧。如果你真觉得自己尽全力了，而且确定你不行，或许你真该趁早放弃。毕竟，你没有尽全力去尝试，就这样放弃有点说不通。”不管你说什么，都要言简意赅，用词委婉，说罢再离开。

如果你能不受孩子挫败情绪的影响，她就能学会独自处理自己的感受。我父母称这种方法为“自作自受”。如果你能置身事外，你就给孩子更多的空间和自由再尝试一次，因为这次肯定是按照自己意愿，而非你强加给她的意愿去做。我敢打赌，她肯定乐意再去尝试。

问题：我女儿蜜丝今年开始上幼儿园。每天晚饭过后，我都陪着女儿坐在饭厅的餐桌旁写作业，不过效果并不好。蜜丝的问题是，她总是觉得数字和字母不合她的口味，还觉得自己画的画很难看。结果，她每次都得重复做三到四次，即使她第一次做得非常好了。我越是告诉她做得很好，她就越是气急败坏。她总是说出诸如“我真笨！”和“我真没用！”这样的话。但她老师说，她在学校可从来不会这样。我该怎么帮助她呢？

回答：我们先理清一下思路，客观地看待这件事情：蜜丝正在经历人生中的一些重大转折。她刚开始上学；刚开始学新的技能；她努力在迎合你；她努力做到让老师满意；她争取让自己满意；最重要的是，她要做家庭作业；不用说，她肯定感到些许的压力。

要想处理孩子做家庭作业的问题，你需要事先跟孩子做些规定。最后，你要求她为自己的作业负责，让她给自己设定一些可

以实现的目标，从而为自己的成绩感到骄傲。你肯定不想让 5 岁的女儿成为一个神经过敏般的完美主义者。

有两点很清楚：首先，你知道她能够自己独立完成作业，而且完成得很好。其次，她不会在老师面前过分要求自己做到完美。为什么呢？因为老师不可能（很可能也不会）像你一样过于关注她。你是否恍然大悟？事实上，你给她的关注越少，她对自己和作业的态度就越理性。因此，千万不要再陪着她做作业了。你可以指定以下规则：

1. 让蜜丝在自己的房间里写作业。以后都不要趴在饭厅的餐桌上写作业了。

2. 如果她需要帮助，就必须向你提出要求。要是你知道她能够独立完成，言语上对她表示支持和鼓励即可。比如告诉她："不过，你有能力独自完成，根本不需要我的帮助啊。"

3. 只能允许她集中精力做半个小时的作业。用定时器给她定时。时间一到，立即让她停止，不管她完成与否。这样就可以避免她过于沉浸在作业中，防止她认为做家庭作业就像跑马拉松。

如果她总是抱怨这也做不好，那也做不好，你就这样告诉她："我懒得听这些废话，因为我知道你有这个能力。孩子，我是爱你的，也相信你能尽全力做好。"不要在这个问题上花太多心思，你越是劝说她有能力做好，她越是没完没了地抱怨。

蜜丝可能在不知不觉中就养成了这个爱抱怨的坏习惯。没有证据表明这个习惯在她想象之外，或者不在饭厅。这个坏习惯就像肥皂剧一样，而她就是制片人。如果你不再是女儿的观众，那她的坏习惯很快就会消失掉。

问题:我有两个儿子,大的10岁,小的7岁。我以同样的方式对待他们,以免让他们的心理不平衡。我的做法的确奏效。他们总是观察对方是否比自己的东西多。我们夫妻俩简直拿他们没办法。我们该怎么办呢?

回答:在你之前,就有成千上万的家长用过你所说的办法对待孩子,不过结果却适得其反,以后也会有众多家长发现此方法没什么作用。听了我这番话,你是否感觉宽慰一些呢?

要解决这一难题,家长应立即停止公平对待他们。首先,虽然家长的用意是好的,但并不能带来绝对的公平,因为别人不会这么公平地对待他们。他们越是以为公平是现实世界的基本法则,当他们发现其实没有绝对公平时,他们的反应就会越强烈。你对儿子们公平的同时,也把自己套进了他们无休止的需求当中。一旦他们发现自己比对方少了什么待遇,你就得立即弥补上。那么,我问你,究竟是谁说了算?

问题:5年来,我都以公平的方式对待他们。我该怎么改变呢?

回答:和你孩子一起坐下来谈一谈,告诉他们你的决定:"注意!注意!从今以后,家长不再公平对待你们俩了。你们会渐渐发现,你们俩是两个完全不同的人,所以,我也会用完全不同的方式对待你们。例如,我或许给你买一种东西"——用手指猛地指向他俩中的一个人——"就绝对不会给你买"——手指在空中划过,动作夸张地指向另一个孩子——"这样东西,如果和你或者为你做什么事情"——语气强硬地指向一个孩子——"就不会和你或者为你做这件事情"——用眼神和手指警告他们说——"如果你们觉得不公平,那就不公平吧。这就是现实生活,由不得你们!听明白了吗?"

你们已经习惯了对孩子们公平，孩子们也就习惯了受你们的公平对待。要想改掉这个习惯，只能快刀斩乱麻。从现在开始，你和丈夫需要共同商量该如何公平对待他们。例如，带一个儿子去商店，给他买一双新鞋。再过几天，带另外一个儿子去逛商店，给他买一件新T恤衫。换句话说，针对每个孩子制定不同的计划，单独行动，不能两个都带着出去。只有通过这个方法，孩子们才能明白，不公平也不是什么世界末日。

孩子们不会听这一套。他们很可能会大喊大叫、满口胡言乱语，装作很可怜的样子，甚至对你恶言相向，这仅仅是刚开始，以后情况会更糟糕。如果他们真像上面描述的那样，你得赶紧找他们坐下来谈谈，告诉他们，你们为什么这么做，而且这样做对他们都有利，等等。他们根本不同意你的做法，更别说去认真听了。你越是费尽心思让他们明白你们的用意，他们就越怒气冲冲地叫嚷，对你的话置之不理。可能没多久，你就后悔了，觉得自己做错了。于是，你们重新对他们公平对待，以弥补前段时间对他们的苛刻和强硬。咻得一声——你们很快就会回到过去的梦魇。禁止他们随意发泄自己的不满情绪，如果想发泄，就回各自房间对着枕头和床垫发泄一通。

问题：我们需要在哪些情况下对他们公平对待呢？

回答：如果你的意思是"是不是有时要为他们做同样的事情呢"？答案是肯定的。我并非建议你永远别给他们同样的待遇或者让他们一起参与某项活动。如果真是那样的话，就不像一家人了。对吧？

问题：孩子适应这种不公平的待遇需要多长时间呢？

回答：我认为，孩子们至少3到6个月后才能停止大喊大叫；3到

6年后才能真正认同这种做法;甚至得到他们成年后才能了解你们的用意,从而原谅你们苛刻和强硬的态度。

问题:我女儿4岁,每天至少问我10次到底爱不爱她。每次,我都告诉她,我很爱她,并且会永远爱她。几个月之前,她头一次这样问的时候,我原以为以后就不会再问了。她这样的问题不但没有减少,反而越来越多。我不知道她到底为什么变得这么缺乏安全感。您有什么比较好的建议吗?

回答:我建议你劝孩子不要再问这种问题。每天问10次"你爱我吗?"并不代表她缺乏安全感。她或许想搞清楚,爱到底是什么,爱又能持续多久?她反复地问,也是在问自己同样的问题。

例如,你拿着一个鲜艳的物体在6个月大的孩子眼前晃动,接着把它藏到背后,这孩子肯定不再找它——眼不见,也就不想它了。几个月过后,这个孩子如果看到你用同样的方式戏弄他,他肯定会爬到你身后看个究竟。大约8个月大点儿的孩子就能意识到,暂时看不到某些物体,不代表这些物体就不存在了。

记得有一次,我看到一个10个月大的小孩子独自玩盖锅盖的游戏。他先把一块积木放入锅里,盖上锅盖,然后再立即拿开锅盖,看到了刚才"不见了的"积木玩具。他就像一位科学家一样,不断重复着这个游戏,直到确信积木会永远存在下去。

你女儿一次又一次地问"你爱我吗?"就是在建立一种对自己的认同感,以及这种看不见摸不着的母爱概念是否永远存在。

她问的问题没有什么错。错就错在家长总是担心他们难以胜任抚养孩子的重任,于是,总在寻找某些迹象,表明自己犯了严重的错误。我们做家长的往往想得太多,没有正确理解一些现象;没有搞清楚事情的重点是什么,容易本末倒置;扭曲常识,甚

至会偷换概念。

从某种程度上讲，你女儿或许觉得，自己老问这个问题肯定弄得你心里不好受。孩子就想问妈妈为何心烦意乱，于是不断地追问你。她问的次数越多，你越觉得烦躁不安。成了一个恶性循环。

你们两个她问你答，就像骑上了旋转木马，仿佛永远也停不下来。你不知道什么时候才不用再心烦意乱，她也不知道何时能停止问问题。她帮不了你，所以，你只能先帮忙解决她的问题。

找个时间，趁大家都不忙，而且她也没总缠着你追问，和她一起坐下来谈谈心。告诉她“我爱你”，就像人与人之间用糖果给相互惊喜一样，你也可以用这句话打动她。让她了解到，只要她还不断问问题，你就不会再给她这样的惊喜了。

下次她再问你爱不爱她的时候，你就告诉她：“噢，但现在说出来肯定不算是惊喜喽！”

同时，一定要让她每天过来和你做猜谜游戏。

“猜猜看是什么？”

“什么？”

“我爱你！”

在我个人看来，我想不出比“我爱你”更令人惊喜的了。

问题：孩子都成年了，让他继续跟着父母住，这合适吗？如果合适，家长和孩子之间需要怎样相互理解呢？

回答：允许孩子回家住的理由中，说得通的有离婚、失业和患上了久治不愈的病症。只有在上述万不得已的情况下，可以暂时让孩子告别独立，回到父母身边。不过，果真遇到上述窘迫的情况，家长也暂时需要给予孩子一定的照顾。

如果孩子经历人生的一些重大的过渡时期,即使不一定承受很大压力,但"回巢"现象还是完全可以接受的。例如,孩子刚刚大学毕业,或者刚刚从军队退役,或者刚换工作,等等。孩子婚前几个月,如果让他们住在家能帮他们找到以后筑造新家的感觉,那也是可以考虑的。

无论什么情形,都不能随意让孩子回家住。家长和孩子需要制定一些目标和具体的实施方案,以及实现各个目标的时间表。例如,你跟孩子规定,6 个月后离开父母的家,自己出去住。具体来说,头 2 个月,让孩子找工作;第 2 和第 3 个月,让孩子赚钱还信用卡的债务;第 4 和 5 个月,孩子先上班攒点儿钱,以备不时之需;第 6 个月,他就可以有一定的经济能力出去租房子住。

孩子跟着父母住的期间,需要在家里做些家务活儿或者其他对家庭有益的事情。如果不能从经济上偿还家长花在他身上的钱,那他就必须在家义务劳动,权当偿还家长替他付清的债务吧。一旦他有了固定收入,家长就需要大幅度减少替他付款的数额。换句话说,进入成年的孩子们需要学会自己挣钱养活自己,并为家里做些事情,来补偿父母提供的食宿。

问题:对于进入成年还跟着父母住的孩子来说,家长需要对他们实施多大的管制呢?

回答:就把孩子与暂时的寄宿者同等看待即可。住在一起等于是三个成年人共同生活,而不是两个成年人和一个孩子。必须把孩子当成年人看待,要求他按照成年人的规定去做。同样,家长也要变换成一般意义上的成年人的角色,而不是作为父母的角色。这就是说,家长需要对孩子想来就来、想走就走的行为加以

特定的限制。同时，孩子回家或者离开家应该征求家长的同意，尊重家长的生活方式和价值观。

问题：如果进入成年的孩子违反了和家长的约定，或者其行为给家长带来麻烦或者冒犯了家长，家长该怎么办呢？

回答：家长不能因为自己不喜欢孩子的某些行为就批评或者惩罚孩子，不过，家长应该直接对孩子表达自己对他们行为的担忧。如果孩子违反了某个规定，家长需要与孩子开诚布公地谈一谈，目的是搞清楚他为何会违反规定，怎样防止再犯。或许是出于误解，这个规定的条款根本是不可行的，需要加以修改。如果家长和孩子之间的矛盾实在难以消除，那就去咨询亲子教育专家吧。

问题：先前跟孩子商定好了他离开家的时间，期限一到，如果他还没有经济能力出去租房子住，那该怎么办呢？

回答：记录下来孩子犯的错和犯错的原因。根据犯的过错和判断失误的情况，制定新的目标，让孩子重新执行新的规定。如果孩子下次还违反规定，没按照先前说好的时间离开家，那么问题可能不仅仅像你看到的那样简单。因此，我建议你最好去咨询一下亲子教育专家，弄清楚问题的症结所在。

问题：我女儿目前已经 20 岁了，是家里的独生女。女儿认为我们做家长的没有权利限制她的行为。举个例子来说，她平时拒绝跟我们一起去教堂做礼拜。经过几次争吵之后，她终于妥协了。规定她凌晨 1 点钟之前必须进家，但她总是 1 点以后才进门。最近，她还放出狂言，说她想什么时候回就什么时候回。我发现她有时在外面喝酒。她爸爸让我不要管，因为“按照法律规定，21 岁的公民才能饮酒，女儿马上就到 21 岁了”。我丈夫觉得应该睁一只眼闭一只眼。他只是不想和女儿发生冲突。我想必须让女儿按照规定行事，否则就让她离开家出去住。不过，女儿非常负责任(她在读大学，平时还做兼职，自己挣钱买了汽车，并承担汽车的维修及养护费用)，和我们家长之间的沟通顺畅。就是不愿意服从家里的规定。她振振有词地说，到了 19 岁，她就不用再听家长的规定了。我是不是有些不可理喻？如果不是的话，我该怎样说服丈夫站在我这一边呢？

回答：我经常这样告诉别人，你就是自己最大的敌人，说这话并非是幸灾乐祸。你虽然监视孩子的一举一动，却无法左右或者动摇孩子的决定。不过，以你的行为绝对可以竞争"伟大母亲的微型管理奖"，也就是常说的 3M 亲子教育模式。

不喜欢孩子做的决定与试图左右孩子的决定完全是两码事，区别很大。如果仅仅是谁对谁错的问题，那肯定你是对的。去教堂礼拜是好事(研究表明，经常去教堂作礼拜的年轻人参与自我毁灭性行为的几率比较低)，不过，未满法定饮酒年龄而故意喝酒是不能接受的。另外，住在父母家里时，如果孩子经常半夜不按时进家，不仅不尊重家长，还打扰了家长正常休息。不幸的是，虽然你的用意是好的，但也不能过度干涉孩子，事事都限制她。你需要做的就是，与孩子建立一种权利的平衡，相互督促，没有所谓的赢家。我同意你丈夫的观点：你需要让孩子自己处理自己的事情。

正像你所说的那样，你女儿肯定不需要再跟着父母一起住了。她已经到了自立的年龄，显然不愿意再遵守任何人强加给她的规定。因此，你们需要放手了，让她开始独立生活。记住，不是把她逐出家门，而是让她高高兴兴地开始独立生活。

第5堂课

正确选择玩具和游戏

至今为止,我还对 5 岁时的童年时光记忆犹新。当时的童年生活里,充满了各种有趣的活动,包括爬墙、上树、抓蜥蜴、去鲜为人知的地方探险、在公园和空地上尽情地玩耍,等等。那时候,家里还没有电视机,也很少从商店里买玩具。我插上了想象的翅膀,伴我飞到我向往的地方,想象自己变成梦想中的人物。

我 7 岁之前的童年生活是在南卡罗莱纳州的查尔斯顿市度过的。离我家不远的码头边上有个公园,我下午经常去那儿。我站在岸边看着来往的大型船只,想象着它们驶向遥远的地方,比如伦敦,女王生活的城市;或者非洲,人猿泰山和其他猿类在森林里像荡秋千一般跳来跳去,穿梭自如。每天晚上,我妈妈或者祖母会给我念一些儿童的经典读物,例如,英国小说家、诗人鲁德亚德·吉卜林的《原来如此吉卜林故事集》和英国作家格雷厄姆的《风语河岸柳》。我妈妈当时半工半读,于是也把我提前送到学前班。在学校里,我和其他小朋友一起做游戏,用手指画画,把燕麦片的包装盒改装成小城堡,把晒衣用的夹子当成小士兵。说起那些年的生活,我妈妈常常用“穷得叮当响”来形容。不过,每每回首往事,我都觉得那时我们一家人的生活质量很高。对我来讲,那段日子很特别,并不是有多么的传奇或者与众不同,因为那才是真正意义上的童年。

时光荏苒,岁月流逝,这样的童年也一点点被带走,以致于我有点担心人们是不是要对纯粹的童年说声再见。当然,我不是在杞人忧天,预言孩子们没有那种纯粹意义上的童年,而是提醒人们不能忽略掉孩子生活中的某些片断。

如今的家长很少赶着孩子去户外做游戏,而是让他们坐在电视机前看电视。要知道,孩子们在其性格形成的关键的那几年里,看电视耗掉的时间大概就达上万个小时。他们每天都盯着不断闪烁的屏幕,看着味同嚼蜡般毫无教育意义的电视节目,有些节目看似源自生活,但基本都是脱离现实的理想主义作品。同时,孩子们的想象力逐渐退化,变得缺乏积极性和好奇心,奇思妙想和创新能力也慢慢地偏废。

如今的家长不给孩子提供手工制作的机会,也不给他们一些需要用到的原材料,而是从商店里给他们买过多现成的玩具,这些玩具无法激发孩子的想象力和动手能力。玩具对孩子没有太多的启发作用,内容也仅仅是包装上的说明而已。

如今的家长不怎么给孩子读故事听,反而在孩子上学前班的时候就让他们拼命识字、学算术,没有让孩子顺其自然地在老师教导下循序渐进地去学习知识。家长们完全忽略一个事实,即孩子的童年应该尽情发挥其天性,该玩还得玩儿,并不是整天学习。玩耍对于孩子健康、茁壮成长起着很大的作用。“他只知道玩”,一个家长经常这样跟我抱怨说。要知道,“只知道玩”是孩子们天性使然,也是童年最重要的一部分。

查理魔幻般的火箭替代品

在当今世界的某个地方,有个 5 岁的小男孩儿,名字叫查理。有一天,查理的家长听到儿子在房间里发出很怪异的声音:“sssssszzzzzoooommmmmm! Pow! pow! Pow! Pow! Nnnnnnnneeeeyyyooow!”

查理的父母踮着脚尖顺着走廊悄悄走到孩子房间的门口。离房门越近，声音就越大。父母轻轻地将门推开一道缝，从门缝中看个究竟，又不会被孩子发现。查理疯狂地在房间里跑来跑去，用一支没有墨水的签字笔(从垃圾堆里找出来的)当作宇宙飞船在空中划来划去。突然，查理停了下来。刚才的怪异声演变成了后来的嚎啕大哭，因为宇宙飞船从半空中坠落到"衣柜星球"上。没过一会儿，查理发出"喀嗒，喀嗒，喀嗒"声，查理的家长看到飞船的舱门打开，一个外星人，即飞船的长官从里面出来。

那支笔立即变成了外星人，在星球表面笨重地移动着，气势很恐怖，仿佛在寻找食物。外星人没有走多远，突然间在一叠内衣处蹦出了个塑料的印第安人，手里拉着弓箭。"嗖"的一声，箭射向外星人。外星人正要挣扎着自卫时，那支签字笔摇身一变成了一把射线枪，外星人把枪对准印第安人，射线迅速射出，发出"嗖、嗖"的声音。接下来的三四分钟，双方打得热火朝天。最后，印第安人看到自己的弓箭不敌射线枪的威力，就赶紧掩护在一摞内衣的后面，大声喊叫作战口号，着实把外星人给镇住了。外星人意识到射线虽然致命，但还远不及发了疯似的印第安人的弓箭，于是外星人匆匆撤退，坐着火箭飞走了，去找另一个欢迎他的星球。

看到这里，家长把查理的门轻轻地关上，踮着脚尖走回起居室。"看样子，"查理的爸爸说，"我们终于知道圣诞节给查理买什么礼物了。"

"当然了，"查理的妈妈说，他们异口同声地惊叫道，"宇宙飞船！"

圣诞节清晨，查理醒来后，就发现圣诞树下面有个大盒子，上面贴了个标签，写着"圣诞老人送给查理的礼物"。打开盒子后，他发现了一个宇宙飞船，和他梦想的一模一样，还带有载货舱、可以乘坐七名宇航员的指挥舱，以及可伸缩的起落装置。在盒子内，查理发现了一个塑料薄板，上面涂得像月球的表面。这个盒子按照一定的方式折起来后，就像月球上的山峦。查理完全沉浸在收到礼物的惊喜之中。宇宙飞船不是他当天早上得到的唯一礼物。除此之外，还有一个可安装电池的遥控小汽车玩具和一个轨槽电动玩具赛车。摩托车上有个上了发条的玩具小人，从一条斜坡跳到另一条斜坡。最后，还有一个手提箱，打开一看，里面有个城市的模型，大街小巷里有来来往往的车辆。天啊！太棒了！圣诞节一大清早就收获那么多礼物。

三周过后，查理的妈妈在厨房做晚餐，突然，查理拖着步子走进来，神情沮丧。他妈妈就问："孩子，你怎么了？"

查理用脚尖来回摩擦地板，抱怨着说："我无事可做。"

查理的妈妈一见到这情形，就表现得非常理智，尝试着逗孩子高兴，她刻意提高嗓门说："你这话是什么意思啊？你怎么可能无事可做呢？你现在有一架宇宙飞船、遥控汽车、轨槽电动玩具赛车、骑摩托车的小人儿和手提箱里的城市模型，更别说你卧室里还有以前过生日和圣诞节时送你的小玩具呢。看吧，你有这么多好玩儿的！你怎么可以说无事可做呢？"

查理的妈妈没有意识到，孩子说的是真心话。他的确无事可做。他所能做的，就是摆弄宇宙飞船、遥控汽车、轨槽电动玩具赛车、骑摩托车的小人儿和手提箱里的城市模型。圣诞节早晨，他所需要的礼物就是能动手制作的小玩意儿，而不是好看、昂贵，仅仅按一下开关就启动或停止的玩具。很明显，查理所幻想的宇宙飞船和价值 75 美金的塑料玩具飞船之间的区别就是，魔幻般的宇宙飞船是查理真心想要得到的。仅仅几分钟的时间里，他可以

把废弃的签字笔忽而想象成宇宙飞船，忽而想象成外星人或者射线枪。这一切转变都是查理的想象力所产生的。不管他怎么想象你买的现成的宇宙飞船玩具，它也只是个宇宙飞船，永远不会改变。还没三周，他就玩腻了宇宙飞船、遥控汽车、轨槽电动玩具赛车，也厌烦了骑摩托车的小人儿和手提箱里的城市模型。圣诞节过完三周后，查理就觉得无事可做了。

家长绞尽脑汁来迎合孩子，却没有让孩子在儿时真正地发挥想象力，用一些物品来替代自己想象中的玩具，这种想象其实有很大的魔力。在我小的时候，就经常玩这种游戏，用现实中的物品替代想象中的玩具。例如，在那个年代，大家流行玩“海盗”游戏，我借来妈妈的亮色围巾当作肩带，把妈妈的橡胶套鞋当作靴子。一根小木棍就成了我的宝剑。妈妈还找来一张报纸，折成帽子的形状，给我戴上。妈妈的几件珠宝首饰就成了我伪装“海盗”的装饰。照照镜子，看看我这副打扮，俨然一个海盗船长。我的小伙伴们和我一起围着后院绕几圈，仿佛是远涉重洋，寻找牛奶和饼干，多快活啊！

通过这种想象的方式，孩子们不仅可以锻炼丰富的想象力、创新能力、主动性，还能开发智力，产生各种奇思妙想，同时锻炼自立能力。在这个过程中，他们学会发现和创造，这也是科学产生的基础。发挥想象力不仅是一种真正锻炼孩子创新能力的游戏，也是孩子们童年最珍贵的记忆，更是人类不断进步的源泉。纵观人类历史，想象力对于人类的每次划时代的创新和重大发现都起到重要的作用。孩子具备丰富的想象力，才能不断走向成功！谁知道呢？或许这个孩子能成为居里夫人、路易斯·巴斯德、乔纳斯·萨克、费迪南德·麦哲伦、托马斯·爱迪生，或者亚历山大·格雷厄姆·贝尔。谁也说不准！

变换

如同查理无墨水的软尖签字笔一样，所有启发孩子创造力的玩具都有一个共同的特征：这些玩具能激发孩子的“变换”思考能力，这个术语经常为成长心理学家们津津乐道。孩子把一个物体想象成另一个物体，这种意念上的替换就叫做“变换”。例如，孩子把竖直放在地板上的松果当作是一棵树，这就是“变换”。变换是孩子想象力的实质，也是孩子玩这种游戏的本质要素。按照孩子的意愿，一个空盒子可以变换成一艘船、一辆车、一张桌子或者任何他能想到的物体。孩子也可以把自己想象成某个人物：人猿泰山、珍妮或者家附近杂货店的老板。倘若一个玩具能帮助孩子产生“变换”式的联想，那家长花的钱也就算是值得了，孩子也没有白白浪费时间。

激发孩子联想的玩具包括一些孩子能发挥创造力的材料，比如粘土、手指画和蜡笔。在家里，家长可以提供给孩子各式各样常用的物品：空的燕麦片包装盒子、冰棒棒子、勺子、鞋盒、空的卷线轴、吸管、纸袋、扣子、小管子、平底锅和卫生纸卷轴，等等。你想想看，孩子们将大盒子想象成大房子，这对孩子来说是多么大的乐趣啊！在户外，孩子可以找到很多树叶、木棍、松果、石块和好玩的泥巴！类似的玩意儿数不胜数，没有找不到的，只有想不到的。

当我还是孩子的时候，最喜欢的玩具之一就是燕麦片包装盒。我可以把它改造成各种可以想象到的物体。把燕麦片包装盒倒过来放，用线把颈部两侧的穿孔缠起来，就变成了一个小鼓，我用木勺子击鼓玩耍。或者我在盒子的上端弄几个长方形的缺口，在一边弄一个可开闭的吊桥，俨然成了一座城堡。或者在边

缘贴一个帽沿式的纸片,就变成了一顶高帽子。这样的玩具成本高吗?仅仅是一个燕麦片包装盒而已。我能从中获得多少快乐呢?这可是难以估量的。毕竟,这是我用自己的双手作出来的,成就感和愉悦感自不用说。

趁孩子年龄还小,教给他们怎么把生活中的杂物当作自己的玩具,比如盆盆罐罐、平底锅、空盒子、(清烟斗用的)器具等等零碎物件。一旦教会他们用盒子、胶带、建筑绘图用纸和一把剪刀进行手工制作,孩子肯定就闲不下来了。孩子自己动手制作小玩意儿,不仅从中学会了自娱自乐,而且锻炼和加强了独立处理事情的能力和眼睛与手的协调能力,变得更具主动性、更聪慧、更有创造力,脑子里满是奇思妙想,也拥有成就感和乐观生活的动力。家长还想要什么呢,难道这还不够吗?家长只需稍微花点儿时间和精力,就能让孩子变得比上述的情况还要好。

买有价值的玩具

大多数美国孩子都对玩具上瘾,许多玩具公司故意把玩具的寿命设计的很短,以此扩大销售量。毕竟,孩子只想要更多的玩具,哪里在乎玩具的质量啊,因此玩具制造商没必要把玩具的质量定得很高。

给孩子挑选玩具时,首先要考虑到孩子的好奇心,他肯定会问很多问题。孩子问的头一个问题可能是:“它怎么动起来的?”在大多数情况下,要想知道玩具怎么动起来,肯定得把它大卸八块,才能了解透彻。不幸的是,一般的玩具不可能拆开来看。如果你真要拆开看,它很可能就坏了。

另外,大多数玩具设计出来,就是为了吸引孩子的注意力和好奇心,并不是要长期保持他们对玩具的兴趣。很显然,这种营销理念虽然为商家带来丰厚利润,但普遍为人们所诟病,因为玩具买来还没几周,甚至还没几天,孩子就对它失去兴趣了。

并不是所有的玩具制造商都生产劣质的玩具,但很多制造商的确走这个劣质路线。家长怎么来判断为孩子买的玩具到底值不值呢?除了安全性能之外,一个玩具还必须具备四大特质,以此衡量是否值得买给孩子玩。这四大特质是:

1. 能启发孩子的创造力。它最好能激发孩子的想象力和联想力,孩子把它通过想象“变换”成别的物体,而不是制造商定义的单一的某种形象。换句话说,该玩具需要孩子的“变换”联想能力。

2. 能激发孩子的动手能力。这个玩具最好能随意拆卸,然后任意组装。孩子能保持对这种玩具的新鲜感和兴趣,因为孩子总能开动脑筋,动手动脑。

3. 要符合孩子的年龄。例如,你不可能给 10 岁的孩子买个橡胶鸭子,也不可能给 2 岁的孩子买电动火车。大多数制造商会在玩具包装上标明适合哪个年龄段的孩子。但标注并不完全准确,仅供参考而已。

4. 要经久耐用,抗摔抗打。

每当家长让我推荐一些适合孩子的玩具时,我第一个想到的就是乐高生产的建筑组合玩具。在我看来,这种玩具完全符合上述四种特质。其次是其他一些组合型的玩具,例如,林肯圆木、万能工匠和建筑拼装玩具。做手工制作的材料和工具——粘土、手指画、建筑绘图用纸、蜡笔和剪刀——应该是孩子们童年生活里经常摆弄的玩具。

适合孩子搂抱着的柔软的布娃娃(但不模仿人的动作)能让孩子体会到做家长的感受,像家长呵护孩子一样呵护着玩具。这种玩具要比那些指挥走路、模仿人说话、喝水并尿裤子的玩具有意义的多,因为前者能激发孩子的想象力和创造力。

谈到布娃娃这个话题的时候,有一点我必须得提的是,家长不要只让孩子玩传统意义上适合孩子性别的玩具。布娃娃和其他柔软的填充玩具不仅适合女孩子,同样适合男孩子玩。如果男孩子想要玩布娃娃,就给他买布娃娃。其实,布娃娃不会导致男孩子女性化,就像棒球的球棒不会导致女孩子男性化一样。如果女孩子想要打橄榄球,就给她买个球棒和棒球。在生活中,给孩子更多的选择空间,孩子长大后就能做出更为明智的选择。

奇怪的是,大多数在广告宣传中说富有教育意义的玩具,其实它们并不值得孩子们去玩。这种玩具基本上是平面玩具,只能在相对较短的时间内吸引孩子的注意力,难以长期激发孩子的想象力。寓教于乐的玩具通常能吸引家长们的眼球,他们以为这种玩具会提高孩子的学习能力,让孩子更快地适应今后的学习生活。然而,对于大多数这种玩具而言,其教育价值既肤浅,又显得做作;要么与孩子的成长没什么关系,要么只是某些便宜但更有趣的材料和活动的劣质替代品。

值得注意的是,上述对孩子玩赏价值比较高的玩具已经在市场上销售了半个多世纪了。除了上面提到的那些具有启发性的玩具以外,还有一些符合这个标准的玩具:积木、电动火车(孩子可以用诸如乐高玩具和林肯圆木来搭建火车站和其他建筑物,用万能工匠来建设桥梁和隧道)、火柴盒小汽车、小塑料人(一袋子塑料军人或者牛仔和印第安人)、布娃娃、玩具小屋(家长可以教孩子用建筑绘图纸制作小家具)和弹珠。对于年龄稍大点儿的孩子，家长可以有意识地买一些玩具，帮助孩子形成特定的爱好，比如，买化学实验装置、望远镜和显微镜、收集石头的装置和模型等等。孩子从那些旧式的玩具中受益匪浅，远比从时下花样百出却毫无价值的玩具中得到的益处多。

少而精（第一部分）

经过了这么多年，孩子的爷爷奶奶不难发现，如今孙辈的兄弟姐妹之间的攀比比我们小时候还要严重。我总结出一个理论。不过，爷爷奶奶们恐怕不爱听我的理论，因为如果我的理论正确，那爷爷奶奶们也要承担孩子问题的一部分责任。在我看来，孩子们相互攀比，其诱因就是贪婪的本性。如今的家长们宠爱孩子，再加上爷爷奶奶偶尔护着孩子，使得现在的孩子们变得贪婪，总有要不完的东西。家长们一个玩具接着一个玩具地买给孩子，今天一个小玩意儿，明天一个小汽车，后天一个机器人……恐怕家长在孩子出生前就添置了好多玩具，这种玩具采购或许永远没有停止的那一天。

今天的孩子们总是以自我为中心，有些可能并不很明显，像星星之火，而家长们对孩子的骄纵加剧了孩子的自私，使得零星的火种逐渐燃烧，最后一发不可收拾，酿成了熊熊大火，再也无法熄灭。四至五岁的孩子通常幻想能够点石成金——就像个贪婪的小守财奴，除非大人强迫他，否则才不会跟别人分享自己的东西。

我 5 岁的时候，只有 5 个可以说是完全属于自己的玩具。据调查显示，我的同龄人中，大部分人那个时候属于自己的玩具不超过 10 个。我们的父辈认为，当初我们几乎不怎么为争抢玩具而打架。事出必有因。鲍伯·迪兰曾说过“就像从山上滚下来的

石头”，也就是说，如果你拥有的不多，也肯定不会失去太多。因为，我们小时候很乐意与他人分享自己的东西。然后，一旦你拥有了很多的东西，而失去哪个都非常舍不得，那你可能很难愿意与他们分享。

小孩子拥有的物质越多，一旦别人拥有他所没有的东西，而且这个东西并不贵重时，他就会越气愤，他也会因此感觉上天对自己不公，嫉妒别人，甚至贪婪到想占为己有的地步。今天的兄弟姐妹间经常相互争吵、打架，不就是这些原因导致的吗？

家长把买过的东西记录下来，悠着点儿！可别再给孩子买那么多的东西了！孩子本来就够自恋和贪婪了，家长千万不要再火上浇油。家长给孩子买的东西还不算太多的时候，孩子就开始逐渐上瘾，这些东西就像毒品一样麻醉了孩子的神经。少给孩子点儿东西吧，让他清醒起来。

我还需要再向读者群中的爷爷奶奶们重复一遍这样做的好处吗？

来自爷爷奶奶的礼物

密歇根州特拉弗斯市的一位读者曾经问过我，是否认为如今的爷爷奶奶们给孙子孙女太多的关怀。我告诉他，如果爷爷奶奶比家长还上心，那肯定不行，虽然孩子的父母可以花过多的时间围着孩子转，但爷爷奶奶却不能这样对孩子。这也是亲子教育方面最矛盾的一个问题。另一方面，如果爷爷奶奶只是多给孩子些物质上的东西，那还是说得过去的。

我现在写这本书的时候，已经当爷爷将近 12 年了。这 12 年中，我的两个孩子分别结婚生子。上天眷顾我和威丽，目前共恩赐给我们 5 个孙子和 1 个孙女。起初,作为爷爷奶奶的我们做了个这辈子看来最好的决定。我们决定,不再让孙子孙女们从我们这儿要东西。我们会带他们去从未去过或许将来也不会去的地方,给他们全新的体验,允许他们远离一成不变的生活,去想去的地方度假,给他们读有趣的故事,和他们一起做游戏,带着他们一起去旅行。我过去没有给他们太多的东西,以后也不会给。

举个例子来说吧,有一年过圣诞节,我们俩口子给埃里克的每个孩子和艾美的三个孩子每人买了件羊毛套衫,我们一般也就买类似的礼物送给他们,再无其他。如果你觉得我是在自夸,那你就说对了。我不光为自己不像其他家长那样对圣诞购物顶礼膜拜而感到自豪,还为这些圣诞礼物一直可以穿到 3 月份欣喜万分。

这 4 个孙子孙女没有一个会问:“您给我带什么礼物了?”我们顺便去他们家里的时候,他们都迫不及待地跑出来迎接我们。一见到我们,就咧着嘴笑起来,奔向我们,扑进我们怀抱里。他们央求着要在我们家过夜,于是我们给孩子腾出个卧室,或者说是游戏室,里面有各式各样的玩具,但没有一个是电动玩具。我们家从来不给孩子买电动玩具。我们大概有 2 年没再添置新玩具了。孩子们也想不起来要新的。他们把在我们家过夜当作一次探险,觉得很有趣。原来在我们家,他们最喜欢干的事情之一就是在房子前面的私用车道上拿粉笔写数字,写得到处都是。不过,这才是孩子们应该过得那种童年。

我们给孩子制定了严格的规定,决不允许犯错,他们也非常谨慎。我确实认为,只要在我们家,孩子们都特别听话,原因很简单,我们不能容忍他们一丁点儿的不守规矩。我们对孩子的严厉并非劈头盖脸,而是委婉地动之以情、晓之以理,因此,孩子们也

不敢妄为捣蛋。不难想见，孩子们在我们家住的时候，大家都很开心自在，都很享受这段时光。

有些爷爷奶奶只会给孩子们带来物质上的丰富享受，我的确为这样的长辈感到难过。如果他们真想与孙子孙女们突破这种表面的关系(倘若真建立起祖孙感情关系的话)，就必须抛弃以物质来维系祖孙关系的习惯。我真的希望，将来有一天，这些爷爷奶奶们能认识到，情感上得到孙辈们回馈最多的祖辈们，并不是用金钱和物质换来的。

少而精(第二部分)

许多年以前，有一对夫妇来向我咨询，他们的女儿才 3 岁。听了他们对孩子问题的描述，我发现，大多数都是 3 岁孩子常见的毛病，只有一个问题比较纠结。

“茉莉总得看见我们才行，”他们说，“我们去哪个房间，她也得跟着去，这样也就罢了，她还总闹着让我们陪她一起玩儿，否则的话就大哭起来。我们两口子都不介意陪她玩儿，不过，她已经有那么多玩具了，自己摆弄玩具玩儿应该没什么问题吧？”

我猛地一回神，问他们，“你们给她买了多少玩具？都是什么类型的玩具？”

“给她买了很多玩具。一进她房间，就能看到地板上到处都有玩具，几乎连放脚的地儿都没有，”孩子她爸说，“我想大多数都是电视上做过广告的。”

听到这里，我就知道问题的症结出在何处了。

首先，我让茉莉的父母给她的玩具的可玩性打分，最高是 10

分,最低是1分。小于7分的玩具统统打包送到慈善组织。不出意料的是,玩具的数量减少了九成。剩下的玩具包括一些不那么花里胡哨、夺人眼球的布娃娃,以及一些填充动物玩具、积木和玩具小屋,等等。

其次,建议茉莉的父母以后再去商店买玩具时改变过去的风格。不能再大量购买那些电视上做广告的玩具,而要买一些具有本章中提到的4个特质的玩具。

我还建议茉莉的父母,为了让孩子在家里随便活动,又不会对家具之类的造成什么损害,他们在房间里摆设的物品,要么是她不敢贸然碰的,要么是即使碰坏了也很容易换掉的。这样一来,茉莉可以经常穿梭于每个房间,家长对此也毫无顾忌,不用老看着她。茉莉也不会总听到家长说“不”,她会比之前听话得多。

茉莉的家长可以在厨房储藏柜上安装安全门闩,但有一个门不用安,留给孩子放各种玩具,比如燕麦片的包装盒子、线轴、破旧的盆盆罐罐和平底锅、大大小小各式各样的盒子和其他不易破损的准备扔掉的杂物。孩子想玩的时候,就可以在这里找到自己中意的玩具。

最后,茉莉的家长可以去家电专卖店找一些结实的大箱子,然后,在箱子上用刀子划出窗户和门。再放进去一把小椅子,以及几个布娃娃和保洁工具。瞧吧,就凭孩子的想象力,这个小房子里还不得上演几个小时的戏剧啊!

几周后,我又见到了茉莉的父母。当然,孩子现在不那么缠着家长了,可以自己跟自己玩了。茉莉的妈妈说:“女儿似乎又变得快乐起来了。”

像茉莉这样的例子有很多。在过去10年中,我至少跟20多

个家长提出上述的建议。当然,估计有 10 个家长能按照我说的去做就不错了。但这个方法还是有一定作用的。据调查,许多家长反映:孩子的玩具越少,自由活动的空间越大,孩子就越能自己去寻找乐趣,不仅丰富了想象力,还让孩子更有创造力。孩子从游戏中比其他方面更能自然地体会到成功的乐趣,因此,孩子也就越快乐。这些成功的案例告诉我们,有的时候,给予孩子的越少,反而对孩子越好。

宠坏的孩子(第一部分)

有很多记者问我,“如今美国的孩子是不是都被宠坏了呢?”

我的答案是肯定的,不过很多美国家长都对此否认。我想,问题在于“宠坏”这个词本身。“宠坏”的同义词是“不懂规矩”,也就是一种道德上的堕落或腐烂——比如闻起来有一股恶臭。如果我们不用“宠坏”,换个没有堕落这个意思的词语,家长或许会承认是他们引起的问题,并开始改变对待孩子的方式。正是因为这个原因,我提议,把“被宠坏”的孩子换成“没有礼貌”、“任性刁钻”或者“脾气暴躁”的小鬼。那么,问题就变成你是否把孩子培养成了“没有礼貌”、“任性刁钻”或者“脾气暴躁”的小鬼(UDPB)呢?

如果你不知道该怎么回答这个问题,那就做个快速自我测试题吧,看一下你的孩子是否属于“没有礼貌”、“任性刁钻”或者“脾气暴躁”的小鬼(UDPB)。只需在以下每个问题后回答“正确”或者“错误”:

1. 当我给孩子买了他想要的但并非用得着的东西(比如,买了一个新玩具)时,从孩子的行为来看,我似乎该为他做点什么。

2. 如果我没有给孩子买他想要的东西时,他很可能会大哭起来,或者对我大声尖叫,振振有词地说我不是个好家长。

3. 我几乎要跪下来求孩子,愿意接受孩子提出的任何要求,尽管我也不知道结果会怎样。

只要其中有一个问题的回答是"正确",那你的孩子肯定属于UDPB。为什么有一个问题的回答是"正确"时,这个孩子就可以划入 UDPB 的类别呢?这是因为一个问题的回答是"正确",那你对其他两个的回答肯定也是"正确",而不是像众多美国孩子的家长那样,你也故意拒绝承认关于孩子不好的方面,即回答"错误"。

非 UDPB 的孩子们是什么样子的呢?

我曾经在分发给教堂的时事通讯刊物上刊登过一个年轻小伙子的文章。这个小伙子是在教堂里长大的,曾在洪都拉斯的一所孤儿院工作过,照顾一些残障儿童。这个小伙子和那些儿童肯定都不是 UDPB。他在文章中写道:"在孤儿院生活的那段日子,我所看到的另一个令我震惊的场景是,一个孩子和一只狗在争一只死鸡。最后,孩子赢得了这场战争,把死鸡拼命往自己那边拉。我真希望能用语言描绘一下那个真实的景象。然而,事实上,这所孤儿院却是孩子们的乐园。他们是我至今见到的最懂得尊重他人和感恩的孩子,与我在东部小城市工作时见到的孩子截然不同。这些孩子对生命充满感恩,把握住对自己生命负责的任何机会。美国的很多孩子都缺乏这种观念和态度。"

阿门!我敢说,问哪个家长,他们都会赞成应该让孩子懂得尊重他人、学会感恩。这个年轻的小伙子给我们指出了培养非

UDPB 孩子的关键。如果你想让孩子既有感恩的心,又能尊重他人,那就不要给孩子太多、不要事事都顺着他。经常说“不”,一定要比说“是”的次数要多。一般来说,每跟孩子说一次“是”,就至少跟他说四次“不”。尽管你做到了这一点,也要给孩子树立榜样,教会他勤俭节约、心态平和、戒骄戒躁,以及乐于帮助他人。孩子见你帮助别人时的印象,肯定比见你帮助他时的印象要深刻。让孩子经常在家里做家务活儿,并陪他们一起做家务。每天天刚破晓,那位年轻的小伙子就早早起来,与其他孤儿一起干活儿。早餐前,他们一起给猪喂食,用铁锹铲粪,用手拔地里的野草。到了吃早饭的时候,他们都低头祈祷,感谢上帝赐予他们生命中所拥有的一切。

宠坏的孩子(第二部分)

一个脱口秀节目的制作人给我打过电话,她的节目很受观众欢迎。她问我是否愿意参加她一档专题节目的录制,那期的专题就是关于家长宠坏孩子以及怎么防止宠坏孩子。我说可以考虑一下。于是,她开始问我一些问题,看看我的观点是否和她节目的立场相吻合。

“家长是怎样把孩子宠坏的呢?”她问我。

“家长几乎答应孩子的所有要求,”我回答说,“其结果就是导致孩子变得越来越任性、难以取悦、不知道感恩和心胸狭隘。这些不仅都是孩子以自我为中心的表现,而且严重阻碍了孩子性格和人格的正常发展。”

“还有其他方式会把孩子惯坏吗?”她又问。

“让我想想,”我说,“还有迎合孩子、纵容孩子、替孩子解决问题，等等，这些家长的做法都是相互交织的，很少独立存在。迎合孩子的家长，通常也就纵容孩子的欲望，帮孩子解决了问题。此外，一般纵容孩子、帮孩子解决问题的家长，通常也就从不拒绝孩子提出的要求。对了，差点忘记了，顺便说一下，”我补充说，“孩子习惯了家长的事事顺从之后，也就不知不觉中养成了很多显而易见的坏习惯。”

那位女制片人接着换了个角度问我：“您可以举个例子吗？”

我举了某个家长接受孩子抱怨饭菜的例子，于是，这个家长做晚饭时，不得不想尽办法迎合孩子的口味。

“约翰，我不接受你的观点，”她回答说，语气有点儿尖锐，“你怎么能不让孩子表达自己的态度呢？不喜欢就是不喜欢啊……”

“因为这样显得很无礼，”我跟她解释说，“吃晚饭的时候，你让他变换一下角色，当成去别人家做客，你是主人，假如他直接对你说你做的饭菜不可口，你会不会觉得他很失礼，而且很粗鲁呢？”

“那在您看来，如果孩子不喜欢眼前的饭菜，他该怎么办呢？”她接着询问我，不过，从她的语气中，我可以断定，她正朝我的思路上靠拢。

我告诉她，家长需要让孩子吃各种口味的食物。唯一的办法是，让孩子自己去尝试各种口味的食物，看看能否接受，千万别变成一个挑食的孩子。具体怎么操作呢？我来告诉你，把每道菜都盛一点儿，放进他盘子里——例如，一小调羹土豆泥、一小口烤牛肉、半根他害怕尝试的四季豆——然后，告诉孩子，除非他把自己盘子里的菜先吃完，否则不允许吃其他盘子里的菜。

“如果孩子把土豆泥和烤牛肉都吃完了，就是不敢吃那半根

四季豆，那该怎么办呢？”她继续追问我。我回答说，可以让家长把他盘子里的四季豆盖起来，先放在一边，等他晚上睡觉前饿了的时候，再拿出来让他吃。如果孩子抵抗，你就说，先把四季豆吃掉，他就可以想吃什么就吃什么，想吃多少就吃多少。“那孩子睡觉的时候真的饿了，该怎么办？”她问，故意来考我。我告诉她，你就按我刚才说的去处理。另外，我还补充了一下，很少听说哪个孩子一直很抵制某种食物。一般来说，孩子渐渐地就发现，其实四季豆没有想象的那么令人厌恶。只有这样做，才能改掉孩子挑食的坏习惯，让他懂得餐桌礼仪。

“是吗？”她接着说，“可我不同意你的观点。”

“抱歉，”我说，“我是在谈你和你孩子的情况吗？”

电话那边停顿了一会儿。挂电话前，她跟我说，“你知道吗？如果我孩子不喜欢吃哪个菜，我肯定尊重他的意愿，给他做点可口的饭菜。”

孩子突然兴起，想起一出是一出，如果家长一味地去迎合孩子，肯定不能算是尊重孩子。家长应该让孩子明白，世界不是围着他转的，这样才能算尊重他。要培养孩子的餐桌礼仪和良好的习惯，这才是尊重他。要想尊重孩子，首先要让他懂得纪律，要有礼貌和规矩。当然，我没跟她说这些话，因为我不想表现得很失礼。

不过，这位制片人最后还是决定不邀请我作嘉宾，因为我们观点不同，不符合她节目的要求。我尊重她的决定，事实上，也同意她这么做。

让孩子尽情去玩

谈这个问题之前，我想细数一下玩耍或者游戏对孩子健康成长的重要作用。

首先，游戏的过程中能帮助孩子学会今后独立生活时所需的各种技能。游戏是种多重性质的活动，几乎调动了孩子的知觉、动机、感觉和认知等各方面的机能。与任何其他的活动不一样，孩子可以边做游戏或者玩耍，边学到很多东西。在孩子童年的早期和中期，游戏可以帮助孩子加快成长。

其次，许多研究表明，在孩子童年的早期阶段，家长是否对孩子玩耍的时间加以限制，将对孩子性格的全面发展和学会社会交际技能起到至关重要的作用。孩子游戏的时候可以发挥想象力，如果家长剥夺了孩子的游戏时间，孩子很可能变得要么过于活泼，要么过于抑郁。

再次，游戏让孩子在一个没有威胁的环境下自由地发挥，开始探索和认识成人的世界。在模拟游戏中，孩子们开始认识和明白一些困惑很久的问题，比如离婚、家长发怒和死亡等问题。

最后，游戏可以让孩子卸掉精神压力和包袱，让孩子变得更有幽默感。孩子长大成人后，也能更乐观地面对生活。

游戏同时也是学习知识的重要途径，尤其能启发孩子们的学习能力。在游戏的过程中，孩子们可以发问，探索周遭的环境和事物，学习一些重要的解决问题的技能。此外，孩子不仅能锻炼社会交往能力，还能加强其他今后走向社会时所必需的各种能力。

不幸的是，在过去 40 多年里，虽然孩子们还能在游戏中发挥其想象力，还能不断成长，但家长总是不断地阻挠孩子们的这一天性。家长给孩子买来大量的玩具，在他房间里堆积如山，简直窒息了孩子的创造能力。家长们任由孩子整天坐在电视机前看着乏味的节目，导致孩子的想象力不断退化。家长不再给孩子读故事听，也不让孩子到了学龄后再进入学校学习知识，顺其自然地成长，反而提前让孩子去上早教班，逼迫孩子看图识字，提前开发智力。由此可见，家长们早已忽略，这些活动与孩子的健康茁壮成长没什么太大关系。

近年来，家长们普遍给孩子严格分配好业余时间的安排，带着孩子参加某些体育培训、音乐特长班、礼仪速成班和其他学前课程培训班等等。我们陷入了一个误区，以为这些培训活动比孩子自由游戏要重要，其实事实恰好相反。此外，正是由于家长过多地帮助孩子安排生活甚至代替孩子去做，如今的很多孩子都不会自己规划自己的生活和学习，甚至不会独立去处理自己的问题。

还孩子一片自由的天空

今天，家长们热衷于带孩子参加形形色色的课余辅导班，其中最令我深感不安的是，有些家长竟然让年龄偏小的孩子们报一些校外体育培训班。例如，在我老家那边，有些孩子才刚满 4 岁，就被家长送去学儿童棒球、踢足球和竞技类的游泳。这些体育竞技类培训并不是年龄偏小的孩子成长发育所必需的社会和体育技能。另外，对于 6 至 10 岁的孩子来说，这些培训很有可能对他们的健康造成损害。

学龄儿童的心理可以用两个词来概括：接受和成就。一切要看孩子们能否在同龄人中为自己占有一席之地,如何制定和能否取得各自向往的目标。

校外的体育培训班似乎可以弥补这个年龄段孩子的需求,因为它是个很好的媒介,帮助孩子锻炼自己的内心和外在。实际上并非如此。主要的问题在于成年人参与其中。这类活动是由一些成年人组织和赞助的,并由成年人指定游戏的时间流程。一些成年人选择小组并进行培训,给他们裁判;决定哪些孩子可以参赛、哪些不能参赛;比赛结束后,按照结果给孩子们颁奖。同时,这些大人们也成了孩子们的主要观众群。

除此之外,成年人不仅在孩子游戏的规划和组织上起到了很突出的作用,还卷入孩子们的游戏当中,比如,决定哪些孩子扮演什么角色,干预解决孩子们之间的矛盾等等。

孩子们做游戏,大人们本来就不应该参与其中。大人们搅和进来,只会把事情搞得更复杂,妨碍了孩子们锻炼独立解决与他人矛盾的能力。我们经常看到,这些原本属于孩子们的游戏,却成了大人们急功近利的场地,孩子们成了大人们的玩偶。

其实,这些竞技类比赛本身倒不会令人感到担忧。这个年龄段的孩子需要参加一些合适的竞技类活动,如果没有参加,还是应该去找些机会让孩子体验。令人担忧的是,由于大人们卷入孩子的活动之中,孩子们就不再是单纯为了娱乐,而是在迎合大人们的喜好,争取大人们的同意。这样一来,孩子根本就不是单纯地做游戏了。他们只是为一些成人观众表演,博取他们的欢心,成了大人们意愿的表达方式。

竞技性比赛和竞技性工作是有很大区别的,这一点从孩子们在结束时的表情上就可以看出来。孩子们在空地上做游戏的时候,通常分为两组,一组胜出,另一组则输了,但每个人离开场地

的时候都觉得没什么大不了的。如果大人们搅和进来，指挥孩子的一举一动，输的那组孩子通常会感到十分恼火、垂头丧气，仿佛是种奇耻大辱，总是闷闷不乐。这就不能算是真正意义上的游戏了。这个问题很严肃，家长要是继续参与孩子们的游戏，后果真的很严重，相当严重。

在这种情形下，孩子作为运动员的成就感和自尊心完全由比赛的输赢来左右，赢家才会兴高采烈，输家就会觉得没有面子，自惭形秽。孩子们本应该重视的比赛参与精神和比赛过程却被忽略掉了。结果是，每个孩子都觉得心里有包袱，最惨的是那些没有勇气参与比赛的孩子们，仅仅是因为他们觉得自己不够优秀，没资格参与。

根本问题还不仅限于此。家长往往认为，如果不给孩子精心安排，参与孩子的活动，孩子好像就不能健康成长似的。这种想法是完全错误的。如果我们做家长的把自己插在孩子和他们自由成长的过程中间，那么家长就永远也起不到正面的作用。由于我们过多地干预了孩子的事情，最后他们就无法学会自己处理生活中的现实问题。

记得我小时候，体育是生活中的大事之一，但不是全部。我当时生活在芝加哥市的郊区。秋天来了，我经常与其他男孩子们踢足球；冬天一到，我们就打篮球；天气好的时候，我们就打棒球。在当地学校或者公园的空地上，我和其他小伙伴们骑自行车过去，平时也不见得认识，就是为了踢球或者打球才凑到一起，随机组合。有意思的是，我们人数不够，很难组成标准的两支队伍进行比赛，不过，可以根据当时的人数和场地情况，修改比赛规则，照样玩得很开心。

在我们的比赛里，从来没有成年人参与进来。我们从同龄的小伙伴里面选出队员、教练和裁判员等角色。为了快速运球，我们相互间经常大吼彼此的名字；我们对彼此的表现品头论足，既有赞扬，也有批评；我们还相互嘲笑彼此的糗事。尽管如此，并没有因此相互愤恨或者出现肢体冲突，一切都是针对比赛，对事不对人。既然比赛完全是由我们自己发起和参与的，我们想怎么比就怎么比，与别人无关。在比赛的过程中，我们都学会了为了集体利益而舍弃个人的利益，赢也赢得起，输也输得起。还学会了解决彼此间的矛盾。无论怎样，我们都能重新开始新的生活。

少年棒球联盟组织的棒球比赛是当时校外唯一的一个有组织的体育活动，直到我们上 7 年级时，这项活动才开始流行。十三四岁的时候，我和几个小伙伴看到这种有组织的体育活动日益盛行起来。于是，我们开始占领游戏场地的空地。直到有一天，少年棒球联盟的人来清场，郑重地告诉我们，他们要在空地上训练。

我知道，现在的孩子们几乎不再和不认识的小朋友随机组合做游戏或者比赛了。有些人在某些刊物上发表言论，称想出了一个好主意：如果成人组织和监督孩子们的体育比赛，孩子们能学到更多有价值的东西。他们认为，成人能确保规则的顺利实施，保证比赛的公平；孩子们通过恰当地调教，技能会逐步提高；大人还可以孩子有效解决彼此间的摩擦。尽管大人们的初衷是好的，但这种干预的后果往往是，孩子们自己没有机会得到锻炼，无法培养发现问题和解决问题的能力。

因此，我对他们的异端邪说表示反对。但有些人会这样反驳我："我知道，我知道，不过，约翰，如今的体育竞技越来越激烈，如果大人不趁着孩子小的时候加以辅导，他们以后上高中的时候就不会组织比赛了。"完全是胡扯！这跟家长让学龄前儿童接受早

期培训如出一辙，都是歪理邪说，站不住脚。研究表明，越早让孩子学习读书识字，孩子越觉得枯燥乏味，最后往往适得其反，学得没那么好。我想，这种由成人干涉的孩子们的比赛也会是这个下场。我们应该正视这个问题。无论是学业还是体育竞技的成功，其动力都是来自于孩子们的兴趣，而不是家长的压力。

所以，我呼吁家长们不要再干预孩子们的活动了，给孩子一片自由游戏的天空。

家长应该找回家的真谛

我做过很多次演讲，有一次，我当着在场的 450 个听众说："我敢向你们保证，只要你们做一个简单的决定，就可以减少多半的做家长的压力，让家庭的氛围变得轻松、和谐。你们孩子的童年也会更加无忧无虑。同意做我提出的决定的家长，请举手。"

几乎在场的每个听众都举起手来。我接着说："太棒了！你们只需给孩子退掉所有的课余培训班——体育竞技班、音乐培训班、体操和武术培训班，等等。谁愿意这么做的，请举手。"

这回没有人举手了。全场鸦雀无声，一片沉寂。450 双眼睛盯着我，仿佛我建议大家集体自杀似的。仔细想想看，对于当今的美国家长来说，不让孩子参加课余培训班，就等于让家长们自杀。怎么样才能让他们做这个简单的决定，而又不集体自杀呢？

至今为止，我还没听到一个足以驳倒我的提议的观点。有位听众反应很快，回答说，虽然孩子并不喜欢所有的课外培训活动，但的确对有些培训很感兴趣。那又怎么样呢？目前的情况是，家庭的需要远远比孩子们的需求显得更为重要。大家都同意，如果家长能卸下包袱，别总是催促孩子，宽松式教育反而会让家长受益无穷。除此之外,孩子们一天天长大,不再是小孩子了,他们应该自己作主,做自己喜欢的事情,不容许家长过多的干涉。

一起来正视这个问题吧。其实孩子们不需要参加这些活动。我估计,这话音未落,家长们又该反驳我说:“如果泰格·伍兹的家长当初没让他参加高尔夫球培训,他还能有今天吗?”如果是那样的话,泰格·伍兹很可能长大后成了病毒学家,甚至研究出了可以治愈艾滋病的药物。不过,泰格·伍兹没有给人类带来特别重大的贡献。大多数美国人都把泰格·伍兹当作英雄来看待,说明我们的价值观出现偏差,这实在是件令人悲哀的事情。

“如果我孩子生来就天赋异秉,比如是个音乐天才,我们做家长的却没有培养他,那怎么办呢?”

尽管如此,孩子顺其自然,也能找到自己的优势所在,在其他领域有所建树。没有谁规定过只允许孩子在一个领域发展。毫无疑问,等到孩子 40 岁的时候,他会在自己选择的领域获得成功,如同在你给他选的那个领域获得成功一样。

按我的决定去做,还有一个好处:家里氛围越宽松,孩子越容易管教。此外,家长的压力越少,管教孩子的方式也会越自然、越灵活。如果你退掉给孩子报的那些课外培训班,孩子也许会更听从家长的管教。给孩子更多自由支配的时间,可以让他们全身心地投入到学业中,从而也会减少对家长的依赖(也就是大家熟知的家长对孩子的骄纵)。孩子们甚至有时间帮家长干家务活儿。孩子们通过自己的劳动来偿还家长对他们经济上的照顾,同时,还可以培养孩子们的服务精神。

另外一个好处是:减少对孩子的关注,同时,家长减少自己的压力,更加放松,整个家庭的氛围也变得和谐。这样一来,把精力向婚姻生活倾斜,让夫妻关系更加牢固。有点儿理智的人都知道，宽松式的管教方式不仅促进亲子之间的沟通，还增进了彼此间的感情。

如果不行，那就换个方法。你要是不同意取消孩子的课余培训班，不如就只上一年。如果美国家长都能让孩子课后自由活动，享受轻松自在的家庭生活，那世界该变得多么美好啊！

放松一下，生活更美好！

怎样培养孩子的团队精神

近来，一个孩子的父亲告诉我，10 岁的儿子之所以频繁参加各种赛季的体育项目，就是因为他想培养团队合作精神。听起来很奇怪，一个孩子居然通过参加体育比赛来学会团队合作。而且，这些比赛通常有成年人组织、裁判，他们的干涉，使得孩子们根本无法真正学会自己判断和决策。

像许多典型的美国家庭一样，这个孩子的家长把他送到课余培训班，平时课后和周末都会开车带着孩子去参加体育比赛。在路上耗掉的时间以及给孩子欢呼喝彩的时间甚至比家庭活动的时间都多，当然，站在外围观看孩子比赛并加油助威都算不上家庭活动。家庭活动是那种一起参与和感受的体验，比如，全家人去野炊、去大自然中远足、整个下午陪孩子参观博物馆、带孩子去观赏尼亚加拉大瀑布或者游览迪斯尼乐园。不管怎么说，观看孩子比赛绝对算不上家庭活动。

如果家里的每个成员都能参与进来，一起做家务，这也算是家庭活动。比如，打扫房间、拔花园的野草、栽花植树或者饭前摆好餐具等等。不过，在如今的家庭中，很少看到哪个家庭定期一起参与这种活动。孩子们不仅要参加课余培训班，还要忙着赶家庭作业，更别说有时间参与家庭活动了。在我看来，许多孩子长大后都不知道家庭的真正涵义，这绝不是危言耸听。他们只知道什么是“团队”，却忽略了家庭才是最大的、最重要的团队；当好家庭的一份子，是学会成为合格的团队成员的最好的途径。

孩子在家里承担一些责任，发挥一定的作用，就能逐渐学会怎样成为家庭团队的一员。例如，孩子到 4 岁的时候，家长就每天给他分配一定量的家务活儿，让他维持家里的环境卫生，保持整洁，这实际上也改善了家庭生活的质量。孩子在做家务活儿的过程中，不仅认识到了自己在家庭中发挥着重要的作用，而且体会到了自己在家里的价值。此外，这样做还树立了孩子个人的尊严，让孩子认识到家庭的重要性，并开始认同家长们所深深维护的价值观。这才是孩子今后学会成为团队一员的关键所在。

不幸的是，如今的孩子们从来不干家务活儿，更别提给家庭做什么贡献了，只是被父母养着，成了纯粹的消费者。换句话说，在如今典型的美国家庭中，似乎只有家长承担家里的责任。这种责任一边倒的情况导致的后果是，孩子只消费不贡献，势必会让孩子以为这是“应该的”，他们就应该享受这样的特权。在这种情况下，个人主义和物质主义不断滋长，阻碍了孩子形成正确的社会价值观，同时不能恰当地认识个人存在的价值。这样的孩子一旦得到自己想要的时候，也会觉得是应该得到的；得不到时，就不乐意了，指不定又会给家长出什么难题。因此，家长们普遍绞尽脑汁哄着孩子开心，最终很可能还会导致孩子不开心。这恐怕就是 20 世纪 60 年代以来儿童和青少年人群中得抑郁症的比例上升的主要原因。自那个年代起，“干完家务活儿才允许你出门”的规矩逐渐废弃，取而代之的是家长们经常催促孩子“抓紧时间！我们还得赶点儿带你去练足球”。

问答

问题：我的两个孩子正学走路，我每天晚上睡前都会依偎在他们旁边哄他俩睡觉，给他俩讲故事听，大概得半个钟头。除此之外，我每天需要花多长时间陪他们呢？参与孩子们游戏的方式重要吗？他俩经常在家里相互追着大吵大闹，甚至有时候骑着玩具到处跑，但就是不玩那些可以开发智力的积木和猜谜游戏等等。我们怎样做可以引起孩子对智力开发型游戏或者玩具的兴趣呢？

回答：至于你该花多少时间参与孩子的活动，我认为你可以做的最重要的事情就是读故事给孩子听，就像你目前所做的那样，继续保持这个习惯。有些家长意识到，每天需要跟孩子在地板上玩一会儿。这种想法也是最近兴起的，不过几乎起不到什么实质性的作用。如果你有心情陪其中一个孩子在地板上用积木垒个城堡，那你就陪他玩一会儿。如果你不想陪孩子玩儿，也没关系，别强迫自己。不能让孩子养成依赖你的习惯，即孩子感到无聊时，你就随叫随到，陪他解闷儿。家长陪孩子玩的时候，不要给孩子限定时间，而且，玩得过程中不要主导游戏，或者随意指挥孩子，只管放开了玩儿，尽情享受和孩子在一起的美好时光。如果你觉得跟孩子玩得差不多了，就找个借口离开，去做自己的事情。从长远来看，最好让孩子学会自己跟自己玩，自己寻找乐趣。如果你觉得每天必须来陪孩子几次，那就每次给他读半个小时的故事听。给孩子读书，不仅能培养孩子丰富的想象力，还能帮助孩子安静下来，这对你来说可是一举两得。

这个年龄段的孩子想起什么来就玩什么，毫无章法而言，也没有人愿意费心思帮他们做计划，或者用游戏来培养孩子的某种技能。初学走路的孩子经常一时兴起,由着性子玩耍,表现得很活跃,但通常并没有什么目的性。简言之,刚学走路的孩子们四处乱跑、追逐打闹、活蹦乱跳等等行为正是这个年龄段孩子的天性,他们在玩耍中也能学到很多东西。要想让你的生活变得安静些,还有个好办法,就是每天给孩子规定几个时间段,孩子必须在这些时间段内保持安静,比如,每次安静 15 分钟。用定时器给孩子定好 15 分钟。如果孩子能忍受 15 分钟不吵不闹,就延长时间,比如延长至 29 分钟,以后酌情加量。你要是能严格按照这个规定执行,孩子 3 岁的时候,就能在 1 个小时的时间内不吵不闹。

说到孩子的玩具,我建议你把孩子不喜欢摆弄的玩具统统收起来。正如我以前说过的那样,你家里的玩具肯定大多是商店货架上热销的,但真没有什么可供孩子玩赏的价值。尽管这些玩具的包装和色泽都很艳丽,夺人眼球,但孩子拿在手里还没 15 分钟,就丧失了兴趣,而且 15 分钟就算长的了。家长应该悄悄地把孩子不喜欢的玩具拿走,每次拿走一个或两个。然后,每次替换成其他可以激发孩子想象力和动手能力的玩具,比如,盒子、盆盆罐罐、平底锅、木汤匙等等。把那些拿走的玩具捐给慈善组织。

一旦你发现孩子喜欢的玩具有 5 到 10 个,你就记录下来,把它们放在壁橱里。只允许每个孩子每次拿一个玩具。当他不想玩这个玩具的时候,就交给你,然后给他换另一个玩具。这样一来,孩子玩某个玩具的时候会更加专心,也更有规律。从此以后,你会发现,他房间里不会扔得到处都是玩具。

问题:我有个最好的朋友,她坚决不给孩子买"战争"类的玩具:玩具枪、作战装备、超级动作明星小人儿等等类似带有武力色彩的玩具。她认为,这些玩具只会加深孩子的误解,让孩子以为武力解决冲突问题是可取的。我有些犹豫不决,不知道该不该给孩

子买。您怎么看呢?

回答:我当然理解你朋友的想法,但我觉得战争类的玩具不会对孩子产生你朋友说的那种负面影响。毫无疑问,如果这世界上没有战争,也就不会有战争类的玩具了。但我不认为孩子玩战争类玩具,就会导致今后的战争。自从战争爆发以来,孩子们就一直玩战争类的玩具或者战争游戏。然而,有人认为孩子们玩战争游戏只会助长孩子们的侵略和斗争行为,这种看法是毫无事实根据的。

孩子在游戏中模仿成年人的各种职业和娱乐方式等等。事实上,一旦孩子发现成年人做某些事情,他们就想搞清楚所以然,于是在游戏中模仿大人们,亲身体验一把。但孩子天真的模仿并不会影响孩子的价值观念。孩子们扮演大人们结婚,最后又装作离婚,这样做只是为了通过表演来体会成人们的内心世界,试图弄清楚大人们为何离婚。但这些孩子基本不会像大人们那样,把离婚当作解决婚姻问题的一种方式。

当然,家长买给孩子玩具的质量和数量将对孩子今后的成长产生深远的影响。如果给孩子买过多缺少价值的玩具,不仅会妨碍孩子发挥想象力、形成创新能力和主动性,还导致孩子不会变通,不愿意动脑筋解决问题。孩子对于正确和错误的概念,或者说价值观主要是通过与家长互动才逐渐形成的,并不是玩具的功劳。

孩子玩战争类玩具和游戏也是这个道理。这些只是孩子玩乐的工具,不是用来威胁别人的,而是帮助孩子认识事物的。其实,这些玩具或者游戏本身不会产生任何危害。玩战争武力类或者警察抓小偷类游戏的孩子们,比不玩这些游戏的孩子能更好地面对现实生活中的暴力问题。当然,在暴力环境中长大的孩子就另当别论了,和上述情形完全不同。

从很大程度上讲,我不喜欢战争和武力类玩具,跟不喜欢市场上出售的大多数玩具的原因一样:这些玩具太过直观,因此无法激发孩子的想象力。用乐高组合成的玩具枪或者一根木棍,远远要比从商店买来的塑料玩具枪更有意义,更能开发孩子的创造力。

最后,我还要提醒的是,诸如小气枪和气步枪等真正的枪支不是玩具枪,是简单的武器。因此,这些枪支绝对不能落到孩子们手里,因为孩子们拿着枪只会惹出麻烦来。如果你想教孩子学会瞄准目标,拿枪射击,那你还是赶快给孩子买个摄影机去吧。

问题:我儿子7岁。他自从2岁起,就迷上了飞机。每个见到我儿子的人,都会被他对飞机了解的程度所折服,这话绝对不是我随便说出口的。儿子对第二次世界大战的飞机和袭击珍珠港事件特别有研究。他甚至自己组建模型,模拟当时的战况等等。一谈起日本飞行员、日本飞机和日本航空母舰,他就会说个不停。我们不止一次地告诉他,当他跟别人谈起自己的兴趣时,最好不要太兴奋,冷静下来,想清楚再说。因为他一旦说起来,就不知道该怎么收尾了。儿子知道邻居家的孩子们都对飞机不感兴趣,也知道这些孩子们都纳闷他为何这么“怪异”(儿子的用词)。孩子是不是真的出了什么问题?我承认,每逢听到孩子滔滔不绝地大谈飞机的话题时,我都觉得自己已经麻木了。

回答:我觉得你不必对孩子的爱好大惊小怪,但很多心理学家或许不同意我的观点。事实上,你儿子对飞机的着迷是有点太过火了,但这种爱好是否健康,关键要看它是否影响了孩子正常的社会交际活动、智力发育和情感活动。如果你儿子没有因为迷恋飞机而逃避社会交往活动,而且不仅积极参与各种社会活动,还能

正常做出情感反应，那么孩子的爱好就是健康的，不需要你过度担心。

很高兴听到你儿子说自己很“怪异”。这说明他已经感觉到你对他的担忧，而不是单纯地了解到同龄小伙伴们的看法。事实上，那些同龄的小伙伴为何也会觉得你儿子很“怪异”，我对此百思不得其解。像今天大多数的家长一样，你很担心孩子的爱好是否正常。其实，你儿子的爱好就像我儿时的其他小伙伴热衷收集棒球卡一样，没什么不好，你不必过于担忧。今天，孩子的行为或者爱好一旦有些异常，很多家长就会以为孩子出现了什么心理问题。

你必须告诉孩子，与成年人说话时，只顾自己滔滔不绝地讲话是很不礼貌的。因为大多数成年人不想伤害他的感受和自尊，才洗耳恭听，没有打断。你还要让儿子知道，听别人长篇大论地讲自己的爱好非常无聊，甚至令人恼火。

你需要开门见山但语气委婉地告诉他：“你喜欢飞机并没有什么不好，我们也不会因此而觉得你很怪异，就像不会觉得那些没日没夜地设计飞机的人怪异一样。我们支持你今后多了解飞机方面的知识。我们相信，将来有一天，你肯定能写一本关于珍珠港事件的著作，还能成为这方面的专家。不过，现在你必须清楚地认识到，并不是每个人都喜欢听你喋喋不休地大谈自己的爱好。你可以看出来，爸爸对（自己补充兴趣的名称）感兴趣，但只跟那些有共鸣的人深谈，并不是跟每个人都说个不停。为了让你改掉这个习惯，每当我们觉得你说的太多，开始让别人厌烦的时候，就给你发出一个秘密信号。你看到我们发出的信号时，就知道我们想让你停止了，该做点别的事情了。如果你不能接受这个方法，那我们就当着别人的面，把你支开，让你去做别的事情。”

我想建议你的是，遇到这种问题，你需要教孩子学会自律，学会自我控制。从这件事中，你就可以了解到：家长认为孩子的某个问题是心理问题时，家长们往往就放弃使用严格的管教办法了。因此，家长不用紧张，需要放松一点儿！

问题：我和丈夫有两个孩子，儿子4岁，女儿8岁。一有点儿不顺着他们俩的性子来，他们就咋咋呼呼，又哭又闹，仿佛不知道家长说“不”究竟是什么意思。此外，每当我给姐弟俩分配任务的时候，他们俩总是比谁做得好，争吵不断。我和丈夫还要上班，于是我们俩轮流管教孩子，他管不了的时候，我就替换他。尤其是在涉及孩子上课余培训班、喂孩子吃饭、监督他们做作业等事情上，我们俩都忙得不可开交。我觉得我们似乎总在对孩子大喊大叫，没有片刻安宁。我也知道我们给自己定得要求太高了。您有什么比较好的建议吗？

回答：按照我的说法，可以把你所描述的情况称为“家庭忙乱综合征”。由于承担的工作和家庭的责任过多，使得你们心力交瘁，情感透支。很明显，你和丈夫把大部分时间花在接连不断的事务方面，就像旧版的“埃迪·萨利文秀”上转盘子的人那样，刚接住一个盘子，又匆忙去接另一个，实在是应接不暇。结果，你们只是名义上算一家子。我敢打赌，你们一家人肯定很少平心静气地坐下来共进晚餐，很少不慌不忙有说有笑地享受佳肴；上次全家出去野炊或者到动物园闲逛肯定也是很久之前的事情了，估计你们都记不清楚是什么时候。晚上，孩子们熄灯睡觉，你们夫妻俩身心俱疲，哪还有时间享受二人世界。

家长和孩子是通过血缘关系或者法律关系联系一起的，从而构成所谓的家庭。然而，要想成为真正意义上的一家人，需要每个家庭成员抽出一定量的时间相处；仅仅呆在一块儿是不够的，

还要能享受彼此为伴,欣赏彼此做的事情。大人孩子坐在客厅看电视并不意味着就是真正意义上的一家人。

我的确想到了一些有用的建议。首先,我认为,如果你们两口子有一个辞去工作,家庭上的压力肯定能立即减少很多。许多研究表明,夫妻都有工作只会增加家庭支出,使家里的税收增多,让人误以为家里的生活水平提高了,实际上并非如此。最终导致家里的债务越积越多,到那时你才发现,完全没必要两个人都去上班,一个人挣钱养家更实惠。如果你还是拿不定主意,就把家里的债务和账目整理好,带着去咨询财务专家,不妨听听他们的建议。听取各方建议之后,你可以决定到底是要过家里经济状况逐渐宽松的生活,还是要过整天忙得晕头转向的生活。如果你们还是坚持都上班的话,我敢断定,你们生活质量肯定会日益恶化。

其次,我强烈建议你们取消孩子的课余培训班,或者至少上完目前的培训班之后,不要再给孩子们报班了。今后,你们应该压缩孩子参加课余辅导班的时间,每季度让一个孩子上一次辅导班,夏季不能上辅导班,因为这属于一家人共同活动的时间。最后,你会发现,一家人终于可以不受其他事情的干扰,每天晚上都能平心静气地吃顿团圆饭了。

我还是认为,只要你们全家的生活恢复到一个正常的状态,管教孩子的问题自然而然地会迎刃而解。无论如何,只有整个家庭恢复到一个平衡、有序的状态,你才可能有效地管教孩子,让他们听话。

问题:孩子起初央求着要参加一些体育竞技或者钢琴培训班,于是让他去上了。但过了没多久,这孩子就不想上了。作为家长,我们需要让他坚持到底吗?

回答：或许没有必要硬要他上完这些培训班。孩子们可以根据自己的兴趣爱好来自由选择参与各种课外活动，例如，踢足球或者弹钢琴，一切只是图个好玩儿。孩子年龄偏小的时候，参与某项体育运动或者其他活动，只是一时兴起，纯属好奇而已。正是由于这个原因，小孩子不能因为受到家长的逼迫而不得不参与某项活动。孩子不想继续下去了，家长就随他便，给他选择的权利，就像当初根据他的意愿开始这项活动一样。“我想……”就是一个充分的理由，足以让孩子选择放弃。

孩子发现这项活动不是自己理想的，不能给自己带来满足感，这时家长如果不允许他放弃的话，就有悖于自由尝试的原则。那么，孩子以后也不敢轻易尝试其他事情了，因为他担心表面上看起来很诱人，结果并不一定就是他想象的那样，反而会陷进去难以脱身。

孩子放弃他们之前主动选择的某项活动，不会导致其养成“有善始，无善终”的坏习惯。实际情况恰好相反。成功的必备要素——主动性、能动性、成就感和坚持不懈的毅力——只有当家长允许其在孩子内心生根发芽的时候，才会不断成长并开花结果。如果家长擅自拿走这些要素，看到孩子退却的时候，又随意强加给孩子，虽然初衷是好的，但很可能给孩子带来更多的是伤害，而不是益处。

照此说来，你们家的情况也不例外。另外，如果孩子想参加某项活动，就必须要让他承诺坚持到底，尤其是那些费用很高的活动，有时会有意外的收获。例如，如果孩子想学演奏某种乐器，家长就规定孩子先上满 2 年的培训课程，再给他买乐器。这样一来，孩子就学会了为自己的行为负责任。

问题：我们头一胎是女儿，目前才 7 个月大。等女儿多大的时候

开始给她读故事听比较合适呢？

回答：上个月，即 6 个月大的时候就可以给她读故事听了。听好了，我不是在开玩笑，越早越好。家长最好趁孩子还不到 6 个月的时候就读给她听，6 周大的时候读给她听，效果会更好。

"不过，"你说，"她还小，可能看不懂图片吧。"没关系。不一定非得让孩子读懂图片。

我 6 岁以前，每天晚上快睡觉的时候，妈妈和外婆都给我读一些小故事听。这些故事书里的图片很少，有些书甚至没有任何图片。我也不知道什么才是更好的，所以从来没有抱怨过。但我很认真地听故事，发挥自己的想象力，在脑子里构思故事的情景。事实上，如果有图片的话，我可能也不会像当初那样尽情发挥自己的想象力了。在这里，我并不是说图片对孩子的成长不利，而是想指出，图片对孩子成长来说并没有那么重要。

以前我给埃里克和艾美读故事听的时候，总喜欢找些附有图片的书籍，因为这样能让我和孩子们的心贴得更近。我恰好可以用图片跟孩子互动，例如，我问他们"哪个是……"或者"这个是什么"等等。

趁孩子年龄小的时候，给他读故事听，可以刺激孩子语言表达能力，开发孩子的思考能力和认知能力。许多研究表明，随着孩子语言沟通能力的提高，孩子的运动协调能力也不断改善。这是有一定道理的，给孩子提供一个优越的学习和生活条件，能促进孩子的全面发展；同时，在孩子幼年阶段，语言能力的提高和运动协调能力的改善是相辅相承的。

家长给孩子读书、讲故事听的过程中，孩子得到家长关爱的同时，吸收了很多知识和养分，心里也更有安全感。这对于培养孩子今后自立能力起到了非常大的作用。不难看出,从孩子年龄特别小的时候,家长如果能坚持给孩子读书讲故事听,将有益于孩子的健康成长,这也是家长能为孩子做的最有意义的事情之一。

孩子成长的早期,家长给他读书、讲故事听与教孩子识字是两码事,两者的目的不同,家长千万不能混淆。如果你现在开始给女儿读书、讲故事听,并且能坚持这个习惯,这就足够了。经常给孩子读书、讲故事听,突然有一天,你会发现,三四岁的孩子就会不自觉地自己读起书来。正是由于家长经常读给孩子听,孩子耳濡目染,渐渐地学会了读书。如果孩子到了三四岁还不会自己读书,那他们一年级的时候会读也是可以的,家长不用担心这个问题。

刚开始给孩子读书听的时候,最好选一些语言有节奏感的书籍,例如,苏斯博士的作品。在这类书中,我最喜欢的就是美国童书绘本名家艾诺·洛贝尔的《插上想象的翅膀》。带有韵律感的文字比散文更容易吸引孩子的注意力。诗歌通常像即兴的歌词,如果你能配上音乐念这些文字,肯定能吊起孩子的胃口,让孩子着迷。孩子刚学会开口讲话的时候,也给孩子念写散文之类的。不管你选择哪些材料读给孩子听,一定要遵循以下指导原则:

每天至少给孩子读半个小时。

- 选择那些你喜欢的读物。你越是喜欢,孩子听了也越开心。
- 选择材料的难度稍微高于孩子现有的词汇量。
- 读的时候要有感情色彩,津津有味地读给孩子听,同时要抑扬顿挫,每个文字都要读出特色来。有些章节甚至可以

唱给孩子听。

• 紧紧地依偎在你孩子身旁，让他感受到温暖和爱。

• 尽情享受和孩子在一起的时光吧。

要想了解更多关于如何大声给不同年龄段孩子朗读的技巧，我强烈推荐您看一下美国著名的亲子阅读专家吉姆·崔利斯写的《大声朗读手册》。

问题：我孩子目前4岁，正在上学前班。学校一直很重视孩子的社会交际能力和创新能力，而不是一味追求学习成绩。然后，学校董事会刚刚聘用了一名女教师，这位教师想让孩子们加强读写能力和算术能力。在她看来，4岁的孩子应该开始上文化课了。但家长们对此的看法出现了分歧，有的家长想让孩子早早起步，以后学习成绩能赶在前面，但有的家长极力反对这种做法。您怎么看这个问题？

回答：最根本的问题在于，老师教4岁的孩子学习读写、做算术题，孩子们能有什么收获吗？答案多半是否定的。

例如，有两个4岁的孩子，能力相当。教一个读书认字、学做算术题；而另一个孩子上一年级的时候，再正式开始教他文化课。结果如何呢？刚开始上一年级的时候，虽然第一个孩子比第二个孩子起步早、学得快，但到了三年级的时候，他们俩的水平相当，基本看不出任何差距。

问题的关键在于孩子是否准备好了或者有能力接受教育。4岁的孩子智力上是否有能力或者具备条件学习读写和算术呢？当然有这个能力。但4岁这个年龄是否是开始教孩子学习读写和算术的最佳时间呢？那肯定不是最佳时间。

瑞士成长发育心理学家让·皮亚杰的长期观察及研究表明，

在孩子六七岁之前,不应该也不能给孩子灌输这种读书认字和算术等抽象符号系统。让·皮亚杰坚持认为,每个人智力的增长遵循一定的发展规律。智力(认知)发展的每个阶段,都伴随着孩子对世界认知方式的改变,后一个阶段总是比先前的阶段的认知方式更复杂、更成熟,孩子的认知就是这样从一个阶段到另一个阶段逐步发展过来的。

在让·皮亚杰看来,任何过早地把某些概念强加给孩子的行为,不光会无果而终,而且很可能对孩子的成长造成负面影响。他认为,如果孩子还没成长到某个阶段,即使家长教给孩子某个概念或者知识,孩子也未必能有效地接受并消化这个概念。后来的心理学家也认为,家长教 4 岁的孩子读书识字,只会给孩子的智力发展带来负面影响。

问题:我是一名教育学学者,就该不该给孩子实施学前读写教育的问题上,我和您的看法是不一致的。近来的研究表明,上过学前班的孩子的学习能力比没上过的要强,这也打消了之前人们的疑虑。让孩子提早受教育,比如教他们读写、算术,家长可以提前发现孩子的潜质,并有意识地培养这种潜质。

回答:大多数支持学前或者早期教育的人都持你这种观点。他们都认为,如果学龄前儿童有能力学习读写,就应该让他们学习读写。之所以有这种看法,主要是因为他们对阅读识字能力的看法过于片面,对学习和成绩的理解过于狭隘。

的确,论智力而言,3 岁大的孩子学识字绝对没有问题。然而,要是因为学龄前儿童有这个能力就让他去学阅读识字,如同让 13 岁的孩子去学开车并提前颁发驾照一样。

事实上,学龄前儿童有很强的学习能力。家长和老师应该适

时地帮助孩子发展其优势和潜质。那么,问题又来了,“家长教学龄前儿童哪些技能比较合适呢?”

众所周知,学龄前的儿童对世界的认识都是具体的、实际的。换句话说,孩子更熟悉看得见摸得着的事物。阅读就涉及一些抽象的符号系统——印刷的文字——来描述世界上抽象和具体的事物。让·皮亚杰的研究表明,对大多数孩子而言,教给孩子认识这些抽象符号的临界点年龄是 6 岁。欧洲各国的学校普遍采用这种方法,因此几乎没有孩子有阅读困难,这恰好与美国的教育体制形成鲜明的对照。

在俄罗斯,孩子到了 7 岁才正式上小学,而俄罗斯的孩子们的阅读能力一点儿也不比美国孩子的差。

具备阅读识字能力的真正标准是什么呢? 从传统意义上讲,阅读识字能力就是一个人能否具备正确识别和理解文字、篇章的能力。如果你执着于这个狭义的定义,那想让孩子真正具备阅读识字能力是不现实的。除非孩子喜欢学习阅读识字,否则任何一个定义都是片面的。毕竟,孩子本来能学会看书识字,但由于不喜欢就放弃继续学习。如果把上述的三个标准考虑进来,家长过早教孩子阅读识字的行为就显得不怎么科学。

心理学家大卫·艾肯在《萧瑟的童颜》一书中提到,众多研究表明,孩子越早学习阅读和识字,就越不喜欢阅读,于是,读的东西也越少。我跟很多公立小学一年级的老师交流过这个问题,他们都告诉我,孩子入学时只要大概了解字母表即可,不用掌握太多。他们只希望孩子们充满求知的欲望,期盼着学习阅读识字,而这种求知欲都是家长在孩子入学前就已经培养和强化好的。

家长想帮孩子学会阅读识字,没有捷径可走,只能脚踏实地。孩子 6 个月大的时候,家长每天就得至少读半个小时的书或故事给孩子听。要想让孩子上学时充满对读写方面的求知欲,没有比这更好的方式了。

问题:我儿子目前8个月大。从他3岁起,我白天就经常把他放在幼儿围栏里。直到最近,他能老老实实地自己呆着,等着我回家。最近几天,每当我把他放在围栏里时,他就开始大哭大闹,直到把他抱起来才不哭。我不可能时时刻刻陪着他,也不可能让他在家里到处乱跑。因此,使用幼儿围栏似乎是个明智之举,很容易就把孩子的问题解决了。不过,儿子最讨厌被放在围栏里了。我该怎么办呢?

回答:我详细谈这个问题之前,希望你能明白,幼儿围栏不是让孩子玩耍的地方,千万不要有这个错误的想法。在不到十六平方英尺大的围栏里,孩子肯定觉得无聊至极。家长在围栏里堆的东西越多,围栏就会变得越拥挤,进一步制约了孩子与周遭环境互动的能力,导致孩子不能自由活动。

在孩子开始抓着围栏缓慢攀爬之前,大多数孩子都会忍受白天被家长频繁放到围栏的隔离之苦。然而,孩子攀爬挣扎,刺激了他探索世界的欲望和好奇心。一旦孩子发现从一个地方变换到另一个地方的乐趣,他就不安分了,总想触摸周围的事物,肯定不愿意静静地呆在围栏里。此外,对于8到12个月大的孩子来说,他不知道究竟该和妈妈保持多大距离才好,这让他变得更加好奇。孩子发现,自己跑来跑去地玩耍要比坐在围栏里玩小猴子玩具有趣得多,但自己玩也就意味着不能总在妈妈身边。

因此,你儿子陷入了一个两难的境地。一方面,他想和你在一起,另一方面,他又想离开你,去做自己的事情。如果他想离开你的时候,能恰当地把握好与你的距离,或许他的感受会好一些。一旦你离开他,他就会大喊大叫;一旦他挣扎着想爬走的时候,他

就打算离开你了。你不在他身边的时候，他想确认一下你是否在家，就会大喊大叫把你引来。当你把孩子放在围栏的时候，他变得愈加焦躁难安。他离开你的时候，就不知道怎么办才好，需要你的时候，又不能立即去你身边。

我们先来看看一个关于鸭子的例子。鸭妈妈把小鸭子孵出来数天后，一窝小鸭子就会排成一队跟在鸭妈妈后面。鸭妈妈去哪儿，小鸭子就跟到哪儿。这就叫铭记(动物生命早期起作用的一种学习机能，即模仿行为)。这样和鸭妈妈形影不离几周后，小鸭子就开始离开妈妈的庇护，独自活动。荷兰动物行为学家尼可拉斯·丁伯根做了个实验，想看看阻碍小鸭子模仿鸭妈妈时，小鸭子是怎么反应的。他沿着鸭妈妈行走的圆圈轨迹设置了很多小障碍。小鸭子不畏困难，挣扎着克服阻碍跟上鸭妈妈。结果是什么呢？他发现，即使小鸭子到了离开鸭妈妈单独活动的阶段，在很长一段时期内它们还是固执地跟着鸭妈妈到处活动。

孩子先知道自己需要帮助时，妈妈总会在身边，才能独立活动。幼儿围栏把刚会行走的孩子圈了起来，就如同尼可拉斯·丁伯根用障碍物阻碍小鸭子一样，越是想阻挡孩子，他就越想去找妈妈。因此，用幼儿围栏来限制孩子的自由活动，只会让他更想缠着你，尽管同龄的其他孩子已经适应离开父母的怀抱了。

孩子一旦开始四处攀爬，你能为孩子做的最好的事情是，给他一个理想的环境，孩子能自由自在地活动，又不会碰坏什么家具之类的，即使散架了，也不会威胁到孩子的安全，同时能重新组合起来。这样一来，你就可以放宽心了，不必担心孩子。你孩子会像其他的同龄孩子那样缺乏安全感，但他不会陷入困境难以自拔，相反，他肯定能排除万难，逐渐成长起来。

问题：我女儿才 16 个月大。她最近总是到处爬，去一些禁止她去的地方。每当她碰到我们不让她碰的东西,我们就会砰的一声拍她的手,但这样根本吓不着她,只会让她变得更倔强。怎样才能让她不那么淘气呢?

回答:要想让你女儿变得不那么淘气,最有效的方式就是在家里摆放孩子弄不坏的或者不怎么引起孩子好奇心的器具,尽量减少孩子搞破坏的可能性。这样做不仅不会因为保护孩子遭遇危险,还能避免贵重物品被打碎或者弄坏。在这样一个开放式自由的环境里,孩子的想象力受到激发,可以无拘无束地活动,随心所欲地去认识和体验周围世界的奥秘。

把孩子能够得着的或者对孩子有危险的物品专门存放在间屋子里。低矮一点儿的柜橱上安装门闩,节电插座上装上防止孩子触摸的塑料盒子,楼梯口装上门,把一些物品尽量摆放在孩子可以轻易触摸到的地方。给她房间里摆放一个低矮的储存柜,里面可以放些孩子的玩具,比如木勺子、盆盆罐罐、大个儿的线轴、盒子、可伸缩的吸管,以及其他可以激发孩子想象力和创造力的玩具。如果你能安排的妥当,就不用再像以前那样过分担心孩子了,让她想去哪个房间就去哪个房间,也不需要你总跟着。

她有 30 个月大的时候,你就可以一件一件地把物品摆放到原位,把你家恢复到以前的面貌。不过,每次取出一件物品,让女儿认识并触摸一下这个物品,告诉她以后不能乱碰,把该物品放回原处,让她知道这不是玩具,家里人要用它。当家长告诉这个年龄段的孩子什么能碰、什么不能碰时,他们更容易接受,只要家长每次不拿出太多的物品给孩子看并解释。

刚学走路的孩子经常拿起易碎物品,比如价格昂贵的水晶球,家长该怎么办呢?如果家长看到孩子拿起水晶球,马上带着惊恐的表情,说:“赶快还给我!”并且伸出手臂,似乎要展开手掌

用力去抓，此时孩子肯定会被你吓得立即丢掉手里的水晶球，你就只能眼睁睁地看着满地的碎片。我有个小诀窍：其实在那种情况下你惊恐，孩子比你更惊恐。所以，你最好控制住自己的情绪，站在原地不动，蹲下身来，平视着你的孩子，脸上表情放松一些，伸出一只手，掌心朝上，笑着对孩子说："噢！多漂亮的水晶球啊！你能递给我，让我也欣赏一下吗？"

如果你能装出很镇定、友好的样子，孩子肯定也会对着你笑，并轻轻地把水晶球放在你手里面。让你女儿知道，你没有哄骗她，把她抱起来放在你膝盖上，和她一起欣赏水晶球。1 分钟左右过后，你站起身来对她说："还是把水晶球放在上面吧，这样我们都可以看得到。是不是很漂亮啊？"按照这个方法做完之后，不仅满足了孩子的好奇心，还挽救了一个水晶球，省了钱，又让孩子学会了听大人的话，防止了孩子产生逆反心理。

问题：我女儿现在 3 岁了。近来，她想象出一个玩伴叫辛迪，并且每天都花很多时间跟这个虚幻的辛迪在一起。渐渐地，她的幻想症愈演愈烈，竟然在吃晚饭的时候让我给辛迪安排一个座位。我严肃地告诉她，辛迪是她假想的、不存在的。女儿听了这话变得极度气愤和恼火。我有必要为此担心吗？孩子们是不是都有这个阶段，过去了就好了呢？

回答：你女儿想象自己有个小伙伴并对此着迷，这属于正常现象，是暂时的，没必要担心，你应该高兴才对。

一般来说，3 岁左右的孩子就开始有各种幻想思维。像其他思维特征一样，孩子的想象力也需要得到发挥和加强。通过幻想有个玩伴辛迪，你女儿也在丰富和强化自己的想象力。这也是她开始形成抽象思维的重要一步。同时，丰富的想象力对于阅读理解也是至关重要的。因此，想象有个辛迪，最终将间接地影响你孩子的阅读能力，让你孩子读书时能理解得更加透彻。

如果你试图说服女儿，让她明白辛迪是不存在的，那你肯定是白费口舌。3 岁的小孩子认为想象得出的事物都是存在的。因为在你女儿看来，辛迪和你一样都是真实存在的。3 岁大的孩子非常确信幻想的朋友是真实的，而且孩子们需要这些朋友。这也就是为什么你告诉她辛迪不存在时，她会伤心沮丧的原因。正如你一个成年人不理解孩子为何迷恋虚幻的朋友一样，孩子们也很难理解你为何不承认辛迪是真实存在的。我劝你千万别再跟孩子争了，随她去吧，都是暂时的，你不必过于担心。

你女儿在这个年龄段，就开始与其他小朋友一起玩耍。辛迪虽然是想象出来的，但能让她在一个不受伤害、没有烦恼的情景下锻炼自己的社交能力。如果你女儿和另一个孩子与辛迪一起玩耍，肯定能锻炼她在群体中交往的能力。

你女儿和辛迪玩耍的时间越长，她要求你陪她的时间就会越短，你花的精力也就越少。没有你的陪伴，她照样还有辛迪，也就是说，你女儿可以独立支配自己的时间，自己跟自己玩了，对于她脱离家长的依赖性是很有帮助的。

无论你怎么看这个问题，与想象中辛迪相处的日子，很可能是你女儿最有价值的一段经历。想像虽然不存在，但对于孩子成长的方方面面都是有助益的。因此，你不必担心孩子，只管放松，去忙自己的事情。不要再抱怨，遇到这事儿的家长，高兴还来不及呢！

问题：令我们失望的是，6 岁的儿子罗比居然喜欢玩布娃娃和其他女孩子爱玩的玩具。而且他更愿意与女孩子一块儿玩耍，他说男孩子太粗鲁。我们两口子去问过心理医生，但医生让我们把儿子罗比也带过去，我觉得没必要，这会让他觉得很没面子，于是没

带着他去。医生不仅批评我们没按他的要求做,还批评我们由着孩子的性子来,不制止他玩布娃娃的习惯。当时,我和丈夫离开了医生的办公室。但现在真觉得或许医生说的是对的。您觉得问题严重吗? 您认为我们是在纵容孩子吗?

回答:首先,为了回答你第一个问题,我想先问问你:"如果你孩子是个女孩儿,不叫罗比,而叫罗伯塔,喜欢跟男孩子一起玩耍,而且喜欢摆弄男孩子的玩具,你会担心她吗?"我敢肯定,你会说:"当然不会。"你很可能会耸耸肩,笑着解释说,罗伯塔是个假小子。我的意思是,你对罗比偏好的担心反映出明显的文化上的偏见。不幸的是,女孩子尝试本属于男孩子的习惯或嗜好是可以接受的,甚至被认为是了不起的,而反过来,男孩子如果喜欢本属于女孩子的事物,就至少会遭到怀疑和异样的眼神。

你很好地掩饰了真正担心的事情,即你们害怕罗比现在女性化的喜好说明他有同性恋倾向。事实上,男孩子即使喜欢男性活动,也不能保证他就是异性恋;因此,男孩喜欢女性化的事物或活动同样不能说明他是同性恋。对于女孩子来说,也是一样。我不能保证你儿子罗比长大后不是同性恋。但我能向你保证的是,这个年龄段的孩子喜欢玩女孩子玩的布娃娃还是喜欢男孩子玩的玩具枪,与他今后的性取向没有任何关系。

孩子有女性化的喜好,你们做家长的是否也有责任呢? 家长的确有责任,但又能怎么样呢? 如果罗比是我儿子,他想玩布娃娃,我肯定不阻止他,他有选择的权利。如果那位心理医生指责你们"纵容"孩子的话带有贬义色彩,说你们在教唆和怂恿孩子的不当行为,那我肯定不敢苟同,并且觉得他纯属是在"胡扯"。首先,罗比女性化的喜欢没什么不合适的,绝对不是病态。其次,如果你们强迫罗比玩他不喜欢的玩具,那才是非常不合适的。

至于你的第一个问题,即孩子的问题到底有多严重呢?我觉得这根本不算个问题。只是家长觉得罗比或许有问题。如果罗比现在没发觉你们对他偏好的担心,那他以后迟早会发现的。本来他的喜好只是很纯粹的,没有别的目的,等他知道你们担心他的取向有问题时,他以后就会很在意自己的行为。从这方面讲我不赞成你们带孩子去见心理医生。不要再为孩子担心了,放心地做孩子的家长吧。要知道,你只有这一次机会啊!

综上所述,孩子的性格决定了孩子的爱好。孩子喜欢什么不是因你们家长而起,也不是你们所能改变的了的。你或许能让他觉得自己不正常,那他永远也不能成为上帝所期待的那样。另外,我猜想,上帝肯定不喜欢我们干涉孩子,干涉上帝的意愿。

第6堂课

电视、电脑和电子游戏的危害

1979 年 1 月份，威丽和我参加了埃里克的第六次家长会，当时埃里克才上三年级。他的老师斯图尔特夫人告诉我们，埃里克绝对没有机会升入四年级了。她决定提前告诉我们这个坏消息，让我们有个心理准备，省得学年快结束的时候一时难以接受。据老师反映，埃里克比低一年级的学生还要差，而且上课精力不集中，容易开小差，不能按时完成作业。他完不成课堂作业，因此，回到家后就得做一般学生两倍的作业。如果不是我和威丽一直催促他去做，他根本完不成这些作业。据最新一期的《诊断统计手册》介绍，根据最新的诊断症状标准，埃里克有很严重的注意力缺失征(ADD)，即我们常说的多动症。

回到家之后，我和威丽坐下来谈了谈，这也是我们家庭教育方式转变的开始。威丽说，我们是时候换一种教育方式了，不能再沿用我们自认为正确的方式来教育孩子，需要作出改变。

“你这话是什么意思?”我回答说，语气中带着一丝对以往教育方式的坚持。我毕竟是个亲子教育专家，具有讽刺意味的是，我还在全国各大辛迪加报纸专栏撰写亲子教育类的文章。我对孩子的心理以及家长的教育方式简直了如指掌，至少我认为是这样。

“埃里克出生时，”她说，“我们就决定不再用父母教育我们的方式去教育他。事实上，我们给孩子的教育不算失败。我们的父母并不完美，但我们俩身上都不存在埃里克的问题。因此，我认为需要采用咱们父辈使用的亲子教育方式。”

3个月后,埃里克的老师斯图尔特夫人叫我们开第七次家长会,她说:“如果有人告诉我今天我将要讲得内容,我肯定会觉得埃里克太不可思议了。开门见山地说,埃里克在过去3个月发生了突飞猛进的变化,所以,我打算让埃里克升至四年级。说实话,这孩子的进步的确是令人难以置信。罗斯蒙德先生和夫人,我不知道你们是怎么做到的,但我希望你们继续保持下去。”

埃里克后来的确顺利地升入四年级。他在四年级期末考试中的成绩是A。上七年级时,他正式成为国家荣誉协会的会员。除了偶尔犯些爱冒险的年轻人经常出现的小错误之外,他学习一直都很优秀,包括大学阶段。埃里克目前30多岁了,已经过了而立之年,他是某企业高管,婚姻很美满,当了三个孩子的爸爸,可谓是事业家庭双丰收。

从1月份到4月份,我和威丽究竟是怎样改变教育方式的呢?首先,我们不给埃里克请家庭教师,不辅导他做家庭作业,甚至也不督促他去做作业。我们不带他去医院检查或者用药物治疗,尽管按照今天的标准来说,他完全符合多动症(ADD),反抗叛逆征(ODD)和学习障碍(LD),全是孩子得的大病症。我们给老师斯图尔特夫人提要求,让她给埃里克特殊的照顾,比如,在学习上降低对他的要求和难度。我们所做的就是,真正意识到了后现代亲子教育模式的失败。如果我们想让家庭生活恢复正常,就必须采取我们父辈所用的教育方式——传统的、心理学出现之前的教育方式。

我和威丽几乎在一夜之间就成了我们的父母,用他们的那套方式来管教孩子。我们俩开始实施仁慈专政,当时这种方法常常遭人诟病。我们开始告诉埃里克和艾美,以后必须听从家长的命

令,家长绝不会再征求你们的意见,或者跟你们讨价还价,或者用奖励来讨好你们,或者给你们解释原因。你们要是再不听话,我们绝对不会容忍。如果哪个孩子不听话,二话不说,立即惩罚。有一天放学回来,我告诉他们,从今天开始,大部分家务活儿都归他们了:吸地板、打扫厕所、拖地板等等。正如威丽所说的那样,我们把罗斯蒙德家族的亲子教育方式变回了 20 年前的模式。

很巧的是,当时有人送了我一本由记者玛丽·威恩写的书《电视瘾》(最近出了这本书的 25 周年纪念版,增加了很多新的内容)。顾名思义,该书的内容主要是关于让孩子看电视的弊端。玛丽·威恩在书中把问题的原因归结为孩子经常看电视,不见得是每天看很长时间,这点正好符合埃里克的习惯,威丽也是读到这些内容时,才决定做一个新的尝试:突然间快刀斩乱麻,让孩子停止看电视,断掉孩子对电视的瘾。

第二天,埃里克和艾美放学回家后发现,我们俩做得非常彻底,竟然把电视机捐给了慈善组织。显而易见,孩子们彻底崩溃了。“你们怎么可以不要电视机呢?”他们难以置信地说,“你看哪家没有电视机啊!”

“不一定啊,”我指出来,“不是每家都有,你看我们家就没有吧。”

接下来的一周,孩子们总埋怨我们这样做,但结果很是令我们大吃一惊。孩子们开始发挥想象力,玩一些有创意的游戏或者玩具,并且能够认真听我们说话,也不像以前那么聒噪了。兄妹之间的争吵——主要是围绕看哪个电视频道——显著减少。毫无疑问,孩子们的行为之所以发生了变化,一部分原因是我们在其他方面的要求做出了改变,不过,我深信,埃里克发生变化的一个重要因素就是我们在他不经意间把电视从他的生活里拿走了。

那年年底,我在《夏洛特观察家报》上发表了一篇长篇的专栏文章,后又陆续在美国国内的200多家报纸上转载。在该文章中,我根据个人经历和研究,写了自己的一些心得,主要涉及电视对小孩子们的影响。我不得不承认,长期坐在不断闪烁的电视机前面损害了孩子大脑的某些机能,使得孩子们无法长时间的集中精力。而长时间的集中精力对于孩子形成控制冲动的能力至关重要,因此,我进一步总结出,看电视阻碍孩子形成良好的自制能力,最终将导致孩子产生行为方面的问题,其实要不是因为电视,这些问题本来就不该出现的。我的言论一发出,其他的心理学家就气愤了。他们指责我混淆视听,散播谣言,制造恐慌。后来,我才知道,甚至有一小撮来自我家乡北卡罗莱纳州的心理学家一起讨论过是否吊销我的从业资格证书。然而,直到那个时候,我才知道,如果一个观点能引起轩然大波,那这个观点要么是大错特错,要么是准确无误,令人心服口服。由于亲身经历了给埃里克戒掉电视瘾的始末,我确信我的观点是正确的。

后来的经验和研究表明,孩子处在成长阶段时,如果经常看电视,势必会妨碍大脑的正常发育,而且自20世纪60年代以来,电视一直是阻碍孩子学习能力提高的罪魁祸首。要知道,平均每个美国孩子会看5000个小时的电视,包括上小学一年级之前通过电视看的影碟的时间。另外,我认为,看电视对整个家庭也有负面影响。如果家里的每个成员都随意花很多时间看电视,整个家庭的氛围和文化就会朝不健康的方面发展,从而导致孩子们不听大人的话、无理取闹、不负责任、为琐事发牢骚、闷闷不乐,而且兄弟姐妹之间冲突不断,变得懒惰,很难控制住自己的冲动,没有耐心。还有一个重要的后果是,家庭成员之间缺乏沟通,逐渐产生隔膜。

由于我自己有做家长的经验,在美国各地所做的公开演讲

中、在辛迪加专栏与亲子教育丛书中，我都发表“关掉电视”的言论，这都是我在教育埃里克和艾美的过程中总结出来的。成千上万的家长接受了我的观点，即使没有把电视从家里清除出去，也坚决让孩子在生活中远离电视。每个家长都认为，这也是他们做过的最好的决定，而且对家庭和孩子都是有利的。下面来举个例子，是关于露露的家长。

露露家长当初决定关掉电视机，主要是为了 3 个稍微大点儿的孩子，露露当时才 1 岁。日子一天天过去，露露 2 岁了，正是非常难缠的年龄，她妈妈有一次带她去朋友家做客，没想到露露深深地被电视吸引住了，坐在那一声也不吭，特别听话。露露的妈妈在来信中这样写道：

> 从那以后，无论到哪儿，我都开始允许女儿露露看电视，因为我觉得偶尔让她看看电视也无妨。似乎只有在她看电视的时候，我才能抽出一点儿时间干别的事情，或者享受片刻安宁。她时而异常兴奋，时而急躁难安。她还不时地耍小性子，她姐姐总嫌她像臭鸡蛋一样烦人。我觉得露露比其他孩子的花销大，不过这个阶段很快就会过去。
>
> 露露刚过完 2 周岁生日没几天，我就带她去医院做常规性的体检。她在体检过程中，总是大声尖叫。我向医生解释说，露露平日里就这种性格，非常难伺候。还告诉他，女儿平时不能自己跟自己玩，经常缠着大人，动不动就发脾气。医生说，虽然难缠、耍小性子是 2 岁孩子的通病，但她也不能时时刻刻都这样。他还给我推荐了一个儿童发育问题方面的专家，让我去咨询一下。
>
> 我那天从医院回到家，就开始在罗斯蒙德亲子教育网上（www.rosemond.com）搜索相关资料，看看我女儿露露究

竟是出了什么问题。有句话总在我眼前浮现:儿童,甚至是初学走路的幼儿,看电视的时间太长。这时,我恍然大悟,坐下来仔细算算她每天坐在电视机跟前的时间,结果发现她竟然每天看 6 个小时的电视。我虽然不知道她总共看了多长时间的电视,但我相信,孩子看电视的时候,我就能暂时安静一会儿,免受孩子的折磨。换句话说,女儿和我都对电视产生了依赖性——女儿离不开电视,而我也习惯了让她看电视。

那天晚上,我跟丈夫说了一下这个情况。我告诉他,我都没意识到咱们如此地依赖着电视。我们决定,以后再也不能开电视了。于是次日早晨,女儿想看电视,我们不允许看,她就哭了一会儿。那天早上,露露总是闷闷不乐,焦躁不安。不过到了傍晚的时候,她开始玩积木了,并且和姐姐们在家里面跑来跑去,嬉戏玩耍。也就是从那天起,我们发现她的性格的确发生了三百六十度的变化。次日傍晚,我们简直难以相信眼前发生的那一幕。露露像变了个人似的,整个人欢快了很多,也能自娱自乐了,脸上总是能露出怡然自得的表情。从那以后,她变得更安静了,也更听话了。我们觉得很怪异,会不会是见鬼了,一时还难以适应这么听话的露露。

要知道,露露才 2 岁——她今天早晨把盐瓶里的盐全都倒了出来,还很高兴的样子,我们走进来一看,她还在为自己鼓掌。孩子毕竟是孩子,但之前的难缠和过度活跃已经一去不复返了。另外,我还要提一下的是,她比正常的孩子晚 1 年学会说话,但在过去 2 周内,她的词汇量翻了一番,真是令人难以置信。

有趣的是,我以前跟与露露同龄的几个孩子的家长聊过

> 露露的坏脾气，那些家长允许孩子看电视，对于 2 岁孩子来说，他们认为露露以前的性格习惯再平常不过了，因为他们的孩子也都是那样。听起来是不是很可怕？

是的，大多数美国家长都不知道孩子(无论年龄大小)怎样才算正常，这听起来的确让人觉得很可怕。例如，众多家长认为，四五岁的孩子乱发脾气、不会控制情绪是很正常的事情。其实，这是很不正常的。大多数家长还认为，青少年总跟家长怄气、闷闷不乐也属于正常现象。事实上，家长的看法也是错误的。这样的例子还有很多。随着科技的日新月异，后现代的亲子教育模式的普及，孩子们的性格特征发生了剧烈的变化，但没有一个变化是令人满意的。如今的家长面临的亲子教育问题是 50 年前家长们所难以想像的。

可能上述事例还不足以令你信服，不过，一个事例也的确不够充分，那我就再给你举个例子。下面这封信是一个 5 岁男孩儿的妈妈写给我的，她说孩子 3 岁的时候就很淘气，满口胡言乱语，而且经常和别人争吵闹矛盾。她儿子还是个电视迷。一天早晨，她和丈夫实在不知道如何是好了，简直管不了孩子，于是索性把电视机的插头拔了下来，禁止他看电视。她在信中这样写道：

> 接下来的几天发生的事情简直令人难以置信。我一直认为，儿子以前的坏习惯就是这个年龄的孩子该有的。不过，这些坏习惯突然间消失了，被电视剥夺走的创造力顿时又全部恢复。不经意间，他房间里搭起了小帐篷，成了他的指挥部。他一会儿变成了总指挥，一会儿变成了探险家，一会儿成了科学家。我们一家子养成了读晨报的习惯，这个习惯延续至今。但孩子最大的变化还是态度和性格的变化。他以前脾气暴躁，动不动就跟别人闹矛盾，而现在的性格却

变得开朗随和，乐于跟别人交往。这几乎是在一夜之间发生的转变。

我这才意识到，电视给孩子的性格和习惯带来的负面影响有多大，哪怕看的时间不长也是有影响的。到现在为止，我们家的电视机已经“坏”了2年多了。儿子偶尔在别人家里看看电视，但在自己家里绝对不允许，只允许他做些其他的活动，活动的种类有很多，我就不一一列举了，其中有一项是保持安静。如今，儿子再也不是过去那个叛逆的小家伙了，相反，他变得精力充沛、富有创造力，只是偶尔调皮一阵子。看来禁止看电视的办法还是很有效的。我们以后也会很好地解决亲子间的问题，重现一个和谐幸福的家庭。

有些家长往往把电视机当作让孩子静下来的保姆，对于这些家长来说，我推荐你们看看以下这个母亲的来信。她有4个孩子，年龄分别为1岁、3岁、4岁和6岁。

我是个家庭主妇，平时呆在家里料理家务。最年长的孩子白天去上学。就在最近几天，我们禁止孩子们看电视，结果表明我们的决定是对的。刚禁止看电视的那天，孩子们哭哭啼啼埋怨无事可做。不过，他们再跟我埋怨，我就让他们做家务活儿，于是孩子们很快就学乖了，不再跟我抱怨。还没一周功夫，孩子们的生活习惯发生了三百六十度的大转变。他们不再央求我帮他们找这找那，而是学会了自己跟自己玩，这是以前从来没有过的。在我看来，如今的孩子过多地沉迷于电视、电子游戏和电脑，以至于不会自己寻找生活的乐趣了。我和丈夫把电视机的插头拔掉，禁止他们看，也是听从您的建议。在此，我们全家对您表示感谢！至今为止，我们全家半年没看电视了，这种健康的习惯将永远保持

下去，绝不回头！

过去，我都不记得说过多少次了，但我还要在这儿强调一次：电视机不是看孩子的工具，家长不能依赖它。孩子们养成看电视的习惯之后，一旦他们对电视节目失去兴趣或者电视被你们关掉时，他们肯定会来找你们，把对电视的依赖性转嫁到你们家长身上。这时候，孩子们就开始满腹牢骚，抱怨不断。如果此时你们妥协了，把电视机打开，情况会变得更加糟糕。电视还没有进入千家万户的时候，每个家庭的孩子都很多，家长们是怎么管教孩子的呢？其实，那时的家长们根本不用为孩子做什么，因为孩子们没有各种电子娱乐产品，创造能力没有退化。他们会找到一些有创意的方式自娱自乐，试着慢读下面这句话，细细品味其中的含义：他们基本上不会妨碍家长忙自己的事。

怎样做才不影响孩子天赋的发展

平均每个 2 岁到 6 岁之间的美国孩子，在上学前每周大概看 25 个小时的电视。这个数字并非我凭空想像的，而是有事实根据的。20 世纪 70 年代早期启动的尼尔森调查得出的这个数据。事实上，这个数据曾经高达每周 30 个小时。然而，家长受教育的程度越高，孩子看电视的时间就越有可能低于全国的平均水平。由于看亲子教育书籍的读者基本是受过良好教育的，那他们的孩子看电视的时间可以降低至每周 14 小时，即平均每天 2 小时。

如果 1 年按 52 周算，每周看 14 个小时，那么一年算下来，入学前的儿童(他们的家长基本上都读亲子教育书籍)平均每年看 728 个小时的电视。这相当于 18 个工作周的时间，即 2 周岁至 6 周岁之间共看 2912 个小时的电视。

如果每天按 12 个小时算，除去 2 个小时的吃饭、洗澡、穿衣服等必须做的日常事务之外，学龄前孩子自由支配时间的五分之一花在看电视上。

你或许会说："那不是我孩子！我孩子每周顶多看 7 个小时的电视。"这样的回应是完全可以理解的，但我想让你看到事实的真相。许多研究表明，大多数家长往往低估了孩子看电视的时间，比实际低估了大约一半。而且，家长们通常没把孩子看影碟或者其他视频的时间计算在内。如果你认为自己的孩子每周看 7 个小时的电视，那实际的时间可能会更高，甚至接近先前提到的 14 个小时。另一方面，如果你坚持认为自己说的是正确的，即你孩子上学前平均每周只看几个小时，那他 6 岁前花在看电视上的时间为 1456 个小时。你觉得这个数字合适吗？

要想完全弄清楚这些数字到底意味着什么，你就必须认识到孩子入学前的那几年对孩子的成长是至关重要的。成长发育心理学家和教育家认为，这段时间是孩子性格和人格形成的关键时期。之所以称之为人格形成的关键时期，是因为孩子在幼年时期开始形成某些成年后所需的技能，并且不断锻炼和强化这些技能，将来成年后不仅具有创新能力，还具备独立生存的各种能力和素质。

几乎每个人生下来就具备某些天赋，比如，天生聪颖，有艺术细胞、音乐细胞、体育竞技细胞，擅长交际和富有思想性等等。在这段性格特征和人格形成的关键时期，孩子通过接触不同的环境，经历各种事情，这些天赋才能得以激发。

换句话说，要想发挥每个孩子的天赋和才能等与生俱来的权利，家长就需要给孩子提供足够的机会，去探索、发现，通过有助益的游戏激发想象力。不同的环境和经历可以刺激孩子培养与其成长所适应的各种技能。另一方面，如果环境不能给孩子提供这些重要的机会，那这些环境就是不合时宜的。时间是关键。成长发育学家的研究一致表明，每个孩子大约有 6 年的时间去体验一些基本的技能，包括自身能力和创新能力。在孩子人格和基本素质形成的这些年里，孩子有机会培养各自的天赋和特长。如果一个 6 岁的孩子缺少这种机会，那他在某方面的能力不足，最终很可能导致这些方面出现问题。

一个孩子坐在电视机跟前，全神贯注地看电视节目，那他的环境就是一种以电视为中心的视听环境。在孩子个性形成的关键时期，倘若每个美国孩子花在看电视上的时间比任何其他事情上的时间都要多，那么我们有理由相信，电视成了孩子生活的主要环境和场景，因此会对孩子的成长发育产生深远的影响。

有人肯定会问："看电视是否有利于孩子的成长呢？"

在过去 40 多年里，很多社会科学家一直在尝试着回答这个问题。而他们的研究着眼点主要是电视节目的内容对孩子的影响，即节目是否充满性和暴力，是否对孩子的社会行为产生负面的影响。不幸的是，这导致很多家长误以为电视节目的内容是危害孩子健康的罪魁祸首。如果孩子看的是自然方面的纪录片或者家庭喜剧，家长往往认为这对孩子没有伤害。另一方面，如果孩子看的是充满性或者暴力或者两者兼有的电视节目，家长很可能立即关上电视，或者换个频道，或者干脆把孩子赶回自己房间。正因为许多美国家长把电视的内容当做评价好坏的标准，他们很容易忽视一个不那么明显的，但能逐渐对孩子产生深远影响的方面，这个方面与电视的内容无关。

要想了解我话的意思，你下次发现孩子看电视的时候，不要关注电视的内容，要看孩子在干什么。一个电视画面不是三言两语可以说清楚的。画面不好看,是不是?问你自己:“孩子在做什么?”答案是:“什么也没做。”他既没有锻炼自己的技能,也没有培养天赋和专长。

抛开电视节目的内容不说,看电视阻碍了孩子很多能力的形成和发展,比如,主动性、好奇心、奇思妙想、创新能力、想象力、推理能力、解决问题的能力、沟通和交际能力、良好的运动能力和眼手协调能力等等,不一而足。我还需要再列举更多的例子吗?很显然,孩子看电视时,两眼紧紧盯着电视屏幕,而不是扫视周围的环境,因此,孩子的视觉追踪能力也没能够得到加强。

此外,看电视严重干扰了孩子集中注意力。许多人误以为,如果孩子可以在电视机前面坐两三个小时一动不动,他们肯定能长时间集中注意力。这种观点是错误的。电视上的画面看似“稳定”,其实是种视觉上的错觉,这些画面平均每隔三四秒就闪烁或者变换一次。屏幕上的频闪频率比较高,孩子看电视时,其实他的注意力只能集中不到几秒钟。因此,对于小孩子来说,看电视并不像咱们想像的那样让他变得精力集中。这种现象似乎很矛盾。孩子看电视的时间越长,他的注意力集中的时间就越短。

最后,由于电视节目里人物的动作来回反复变化,而且是在短暂时间内变化(更别说主题内容不断变化了),因此,看电视不能促进孩子连续思维能力的形成,导致他们不能正确理解原因和结果的关系。孩子就很难听从家长指令,也不会预料自己行为的后果。

无论孩子看纪录片,还是看节奏比较快的戏剧或者 DVD 上的电影,都会对孩子注意力和因果关系的理解造成很大的影响。孩子只要坐在电视跟前,就是在被动地接受图像和声音信息。这也就是说,学龄前儿童的成长发育与所看电视的内容关系不大。

如前所说，学龄前儿童的各种技能是在各种实践中锻炼起来的。在孩子性格和基本能力形成的关键时期，游戏和玩耍是孩子锻炼这些技能的最佳途径，但看电视绝对算不上游戏。事实上，看电视基本不会让孩子锻炼任何有价值的能力。因此，每看 1 个小时的电视，孩子就有可能是在浪费 1 个小时的生命。

我们不得不承认，看电视剥夺了孩子很多时间和锻炼自己技能的机会。孩子不仅失去了发现自己特长和天赋的机会，而且也丧失了进一步发展其特长和天赋的机会，也没有了看到自己才能充分展现时的喜悦。遗憾的是，一旦错过这个阶段的机会，以后就很难再找回来了。

但也不要完全盲目相信我的话，像其他任何事情一样，只有亲自尝试过才知道是好是坏，是对是错。在我看来，孩子在性格和基本能力形成的关键时期，如果花大量的时间看电视，很可能比不看电视的能力要差。如果看电视真的会阻碍孩子完全发挥其潜能，那么我们肯定能找出证据，证明看电视的那代孩子比之前不看电视的孩子能力要差。有这种证明吗？当然有。

看电视导致的能力不足

自从 1955 年以来，美国孩子每天都花很多时间看电视，考试成绩也逐渐下滑。从美国整个国家来看，美国国民的识字水平和阅读能力也相应地下降了。今天，17 岁的美国青年中，有 50%有读写困难，属于功能性文盲，即他们的阅读理解能力还达不到五年级的水平。功能性文盲不能读报纸、食谱，甚至都看不懂电器的使用说明书。学习成绩和阅读识字能力的下降给人们敲响了警钟，尤其是当你看到如今的考试要求和难度比 1955 年时的明显降低。例如，如今五年级的阅读难度仅相当于 1955 年时的三年级的难度。

1955 年以来,很多学生都有学习障碍。这些有学习障碍的儿童似乎很难掌握读写能力。有些研究者估计,有 30%的学生存在轻度的学习障碍。有意思的是,存在学习障碍的学生所患的症状与看电视导致成长发育缺陷的症状竟然完全一样。

有学习障碍的学生在阅读文字时存在困难,他们的目光不能迅速地从一行字的左边移到右边。他们眼睛和双手的协调能力也差,四肢运动能力也不正常。这样的孩子通常不能迅速敏锐地解决问题(比如,阅读)。在主动倾听和沟通方面,他们也存在很多不足。这些孩子一般很难适应社会。老师们对这些孩子的描述是,他们不能正常地领会别人的指示,或者学不会解决问题的方法和步骤,遇到挑战和挫折时,他们往往容易灰心丧气,不能主动地去解决问题。此外,他们缺乏想象力,而想象力能帮助你加强和提高阅读理解能力。最后,几乎所有存在学习障碍的学生注意力都不能长时间集中。

因而,看电视导致孩子一些能力存在的缺陷,与有学习障碍的学生的缺陷几乎是一致的。学习障碍只是冰山一角。我见过的许多年长的老师——他们亲历了 1955 年以来学生能力的逐步下降——都不止一次地告诉我,今天的孩子们不如以前的孩子们想法多,缺乏想象力,也不如以前的孩子主动。他们还告诉我,孩子们注意力集中的时间比以前大幅度缩短。

我认识一位资深的女教师,她在公立小学教了 44 年(1934 年至 1978 年)的二年级。她刚开始任教的那几年,午饭后带孩子们回教室去,给孩子们读故事听,而且故事书中几乎没什么插图。从 20 世纪 40 年代到 50 年代早期,她读故事的时间维持在一小时。然而,到了 50 年代晚期,她发现孩子们根本没耐心安安静静

地坐下来听她讲故事了。因此，她把故事的时间缩短至半个小时。到 20 世纪 60 年代中期，尽管她选的故事书基本每页都有插图，但也不得不将时间再次缩短至 15 分钟。1972 年，小学生顶多听她讲三到五分钟的故事，于是，她决定取消这个讲故事的环节。

几乎每个年长的老师都跟我讲过类似的故事，我已经见怪不怪了。孩子在性格和基本能力形成的关键时期，如果他大部分生活被电视所占据，那他的学习能力势必会减退，因为看电视几乎阻碍了他所有天赋和能力的自由发展。这样的孩子坐在教室里学习，在学习和其他方面的表现肯定存在问题，因为上课时需要学生思维活跃、具有主动性、有一颗好奇心、动力十足、富有想象力、眼睛和手的协调能力、主动倾听、善于沟通、有正常的推理和解决问题的能力，而且注意力能长时间地集中。

如果说电视是导致孩子存在学习障碍、行为和动力问题的唯一原因，似乎太过草率。然而，存在学习障碍和对电视上瘾的孩子在能力不足方面存在共性。倘若忽略看电视与孩子能力不足问题之间的因果关系，我们似乎又太过幼稚。要知道，在过去 50 多年里，没有什么比看电视给孩子的性格带来的改变更大。

给电视插上电等于让孩子复吸

家长如果没能坚持禁止孩子看电视，反而让孩子又看电视，其后果同样严重。孩子们看电视的时间越长，就越想看，越是难以改掉。如果家长不让孩子看电视，孩子们肯定要经历一段精神上的脱瘾阶段，大人孩子都会承受巨大压力。孩子们变得意志消沉，喜怒无常，容易发怒。他们一时很难离开电视，总是想看电视。于是，他们甚至试图和家长冲突，焦躁不安，很难管教。孩子的怨气和挫败感积累得越来越多,使得他们根本没有耐心去听从家长的话,积极改变自己。

家长要是禁止孩子们再次开始看电视,那么孩子们肯定会缠着家长不放,争吵不断,弄得家长筋疲力尽。一旦家长忍受不住,就很可能会允许孩子们去看电视,借此来寻求片刻的安宁。但家长没有意识到,孩子们之所以不会自己娱乐或者安静独处,就是因为他们经常看电视。孩子们看电视上了瘾,主动性、斗志和自制能力逐渐丧失,承受压力的能力也退化了。

为何看电视容易上瘾,而听广播不会呢?当然,这是两种不同的技术。一般来讲,现场直播和胶片拷贝的电视节目是用很多摄影机拍摄的,每个摄影机都从不同的角度去拍。网络上的调查发现,镜头从一个摄影机转换到另一个摄影机时,观众盯着屏幕的时间会延长。镜头转换一次通常是 3 秒钟。

这也是小孩子们在电视机前坐很长时间的原因,他们被一些节目深深吸引,尽管可能根本不懂什么意思。镜头不断变换,显然比意思更能吸引孩子的注意力。引起孩子兴趣的并非电视节目,只不过是把孩子迷惑住而已,使他们没心思想别的事情。

有悖常理的是,坐在电视机前长达数个小时的孩子习惯了集中几秒钟的注意力,因此,他无法长时间集中注意力。看了 1000 个小时电视的孩子去上课,肯定不能集中精力。电视从来不向观众索取什么,所以孩子们总是有始无终,还没看完就干别的事情了。他们不知道为何就是坐不住,也不知道为何不能集中精力,为何不能看完节目,只知道他们就是不能而已。“不能”成了他们对自己的印象之一。

20 年前,孩子们看电视的时间不到如今的一半,但如今的孩子远不及 20 年前的孩子富有想象力,不如以前的孩子思维活跃。

这种看法不足为奇。孩子要是经常看电视，肯定很少发挥自己的想象力。事实上，孩子的创造力在无形之中就逐渐退化了。

过去 30 年来，人们推动了电视网路的飞速发展，出现了很多常见的术语，比如，儿童频道、家庭频道和教育频道。诸如《芝麻街》之类的节目可能属于儿童节目，但看电视不适合当作孩子们的消遣，对于学龄前儿童更是如此。看电视阻碍孩子正常的成长，而不是帮助孩子成长。事实上，没有所谓的儿童频道，这些频道的存在和繁荣并非由孩子引起，而是由家长引起。这些电视节目让孩子们沉迷其中，对孩子没有什么价值，与那些制片人对家长的承诺恰恰相反。其实，也没有所谓的家庭频道。“家庭”和“频道”根本无法兼容，因为一家人坐下来看电视时，就会争吵看哪个频道，没有统一的选择。

而且“一起”和“看电视”也是不可能同时做到的。家里人并非一起看电视，而是各看各的。不管有多少人坐在同一个屋子里看同一个电视节目，每个人都是各看各的，各听各的，很少一起交流。电视或许并没有引起沟通方面的问题，但每个人都以看电视为借口，减少与别人的交流。家庭成员之间越疏远、四分五裂，看电视就越成了一个方便敷衍彼此的方式。但大家都不承认这一点，还把看电视当作是家庭活动。

“所有的电视都有教育意义，”尼古拉斯·约翰逊(联邦信息委员会的前会员)曾这样说过，“问题是，能学到什么?”

从表面来看，孩子看周六早晨的动画片和关于大自然的纪录片是两个风格迥异的节目，一个纯属娱乐类，另一个按说是属于教育类的。没有谁规定一个节目比另一个节目更有“教育”意义。孩子看卡通片和看关于大象的纪录片都能获得同样的信息：你可以不用付出什么代价就得到一些事情——比如娱乐。孩子们很容易对事物着迷，他们不会分析电视所传达的某些隐性信息，这些信息能潜移默化地影响他们，他们不知道怎样保护自己不受侵害。因此，家长需要帮助孩子们抵御这些负面影响，这也引出了我下面的话题，即电视广告的危害。

老大哥/政府不一定要看你孩子看的节目

美国心理学协会(APA)宣称，小孩子们没有意识到，电视广告往往带有偏见，只是为了吸引消费者购买商品。嗨，这很明显嘛！

加州大学圣塔芭芭拉分校的心理学家戴尔·康凯尔介绍说，大多数针对儿童的广告都能收到预期的效果，可谓是“百发百中”。他建议政府明令禁止播放针对 9 岁以下儿童的广告。目前，儿童的肥胖问题非常普遍，戴尔·康凯尔一直担心广告会进一步使垃圾食品流行开来。

《今日美国》(2004 年 2 月 24 日版)的一篇文章援引新美国梦研究中心的贝齐· 泰勒的话说：“政府怎么没有制定关于儿童广告的政策？很多父母都得上班，而且工时很长。我们不可能时时刻刻盯着孩子。”(该中心在官方网站上贴出的宣传标语是“新美国梦研究中心倡议美国人绿色消费，保护自然和生态环境，做个负责任的公民，提高生活质量的同时，又能促进社会公平正义”)我对这句话的理解是：“我们就是在多管闲事，我们支持实施‘大政府’的自由党人士，拥护戈尔和希拉里·克林顿。”显然，贝齐·泰勒女士认为夫妻都上班挣钱肯定比留一个人在家看孩子更重要。

心理学家艾伦·卡纳是消费行为方面的专家。在他看来，家

长心有余而力不足,哪能管得过来,“在广告的诱惑下,孩子总能征服家长,因为家长没办法不让孩子看那些铺天盖地、拥有数十亿暴利的广告。”艾伦·卡纳说。

你当然能!我和威丽就做到了,任何一个立场坚定的家长都能做到。问题在于,今天的大多数家长下不了改变孩子坏习惯的决心,更别说一旦下了决心,肯定会惹得孩子闷闷不乐。美国家长们就缺少坚定的决心,只要有决心,孩子的问题就可以解决了。

有位妈妈曾经对我抱怨,她的几个孩子看到儿童节目中插播的垃圾食品和玩具的广告时,就缠着她让她买。她说:“我不理解的是,政府为何不对这种广告加以限制,孩子们脑子里全是广告上宣传的东西。”

在我看来,家长不仅不应该指望政府替他们解决孩子的问题,还要抵制政府采取任何相关措施。此外,“政府帮助”说白了就是“政府干预”,寄希望于政府的那些家长都是没有坚定意志和决心的。

美国心理学协会(APA)的研究报告称,美国孩子每年看大约 4 万个电视广告。这是真的吗?错误出在谁身上呢?在过去 20 年里,孩子的花销增长了近十倍,仅过去 7 年就翻了一番还多。究竟错误出在谁身上?我们来正视这个问题。没有决心的家长肯定不能严格要求孩子,如果政府干预广告,就是限制言论自由(在这里,限制广告宣传的自由)。光靠政府来解决问题只会让家长更懒惰,更加缺少决心和意志。

垃圾电视节目上播放的垃圾广告对孩子有害吗?当然有。垃圾广告和垃圾电视节目都能导致孩子产生不健康的行为。解决之道只有一个,即家长们要挺直腰杆对孩子说“不”,务必要令行禁止。因此,家长需要说“不”的不仅仅是电视节目。

电子"游戏"

1990 年 3 月 3 日,《电视指南》刊登了一篇关于电子游戏的文章,文中引用了洛杉机加州大学的心理学教授帕特里夏·马克·菲尔德(《媒体和心灵:电视、电子游戏和电脑对孩子的影响》一书的作者)的话:"电子游戏可以激发孩子的动脑能力、解决问题的能力和视觉及空间想像力。"菲尔德根本没把孩子对电子游戏上瘾这种观点当回事儿。如今的孩子对电子游戏简直到了痴迷的地步,他对此的看法是,"当然,孩子们学会了电子游戏的方法后自然想去玩游戏,我认为这是掌握了游戏的要领后的正常行为,不能当成上瘾。"

帕特里夏·马克·菲尔德教授应该走出象牙塔,跟来自北卡罗莱纳州夏洛特市的肯尼和凯西·凯利谈一谈。他俩下决心不给 5 岁的儿子肯尼买电子游戏机之后,突然心软了,给他买了个任天堂游戏机。以下是凯利夫妇俩在信中的描述:

> 我们给孩子订了两个规定:肯尼需要和他妹妹一起玩游戏机,每天只能玩 40 分钟。过了没几天,肯尼好像变了个人似的,动不动就发脾气,还颐指气使。超级玛丽游戏中不能晋级的时候,他总是烦躁不安,大吵大闹,双脚使劲儿跺着地板。他还趁人不注意的时候,偷偷地打游戏。有好几次,我们在凌晨 3 点醒过来,发现他整夜在玩任天堂游戏。
>
> 肯尼不想去上学了。我们开车送他去学校,让他下车时,他竟然大哭起来,还不停地大声尖叫。有几次是被老师拽下车的。肯尼开始跟班上的同学打架,还公然跟老师顶嘴。他不仅跟我们家长闹矛盾,还跟保姆起冲突。

> 我们就是搞不懂他到底怎么了。于是，我们看了您写的书，书中提到的情形和我们的很相似，我们这才有了点头绪。后来，我们按照您的说法去做，把任天堂游戏机藏了起来，骗他说游戏机坏了。没过几天功夫，以前的那个肯尼仿佛又回来了。他既不随便使小性子，也不跟家长和别人闹矛盾，更不跟老师顶嘴。他又开始喜欢去上学了。当然，游戏机永远也“修不好”了，再也没让他碰过。附近其他家的孩子都玩任天堂，就我们家孩子不玩，我们家很高兴成为一个特例。

如果凯利家的例子是个别现象的话，我们可以忽略不计，但这种现象很普遍。在过去的几年中，毫不夸张地说，大约数百位家长给我来信，诉说类似的经历，都是因为游戏机弄得家里乌烟瘴气。这些事例表明，孩子并非是因为学会了打游戏才爱不释手的。我见过很多家长纵容孩子，也见过很多有决心的家长制止孩子的嗜好。由此可见，这根本不是孩子学会游戏后的正常行为，而是玩游戏上瘾。

电子游戏并非真正意义上的游戏。玩得时间过长，容易导致孩子产生很多压力，并对游戏上瘾，因为很多孩子都沉迷于增加自己的得分，使得技能得到升级，尽管这些都是骗人的鬼话。有些人认为，玩电子游戏可以提高孩子解决问题的能力和视觉或者触觉敏锐度。不过，这些与游戏对孩子造成的危害相比，还算什么呢？但不幸的是，很多家长就喜欢听这些貌似能提高孩子能力的言论。

我和威丽拒绝给自己的孩子购买任天堂游戏机。此举遭到了孩子们的强烈反对。他们甚至还为此忌恨过我们。在一个特别的场合，任天堂美国区总裁赠送我们一台最新款的游戏机，也是当时市场上最昂贵、功能最齐全的游戏机。这位总裁在报纸专栏中看到我写的批评游戏机的文章，我曾把游戏机形容为令孩子上瘾的毒品，还导致孩子没有创造力。一见到任天堂游戏机，埃里克和艾美就兴奋得不得了，但他们高兴得太早，我们把游戏机放在阁楼的一个箱子里，一锁就是 20 多年，从来没让他们碰过。1 年之前，我把这个游戏机给了女婿，他说这个游戏机是曾经风靡一时的经典机型。但我让他发誓，不能让孙子孙女们玩这个游戏机。他当然会信守承诺，因为如果他不照做，我保证他过不了好日子。我这个爷爷当得就像克林特·伊斯特伍德那样，只知道打骂却不问缘故。

当我们告诉埃里克和艾美永远不会给他们买任天堂游戏机时，我们唯一的一台电视机也被锁在我和威丽卧室的壁橱里，只允许家长看。孩子们一天天长大，基本没怎么看电视(基本上是 10 岁和 6 岁前看的)，从来不在家里玩电子游戏，也很少让家长买玩具。两个孩子长大后非常听话，也诚实负责，懂得伦理道德，知道吃苦和同情他人，还是富有创新能力的有为青年。他们虽然很聪慧，但是很少显摆。按照别人的标准，我大概是全美国唯一一个没培养孩子天赋的家长。不过，这对我没什么影响。我认为，决定一个人命运的不是智商，而是一个人的品性。

电脑盲

越来越多的专家建议家长禁止孩子碰电脑，但没有给出什么理由。这些专家并不是那些厌恶新科技的老古董，而是一些知名的心理学家和教育家，他们很严肃地对待孩子玩电脑的问题，认为小孩子玩电脑不合适。

教育心理学家和作家简·海莉多年潜心研究这个问题。她起初认为电脑可以帮助教育孩子，支持孩子玩电脑。但后来经过

研究，她不得不承认电脑不仅阻碍了孩子的学习能力和创新能力的发展，还对孩子的视力和坐姿等产生了很大危害。她甚至认为，较早地让孩子接触电脑会妨碍孩子大脑的正常发育。她后来把多年的研究整理成书，书名为《电脑是如何影响孩子心智发展的——以及家长的应对方案》。

“到目前为止，还没有任何站得住脚的证据，”简·海莉说，“表明学电脑能帮助四年级以下的孩子提高学习能力。”

哥伦比亚大学师范学院的道格拉斯·斯朗教授认同这个观点。他指责诸如因特尔等电脑公司给学校提供免费电脑的行为，他认为并不值得大加赞赏，因为电脑对孩子的成长和正常的学习没有太大帮助。这些电脑公司慈善之举的唯一动机就是为了宣传产品，挣更多的钱。

海莉建议直到孩子上四年级或五年级的时候，再让他们接触电脑。美国加州大学历史学教授西奥多·罗斯扎克写过《对信息时代的狂热崇拜》，他认为应该让孩子进入高中阶段再学习使用电脑。他说，电脑能下载信息，但不能教孩子学会思考。

“因特网，”罗斯扎克最近在《达拉斯新闻早报》上评论说，“只是电子时代的涂鸦。有人认为，我们应该在知识的海洋里畅游，这简直是胡扯。思维的本质就是不断产生想法。”

换句话说，学习使用电脑只能让孩子懂得一些技术，但学不到真正的知识。克里夫·斯多曾写过一本书——《高科技异教徒：为何不能把电脑搬进教室以及其他抵制孩子使用电脑的看法》，他在该书中提到，94%的美国公立学校都接入了因特网，虽然从因特网上快速下载信息让人们体会到及时享受到信息的快感，但阻碍了孩子的学习能力、反思能力和观察能力的提高。

一些工作在教育前线的老师和教育管理人员似乎完全受制于这种新兴科技产品。这是很可悲的。过去40年中，公共教育领域掀起过一波又一波的新教育方法的浪潮，但都是昙花一现，追捧只是暂时的，电脑教育也是如此，目前，关于电脑教育及其对孩子成长和学习能力影响的研究少之又少。事实上，现有的很多研究都认为电脑教育存在很多弊端，警醒人们注意防范。

不幸的是，美国家长都认为电脑教育对孩子有好处。眼下的学前早教班空前火爆，家长们也认为，早一天让孩子接触电脑，拿起鼠标，就能比别人家的孩子领先一步。因此，一些学校和学前班甚至认为，如果不在每个教室安装电脑，似乎就没办法招揽生源。

也有些学校逆潮流而动。例如，巴尔的摩港市的卡尔弗特学校就没有配置那么多高科技设备。学校要求学生每天写作文。1999年秋天，我曾访问过卡尔弗特学校，看到一年级学生的文笔和用词如此了得，我简直为之一惊。学校校长告诉我，孩子们上了五年级后才允许用电脑。有些得K-4的孩子的家长甚至禁止孩子在家使用电脑。

如果卡尔弗特学校是个例证的话，简·海莉，西奥多·罗斯扎克和克里夫·斯多的观点是正确的。电脑和因特网当然比图书馆、港币和纸张更先进，但教育不是光靠先进的科技就能完成的。教育就是让孩子们主动学习知识，学会思考，而图书馆、港币和纸张正是孩子接受教育时最佳的选择。

问答

问题：究竟该让孩子看多长时间的电视才合适呢？您有什么科

学的建议吗？

回答：我认为，学龄前的儿童根本不能看电视。事实上，至少要等到孩子学会阅读识字，并且热爱读书、读得非常流利的时候，家长才能允许孩子看电视。对于大多数孩子来说，三年级到五年级之间的这段时间适合孩子看电视。一旦孩子具备了熟练的阅读能力，家长就可以放心大胆地让孩子看各种电视节目了。这些节目要么反映现实生活，要么能帮助他认识世界，了解现实世界的运行法则，学会适应这个世界。自然专题片、纪录片、历史题材的电影、体育赛事和文化活动等都符合这类标准。这些题材的片子不仅能扩展孩子的视野，还能激发孩子的求知欲，他们会去图书馆翻阅各种资料，比如，鲸鱼类、棒球类的资料，甚至是关于内战方面的书籍。然而，不管你选择的节目的质量如何，我强烈建议家长每周不要让孩子看电视超过 5 个小时。

问题：看电视对两个孩子可能没有什么好处，但白天在家的时候，我的确可以稍微安静一会。另外，孩子每天看几个小时类似于《芝麻街》的节目对他又有什么危害呢？你尝试过陪小孩子们玩一整天的滋味吗？

回答：如果你认为电视既能帮你忙，又能让孩子快乐，那你就大错特错。孩子看电视的时间越长，孩子对电视的依赖就越大，在看电视的过程中消磨时间，找快乐。这种依赖性妨碍孩子形成自立能力。如果电视一关，孩子就会把对电视的依赖性转移到其他方面，很可能会转移到身边的人或者事物，比如孩子的妈妈就很可能位居孩子转嫁对象的榜首。

这样就形成了一个恶性循环。孩子看电视的时间越长，就越缺乏主动性、想象力和创新能力，思维也不那么活跃。电视机一关掉，孩子也不去做别的事情，就直接去找妈妈，缠着妈妈不放。

孩子们抱怨没有电视看就无聊透顶，哀求着妈妈帮他找点儿好玩的事情做，或者干脆让妈妈陪他一起玩。或许害怕孩子以为稍微不同意就是拒绝，于是，妈妈刚开始时总是百依百顺。一旦妈妈实在满足不了孩子的要求的时候，就找借口又把电视机打开了，只要有个借口，妈妈就会开电视给孩子看。

这样你就可以看出，孩子对电视上得瘾越严重，家长就越容易改变立场，给孩子开电视看。她还没有意识到，这种情况的后果是，孩子没有自立能力，始终对妈妈存在很强的依赖性。

孩子们坐在电视机跟前干什么呢？他们在娱乐，这算娱乐吗？如果天气好的话，他们本来可以外出活动或玩耍。他们还可以捏泥巴饼，用树枝搭建城堡，在池塘的水面上打水漂，和妈妈做猜谜游戏。他们可以扮演各种各样的大侠和巾帼英雄，以及落难少女等等。这样一来，他们就很少抱怨无事可做了。还记得吗？只有爱看电视的孩子们才会抱怨无聊。什么时候我们才能清楚地知道这并不是一个巧合。

问题：我儿子查克目前才 6 岁，非常难管教，于是，我和丈夫去心理医生那儿咨询。今年，查克上课时精力不集中，也不能当堂完成老师布置的作业。最近，心理医生告诉我们两口子，查克问题的一部分原因可能是患上了多动症。医生说，孩子注意力不能长时间集中，是孩子在家和学校出现很多问题的主要原因。我们同意医生的意见，查克的确想起一出是一出，很难控制自己的情绪，但他根本不知道什么是注意力延续的时间。如果医生说他注意力不能持续长时间是对的，那么为什么他还能一动不动、安安静静地坐在电视机跟前看两三个小时甚至更长时间呢？事实上，只有电视机能让他老实一会儿。心理医生不知道这是为什么。您知道是什么原因吗？

回答：你儿子能坐在电视机跟前安安静静地看两到三个小时的电视，这与患多动症并不冲突。看电视之所以能吸引你儿子的注意力而其他事物不能，是因为电视屏幕的画面每隔几秒钟变换一次，只是觉察不出来而已。

电视的频闪不仅刺激孩子看电视的欲望，同时也让孩子平静下来，就像催眠一样。拍电视节目时，演播室里通常会有三到五个摄像机，不同摄像机之间镜头的变换使得电视节目吸引孩子的眼球。有些人能很好地抵制电视对人的吸引，而孩子最容易陷入其中，难以自拔。此外，电视节目的画面不断变换镜头的角度，正好可以吸引患有多动症的孩子。

虽然看电视似乎让你儿子安静下来，但实际上你儿子的注意力不集中的问题比以前更加严重了。他的确能连着 3 个小时不停地看电视，但很难对一件事物集中注意力超过 10 秒钟，甚至一般也就集中 3 秒钟。换句话说，电视只会导致孩子注意力问题的恶化。孩子看电视的时间越长，他注意力不能长时间集中的问题就严重，很难改掉。

在现实生活中，还有其他的画面能在你眼前每隔几秒钟闪一下吗？没有。所以，查克在看电视时养成的视觉感知的习惯不仅毫无价值可言，而且对孩子危害极大，尤其当孩子上学的时候，注意力很难长时间集中。

就我的经验而言，要想治疗孩子中度及严重的多动症，最有效的方法就是纠正孩子的行为和配合药物治疗，例如，你可以给孩子吃利他林（治多动症药），能有效抑制孩子的冲动情绪，适当延长孩子注意力集中的时间长度。此外，一般建议家长只允许孩子每周顶多看 3 个小时的电视，而且最好只让孩子看诸如大自然纪录片等题材的，以内容和情节吸引孩子，而不是以拍摄手法和技巧吸引孩子的眼球。

问题：我们儿子格雷格才8岁，学习上的障碍使得他不能注意力集中，听不懂别人给他的指示，很难正确辨认课本上的文字。他的阅读能力只相当于比他低一年级的学生的阅读能力。近来，我们观看了一个脱口秀节目，到场的专家说孩子的学习障碍是天生的，父母遗传的。有什么方法可以确定格雷格的学习障碍是遗传的吗？

回答：事实上，孩子的学习障碍分很多种，没有人知道哪一种到底是什么原因引起的。有一些是遗传，或者说有一些至少与基因有关系。虽然有方法可以确定学习障碍的根本原因，但我认为孩子产生障碍几乎没几个是由质量差的基因导致的。

自从20世纪60年代以来，美国大多数学龄儿童患有学习障碍综合征。许多人反映，患学习障碍综合征的孩子数目之所以增加，是因为辨别和检查的技术比以前更先进了。学习障碍不是由于先进的检查辨别技术引起的，而是导致了后者的出现。在我看来，正是由于学习障碍综合征的种类不断增多，我们才投入了大量的人力和物力进行研究和辨别各种新症状。

有趣的是，欧洲的儿童很少患学习障碍综合征，只有美国的孩子比较严重。由于欧美人基因差不多，因此可以基本排除受基因影响的可能性，从而得出，美国儿童大量患这种综合征的原因是由环境引起的。

有人会问："欧洲儿童和美国儿童的养育方式究竟有什么典型的差异呢？"

具体说来，差异有很多，但有一个最明显的差异与看电视有关。总体来说，欧洲儿童每周看不到5个小时的电视，而美国儿童要看 25 到 30 个小时的电视。花大量时间看电视会导致孩子的学习障碍吗？从成长发育的理论可以看出，的确会影响孩子的学习能力。

人类很多的技能和天赋都蕴藏在遗传密码中。为了激发这些天赋和潜能，学龄前的儿童就需要体验不同的环境和生活，只有这样才能发挥他的各种潜在才能。换句话说，孩子在入学前是性格和基本技能形成的关键时期，孩子越能发挥创造力，活泼爱动脑筋，孩子的才能就越能体现和发挥出来。

看电视就是在被动地接受信息，而不是主动进行脑力或者体力活动。孩子在看电视的过程中，能发挥各种潜能，包括运动协调能力、思维和尝新能力、社会交际能力、感官能力、口头表达能力和情感控制能力。因此，从本质上来讲，不管学龄前儿童看什么题材的电视节目，都会削弱其各个方面发展的潜力。

阅读能力不是一种技能，而是很多技能的综合体。要想有较好的阅读能力，孩子必须具备一系列其他技能。如果谜语中的某些片断出现缺失，读起来就会很有挫败感。

要知道，平均每个美国孩子在读小学一年级之前，已经看了 4000 多小时的电视节目。仔细考虑一下这个问题吧。你想让孩子费很大劲去猜出那个字谜吗？我们不要忘记，存在学习障碍的儿童只是孩子们不会熟练阅读问题的冰山一角。自从 20 世纪 50 年代，孩子们的学习成绩就一路下滑，17 岁的青少年中，没有读写能力的人占到 25%。

看电视上瘾是否就是全国阅读能力危机背后的原因呢？我们也不敢确定原因就是它。但问题是，这个危机真的就那么难解决吗？

问题:是不是孩子看的暴力影视越多,孩子就越存在暴力倾向呢?有没有真实的证据呢?

回答:20世纪60年代中期,越来越多的人担心,电视节目里充斥着谋杀和故意伤害行为。有人就问:"孩子们没有批判和辨别能力,易受外界影响。每天看这种充满暴力的影视节目会对孩子们产生什么负面影响呢?"

《电视和成长:电视节目中的暴力镜头对孩子的影响》是一篇发给美国公共卫生局局长的报告,出版日期是1972年。该报告证实,孩子们无形之中经常按照电视节目所传达的价值观和主张行事,误认为暴力或者武力是解决冲突和其他问题的必要途径。电视中的暴力能导致孩子在游戏中有暴力行为,这种观点为人们普遍接受。但至今为止,人们还没有找到确凿的证据,证明电视暴力和孩子的暴力行为之间的因果关系。

无论如何,公众把看有暴力内容的电视当作青少年暴力倾向的罪魁祸首。一些诸如"儿童电视行动"的消费者倡议组织就有话可说了。有线电视网通过减少电视节目中的暴力内容,就可以减少社会对它们的谴责。最后,公众和媒体的这场论战几乎没给有线电视网带来什么损失。

看电视与孩子的暴力倾向到底有无因果关系呢?这个问题值得讨论。自从20世纪50年代中期以来,电视机逐渐走进千家万户,青少年犯罪的人数也与日俱增,居然增加了十倍还多。同期,大城市的公立学校仿佛变成了战场,不仅学生们之间相互打架斗殴,学生竟然也跟老师们打起架来。虽然没有一家权威的研究机构分析出个中原因,但常见的一些奇闻轶事足以表明,受电视影响的一代比之前的孩子们暴力倾向更加严重。

无论你试图证明这个观点是对还是错，你都走错了方向。看电视与孩子的暴力倾向的因果关系决定于过程，而非电视的内容，更多的是与观看的方式有关，而非观看的内容。威斯康星大学的动物行为学家哈里·哈洛把小猩猩放在与世隔绝的环境中，它不能与其他同类玩耍。结果，他发现，再把这只小猩猩放回与它同龄的猩猩群体中，这只小猩猩行为异常，有很强的暴力倾向。

耶鲁大学心理学家杰罗姆·辛格通过研究发现，经常玩幻想游戏的孩子们比不发挥想象力的孩子的心态更平和，不易起冲突和惹出事端，而且有很强的抗挫折能力。

《魔幻儿童》的作者约瑟夫·奇尔顿·皮尔斯曾写道，游戏是孩子童年生活里最重要的组成部分。他还说，孩子只有通过积极主动参与游戏，并发挥想象力，才能不断培养他们的创造力和生存能力，即驾驭环境的能力。

约瑟夫·奇尔顿·皮尔斯在他的另一部作品《力量的作用》中写道，如果不允许孩子尽情玩耍，或者仅限于参加成人安排的活动(从商店买玩具给孩子玩，或者其他由大人监督的活动)，那么孩子就会逐渐产生一种孤独感，惧怕生活中遇到的困难，没有勇气迎难而上。忧虑不安要么容易导致孩子们退缩不前，要么造成孩子们宁愿使用暴力来控制别人。从这方面来看，我们不难发现，美国孩子患精神抑郁症的比例逐年攀升。长期以来，许多精神病学家和心理学家都认为抑郁症是暴力没有宣泄出来，在内心的反应。

美国的孩子平均每周要看 30 个小时的电视，这根本算不上什么游戏或者娱乐活动。看电视的过程中几乎没有对孩子有什么益处。正如哈里·哈洛、杰罗姆·辛格、约瑟夫·奇尔顿·皮尔斯指出的那样，如果说游戏，尤其是幻想游戏对孩子健康性格的形成至关重要的话，那么不管看什么内容的电视节目，都对孩子的成长不利。

如果孩子因为看电视就总把自己与外界隔离开来（人们似乎以为电视可以拉近孩子与世界的距离），那他很可能变得狂躁不安、有暴力倾向或者退缩不前、有自闭倾向。不管你承认与否，事实就是这样。

问题：教育委员会刚刚批准在学校安装电脑的事宜。不过仍旧存在争议，其中一个问题就是，给所有年级的学生提供计算机辅助教育是否合适？可想而知，大家对这个问题仁者见仁，智者见智，看法不一。倡导教育改革的人赞成面向所有年级的学生，而守旧派仍旧坚持初级教育阶段（K-6）不能使用电脑辅助教学，使用传统教育模式。我想知道您对这个问题的态度是什么？

回答：我稍微偏向守旧派那边，但与改革派的观点相去甚远。在初级教育的早期阶段（K-3），实施计算机辅助教育不合时宜，而且没有必要，不会取得预期效果。

像其他各种能力一样，孩子智力的开发也要遵循某些规律。每个阶段的成长都是以上一个阶段为基础，同时又为后面的发展制定了基调和框架。此外，孩子在每个阶段都要学习与之相适应的技能，从而不断获得成长。如果不能给孩子提供与其年龄相适应的机会，或者强迫孩子发展超出其能力范围的某些技能，只会对孩子的成长造成危害。

对于小学一到三年级的学生来说，教他们使用电脑还不是时候，因为大多数这个年龄段的孩子们的认知能力还没有达到学习电脑操作技术的水平，而且抽象思维能力也不完善。

因此，在课堂上教这么小的孩子们学习电脑不符合孩子的成长阶段。不过,人们热衷于让孩子提前学电脑,这一点不足为奇。孩子还没到合适的阶段,家长就教他们学习各种科技应用技术,这是典型的美国家长的做法。

我注意到,有些电脑公司正在研制专门针对2到3岁孩子的应用软件,还含沙射影地宣称,孩子上小学前如果没有学会使用电脑,那他今后上学肯定跟不上。这是麦迪逊大街上出现的最新谬论,那些家伙只会谄媚阿谀,迎合市场和企业的欢心,但纯属胡扯。这些人分明是在帮那些公司做广告,他们肯定不关心你孩子的状况和死活,难道这一点还用我再提醒你吗?

近期,由一些大型企业赞助的研讨会顺利召开,讨论的话题是"让小学生熟悉电脑操作技术到底有多么重要呢?"大家讨论后的一致看法是:一点儿也不重要。技术飞速发展和更新,就算孩子现在学了某些技术,今后走向社会后,技术都更新换代了,他们还得重新学习。这也就是说,如今公立学校提供的教学资源,永远也跟不上科技创新的步伐。此外,计算机编程和设计是两个最为实用的计算机技术。无论是哪种软件包,任何人都可以在任何地方学会这些电脑操作,快则3个小时,慢则3天。电脑都安装好了,学校的责任就是让孩子们熟悉电脑操作,而不是过早地强迫孩子学习电脑,仿佛这就是今后的饭碗和活路似的。

在人类社会发展和演进的过程,书面和口头交流早在电脑出现之前就已经存在了。家长先让小孩子们具备一定的阅读、书写和算术的能力,再让他们学习电脑操作,这样做似乎是合理的,符合逻辑的。例如,假如你制定一个标准,到孩子上四年级的时候才适合让他们接触电脑,但有些孩子可能二年级就具备读写等能力了,有些却可能得到四年级以后才达到标准。

尼尔·波兹曼在他最著名的《消逝的童年》一书中指出,熟练掌握读写技能是区分成年和童年之间最明显的标志。在他看来，电视和其他电子媒介使成年和童年之间的分界点模糊化，似乎不存在了。

毫无疑问，电脑代表着人类生产工具的重大变革，其影响远非我们所能完全觉察到的。除非我们真正明白什么是童年，并且了解童年的重要性，否则我们在使用电脑技术的时候，只会给孩子和自己带来更多的负面影响。记住这一点之后，我们来看一下20世纪初的美国教育哲学家约翰·杜威的箴言："如果我们能料到童年的本质和真正的需要是什么，能够帮助童年的孩子得到充分的发展和个性的张扬，那么孩子长大成人之后，才能学会自己管理自己，变得有文化、有教养。"他的这句话用在这儿非常切题。

问题：我们的儿子目前8岁。最近，我们给他买了时下流行的电子游戏机，而且价格不菲。事实上，这是我们奖励他的，因为事先答应过儿子，只要他考出好成绩，就给他买玩具。不过，我们现在有点儿后悔了，因为他现在什么也不干，只想玩游戏机。令我们头疼的是，他的性格也发生了变化，遇到挫折容易灰心丧气，不能控制住自己的情绪，乱发脾气，还跟弟弟打架闹矛盾，甚至跟我们俩顶嘴。我在想，这些变化是不是他迷上游戏机之后引起的。我们很犯愁，该怎么把游戏机收起来呢？或者既不食言，又能对孩子加以适当限制呢？您有什么比较好的建议吗？

回答：像你们家这样的例子有很多，你不是唯一头疼的家长。很多家长跟我抱怨过类似的情况。1982年，电子游戏机刚刚受到人们追捧的时候，我就说过一席话。现在，我想再重复一遍：这些电子游戏机几乎没有什么价值，而且祸害无穷。玩电子游戏的孩子年龄越小，他受到的危害很可能就越大。在具体谈这个问题之前，我必须澄清一个概念，即具有教育启蒙作用的软件中的电子

游戏和没有教育启蒙作用的软件之间是有很大差别的。我在这儿只针对后者发表一些看法。

首先，电子游戏机不是玩具。从严格意义上来讲，玩具必须激发孩子的想象力和创造力，同时能让孩子学到有益的知识，从而不断成长。电子游戏不仅不能培养孩子的创造力，不能开发孩子的智力，而且会给孩子们带来很大的精神压力。我见过很多孩子，包括我自己的孩子玩游戏机。从表面上看，他们并不开心。他们的身体总是处于紧张状态，面部表情僵硬。游戏结束的时候，孩子们总是发出反抗的嚎叫，或者非常恼火。如果这能算是快乐，那我想快乐的定义从我童年开始到现在似乎的确发生了质的变化。在我看来，这只是一种 A 类型的行为。

其次，孩子经常玩游戏就容易上瘾，得分越高，孩子就越兴奋。但问题是，永远没有最高分。孩子们就像吸毒一样，越玩游戏机就越有瘾，必须不断地玩游戏才能得到满足感，这些孩子总想不断取得高分，于是永远也摆脱不了电子游戏。

正是这种情况导致你孩子的行为和个性发生了三百六十度的变化。孩子或者任何大人长期处于这种高压的环境下，他们的行为都会变得异常。长期的压力会降低一个人忍受挫折的能力，往往还会增加与人相处时的矛盾，家长吩咐他任务的时候，他很容易跟家长顶嘴或者对抗。最终，孩子处理问题的能力逐渐丧失。要知道，孩子比成年人更容易受到压力的影响。

总而言之，我认为你们当初就不应该给孩子买电子游戏机。但你们提出的一点非常好，既然你们跟孩子许诺了，又怎么能食言呢？

你们可以采取限时的措施。比如，只允许孩子不上学的时候玩电子游戏，每天不能超过半个小时。如果他还是没有起色，就告诉他："早知道你这样，我们就不该让你玩游戏。"然后，你们把电子游戏机收起来，禁止他再玩。或许你儿子同意你们把电子游戏机卖掉，或者换成一个价格相当的玩具，但有更多的玩赏价值，比如，你们可以给孩子买一辆自行车。相信我，即使多添点儿钱，也绝对值得！

问题：当别的孩子谈论电视节目里的情节时，你孩子会不会觉得自己没有共同话题呢？

回答：即使他们会有无话可说的失落感，也从来没告诉过我们。我猜想，他们肯定会暂时失落一阵子，不过，我敢肯定，其他孩子肯定会分享很多电视中的情节，帮他们把失落感赶走。最后，不看电视能让我的孩子们变得更愿意参与社交活动。在这个过程中，他们不仅交了很多朋友，还加强了各自的社交能力。那些电视行业的人肯定会说服我们，孩子如果不看电视，就不能跟同龄的其他孩子交往。这些都是骗人的鬼话。多年来，我跟很多敢于把电视机从孩子的生活中拿走的家长交流过。他们的看法大致相同：自从不让孩子看电视之后，孩子变得思维敏捷了，更富有想象力，而且能自己跟自己玩儿，善于与他人交流，性格更加外向，同时培养了很多兴趣爱好。我从来没听到过哪个家长说孩子变得不好。

问题：如果禁止孩子看电视一段时间之后，你又开始让他们看电视，那你该怎么样处理这个问题呢？

回答：电视收起来 4 年后，我们又买了一台当时最小型的可携带式彩电，并摆放在书房的书架上。每到周日，孩子们就会浏览一下电视节目预告单，选出一些节目，总时间不能超过 5 个小时，其中至少有 2 个节目有教育意义。一经我们批准，他们这 1 周就只能看选择出来的节目。可以调换其他节目，但必须提前告知家

长。换句话说，如果他们错过了某些已选择的电视节目，也不允许找其他节目替换了。这种方法非常管用，因为孩子们自己承担起了落实计划的责任。通常来讲，孩子们宁愿自己监督自己，也不喜欢被别人监督，他们倒是能遵守规定。

问题：如果你和威丽有机会再重新当一次家长，你们打算在哪方面做出改变？

回答：如果能重新来过，我们从一开始就不会让孩子们看电视。常言道，预防胜于治疗，哪怕对孩子一丁点儿的严格要求，今后家长都不会那么为孩子犯愁了。

要点

最后，按前面的6堂课来做，
才是对孩子最大的爱。

附录

约翰·罗斯蒙德式《孩子的人权法案》

第一条:英文中最能塑造一个人性格的字是“不”(No),孩子有权每天听父母至少说三次“不”。

第二条:孩子在儿时就有权让父母告诉他们:父母的责任,不是为了让孩子快乐,而是教给他们今后如何快乐生活的技能。

第三条:孩子完全有权利对父母的决定表示不满,还大呼小叫,尽管父母有权保持沉默,并躲进屋子里的某个密闭角落。

第四条:孩子有权在很小的时候就能体会到,父母非常关心他们,却自始至终都不在乎自己在孩子心目中的形象。

第五条:孩子有权经常听到父母说:“因为这是我说的。”因为这就是真相。

第六条:孩子有权分担很大一部分家务,因为这是家里面最能培养孩子性格的体力活动。

第七条:每个孩子都有权利在年少时认识到,他不是宇宙的中心,世间任何事情都比他或者任何人大,他算不了什么,这样可以防止他变成妄自尊大的淘气包。

第八条：孩子有权在年少时学会感恩，珍惜所拥有的。因此，孩子才有权得到他所需要的全部和他们妄想的一小部分。

第九条：孩子有权在年少时懂得，权威不是可听可不听的，不听或不服从就会遭到惩罚，这些惩罚能让他记住教训，因此很有说服力。

第十条：每个孩子都有权拥有这样的父母——关爱他，并能保证他享受到上述各种权利。

附言：作为一个爱国主义分子，我想向国家安全局提议，那些剥夺孩子享受以上权利的父母将被视为爆炸性装置，禁止进出机场和其他公共场所。淘气包守护神——“抱歉，夫人，我们将没收您的宝贝”——这主意太棒了！

关于约翰·罗斯蒙德

约翰·罗斯蒙德是拥有北卡罗莱纳州政府颁发执照的家庭心理医生,但他并不相信心理学。他早就认识到,心理学是个世俗的信仰,信徒需要有信念,而他早已失去了信念。他致力于帮助读者和受众摆脱这种信念。

自1978年以来,约翰的亲子专栏文章通过辛迪加报业在许多报刊上发表,截至今日,已在美国的200多家报刊上发表过文章。

这是安德鲁斯·麦克米尔出版公司为他出版的第12本书。

约翰是亲子教育界的大忙人,也是最负盛名的演说家。他平均每年在美国各地做的主题演讲超过200场。他也曾在欧洲和中东地区做过类似演讲。

1968年,约翰与威丽结婚至今。他们有两个孩子——埃里克和艾美,都已结婚,分别有三个孩子。威丽和约翰,还有他们的孩子及孩子的家人,目前都住在北卡罗莱纳州的加斯托尼亚市。

约翰靠听悠扬的音乐来放松身心,多数是听五六十年代的摇滚乐。在他看来,戴夫·马修斯是评价高得最为离谱的乐队,“混混与自大狂”是喜剧片。他最喜欢的乐队和音乐人包括:滚石乐队(过去的)、甲克虫乐队、雷德·泽培林乐队、吉米·亨德里克斯乐队、史蒂夫·米勒乐队和歌手范·莫里森(过去的)。他认为,埃里克·克莱普顿是不错,只是被高估了,远远不及埃里克·盖尔。2006年4月,约翰的汽车里最常放的CD是罗宾尼拉乐队的《孤独者的慰藉》和迪翁的《忧郁的布朗克斯》。

要了解约翰的更多信息,请登陆以下两个网站:www.rosemond.com和www.parentingbythebook.com.